U0515470

本书出版获上海市科学技术委员会自然科学基金面上项目出版资助（20ZR1454500）

本书出版获中央高校基本科研业务费以及上海外国语大学学术著作出版资助

知识管理视角下
高质量本科在线课程研究

Zhishi Guanli Shijiaoxia Benke Zaixian Kecheng Yanjiu Gaozhiliang

尚珊珊　高明瑾　吕文菲 ◎ 著

中国财经出版传媒集团
经济科学出版社
Economic Science Press

前言

科教兴国，教育为国之根本，全民学习，全员学习，持续学习，终身学习，国之蓬勃可持续发展之动力。不忘初心，坚持己见，树立正确的价值观，也均在教育学习一点一滴中累积而成。不论时间、空间以及外界环境如何变换，始终保障高质量学习，方能韬光养晦、厚积薄发。在线学习则是支持持续学习、终身学习的重要手段。

课程质量一直是较受关注和重视的话题。作为持续学习、终身学习的重要方式，在线课程近年来蓬勃发展，但仍尚未有统一系统的评价与指导标准。本科在线课程当前应用较广且课程线上内容均为知识，因此，本书将基于知识管理视角深入研究分析高质量本科在线课程应具备的内容特征，并利用 MOOCs 平台数据与实验以检验其作用机制。在现有相对不多的在线课程质量研究文献基础上，借鉴和吸收来自采纳、持续使用、学习绩效等相关研究，基于知识管理视角，构建一个系统科学且可扩展的理论框架。

本书内容主要包含以下四个部分。

（1）利用大数据采集及质性分析方法，聚焦于对高质量本科在线课程内涵、结果，以及内容结构进行探索性研究，通过知乎"在线学习""课程质量""在线教学"相关关键词问答内容的采集，利用扎根理论分析方法基于知识管理视角得出高质量在线课程于显性知识层面、显性隐性知识层面，以及隐性知识层面主要要素后，通过 ISM 分析得出要素间的层次关系，并通过 MICMAC 分析得出要素间的驱动关系。

（2）针对显性知识层面要素，针对在线课程页面设计要素对学生课程参与的影响进行分析，基于中国大学 MOOC 网站上页面信息，分析课程页面要素包括是否为精品课程、开课学校、是否为团队教学等，以及主页上的编辑推荐排行榜、热门排行榜、五星排行榜、新课排行榜对学生参与的影响，从而得出对学生参与有显著影响的要素，同时，本书设计了改进的个性化教学资源推荐算法，并分析研究了显性知识层面上页面添加设计个性化推荐的影响。

（3）针对显性隐性知识层面要素，分析比喻、板书通过心理距离和沉浸感对学生学习结果的影响，并基于期望确认理论、技术任务适配理论和心流理论，分析课程教学和平台质量要素对学生持续学习倾向的影响，同时分析学生选课的课程网络结构包括课程网络中心度、联系强度、网络规模对学生持续学习行为的影响。

（4）针对隐性知识层面要素，本书基于刺激—组织—反映理论框架，分析学生感知竞争、感知分析，以及好奇心通过情绪对持续学习倾向的影响。

本书基于知识管理框架深入分析得出高质量在线课程详细的影响要素后，进一步深入分析显性知识、显性隐性知识和隐性知识三个层面上影响要素的影响机制。本书基于知识管理视角，结合解释度水平等各种理论，利用质性分析、文本分析、计量分析，以及结构方程等各种方法，对三个知识层面的影响要素及影响机制进行深入研究，研究结论具有理论创新，也可以为评估与建设高质量本科在线课程提供实践指导。

目　录

第1章 绪 论

1.1 研 究 背 景

随着智能手机等各种移动终端以及移动互联网 5G 的迅速发展，在线课程、在线知识讲堂如火如荼，各种正式大规模开放在线课程（如 MOOCs）平台、营利性教育机构的在线平台，以及年青一代哔哩哔哩（bilibili）平台上的学习课程层出不穷、种类繁多，知乎知识问答、微信上各种知识学习公众号等也广受欢迎，在线学习呈现百花齐放、百家争鸣的动人景象。一些在线付费课程内容一度被捧上高台，然而登高跌重，由于其内容华而不实，学员费时费力而无所得，学习效果甚微，最终遭受质疑，只是一场虚有其表的光鲜亮丽。因此，尽管是在线学习，课程内容质量依然最受学员重视，在线课程质量至为重要。

2020 年初新冠肺炎疫情突如其来的袭击，使得非常大范围的教育工作者及学员都猝不及防地参与到在线教学或在线学习之中。一方面不知道该怎样去建设实现在线课程；另一方面没有相应的指导，也不知道怎样在线学习到好的课程。在线课程作为新型教学形态，由于其灵活性以及学生可以接触到更多更广课程的多样性而越来越受欢迎。中国人口基数较大，学生学员甚多，受众数量巨大，在线课程是帮助学生扩大知识范围持续学习的重要方式，因此建设高质量的在线课程也是实践迫切所需。

2019 年 10 月，教育部在深化本科教育教学改革中强调要全面提高课程建设质量，积极发展"互联网＋教育"，探索智能教育新形态，推动课程教学革命，严格课程教学管理，严守教学纪律，确保课程教学质量。本科生是当前使用在线学习最多的群体，新冠肺炎疫情的突袭只是加快了本科教育结合使用在线学习改革的速度（Zhang et al.，2019）。一直以来大家都更为关注传统课堂教育的质量，对于线上课程教育质量的相关研究还较为欠缺。高质量的本科线上课程具体应包含哪些内容、应具备哪些特征仍不够清晰，实际有效的高质量本科在线课程建设细节指导尚未统一确立。师者，传道授业解惑也，无论线上课程还是线下课程都旨在向学员传授知识，线上课程从页面设计、学习资料到教学视频都是知识。慕课（MOOCs）就是大规模开放在线课程，是"互联网＋教育"的产物，而且MOOCs是当前本科在线学习采用最多的资源平台（艾媒咨询，2020；Alizadeh et al.，2019）。因此，本书将以高校本科课程为对象，从知识管理角度分析研究高质量本科在线课程的内涵、应具备的内容、应带来的预期结果，设计统一系统的高质量本科在线课程内容结构，并利用MOOCs平台数据以及行为实验实证检验其内容要素的影响过程及影响作用。

1.2 研究内容

随着信息技术迅速发展，特别是从互联网到移动互联网，创造了跨时空的生活、工作和学习方式，使知识获取的方式发生了根本变化。教与学可以不受时间、空间和地点条件的限制，使知识获取渠道灵活多样。在线教育顾名思义，是以网络为介质的教学方式，通过网络，学员与教师即使相隔万里也可以开展教学活动。此外，借助网络课件，学员还可以随时随地进行学习，真正打破了时间和空间的限制。对于工作繁忙，学习时间不固定的工作者而言，网络远程教育是最方便不过的学习方式。

中国在线教育市场规模近五年一直保持稳步增长。数据显示，中国在线教育整体市场规模已由2016年的2218亿元增长到2020年的4858亿元，年均增速保持在23.81%（中国互联网协会，2021）。新冠肺炎疫情推动了中国用户对在线教育的需求，中国在线教育用户在2021年3月规模为4.23亿，较2019年6月增长了1.91亿，增幅高达82.33%（中国互联网络信息中心，2020）。新冠肺炎疫情期间，教育部提出"停课不停学、停课不停教"，推动了教育产业信息化变革的同时，也激发和释放出在线教育的潜在市场需求。尤其在下沉市场领域，对在线教育行业的认知和渗透进程得到加快。数据显示，分地域来看，受访用户对各类在线教育服务的需求呈现出差异，一二线城市教育需求相对多元分散，其他城市用户需求更多集中在学科辅导和语言学习。庞大的用户需求以及广阔的市场空间再度让在线教育赛道成为焦点，互联网巨头纷纷加速入局。腾讯、快手、优酷、钉钉、字节跳动等互联网企业相继开展了线上教育并提供相关服务。由此可以看出，在线教育市场发展趋势良好，但也面临着很多机遇和挑战。

虽然在线教育平台可以带来很多好处，尤其是在新冠肺炎疫情期间，但仍然存在许多问题。首先，由于缺乏现实的学习环境，学生的行为无法被监测到。据调查，16.3%的学生从不在网上观看录制的课程，37%的学生从不观看现场课程（Dong et al.，2020）。因此，虚拟在线环境中很难保证课程质量和学生的表现。MOOCs 作为较大的在线教育平台，也面临着许多挑战，如高辍学率（Yousef et al.，2014）。其次，用户对于在线教育的感知质量较低。2019 年 44.8%中国在线教育用户对在线素质教育前景发展持观望状态，超过三成用户对在线素质教育的前景发展持正面态度，剩下的 20.3% 的用户则持负面态度（艾媒咨询，2020）。在 2020 年对江苏某大学的调查中，研究人员也发现由于课堂互动程度低、平台卡顿等原因导致学生对线上课程的满意度偏低（王义保等，2021）。总而言之，在线教育用户对在线素质教育的前景发展信心并不强烈。另外，突发的公共卫生事件，为在线教育行业带来短期爆发。但是在后疫情时代，在线教育的需求将会有所下降。企业和平台都面临一个问题：如何留存疫情期间的新增用户，实现长期发展。这将会是在线教育企业接下来需要面临的考验。

1.3 研究意义

本书研究意义主要体现在以下两个方面。

1. 理论意义

（1）课程质量一直是研究人员和教育机构各方人员都非常关心的问题，随着在线教育的发展，越来越多的学员使用在线教育，但是有关在线课程质量的研究依然相对较少。本书聚焦于高质量本科在线课程的理论构建与影响检验，将进一步丰富在线教育相关研究。

（2）研究视角上，在线课程上的所有内容包括课程资料、课程视频、课程简介等都是归属该课程的知识，教师上课本质也是传授知识，因此知识管理视角可以很清晰并且系统地分析在线课程。目前，基于知识管理角度对课程进行研究的很少，本书将基于知识管理视角对高质量本科在线课程所应包含的内容进行详尽系统的分析，进一步拓展在线课程相关研究的视角。

（3）研究内容上，由于在线课程质量相关的研究较少，对高质量本科在线课程的内涵及其应包含内容的界定也一直不够清晰。本书将基于知识管理视角，全面、系统地界定高质量本科在线课程的内涵、内容结构、高质量课程的预期结果，并分析验证所包含的内容要素对结果的影响过程和影响作用。课题将进一步深化在线课程质量相关的研究。

（4）研究方法上，以往在线课程研究通常采用量表与问卷调研的方式，本书将结合使用大数据分析以及行为实验检验的方法，对高质量本科在线课程应包含的内容要素的影响过程和影响作用进行深入验证分析，进一步多样化在线学习相关研究的研究方法。

2. 实践意义

（1）为管理人员标准化管理和评估本科在线课程质量提供参考。本书深入研究了高质量在线课程应具备的内容要素，可以帮助管理人员统一标准化管理在线课程和评估在线课程质量。

（2）为高校教师建设高质量本科在线课程提供帮助与参考。教师可以根据课题所分析得出的内容要素丰富和完善在线课程内容。研究结果也将为教师从网页上的课程介绍到课程视频内容里采用的授课方式再到与学生交流沟通等各方面的改进措施提供参考。

（3）促进学生更深入地学习和理解在线课程内容。本书将对各要素的影响作用都进行实证检验，验证各个内容要素的影响过程与作用机制。根据验证结果，对于高质量的在线课程，学生将会更愿意去学更愿意持续地学，并且对所学内容的理解也将会有所提高。

1.4　主要创新

（1）视角的创新。本书选择研究本科在线课程作为研究对象。相对于小学、中学，本科在线课程更具有实践性、可行性和推广性。教师本身就是通过各种渠道传授知识，而在线课程从页面设计到教学材料再到课程内容也都是知识。设计管理好在线课程也是对知识的管理，而以往很少有研究基于知识管理角度来深入探究在线课程，而知识管理视角可以系统全面地分析在线课程，因此基于知识管理视角进行研究。

（2）理论的创新。质量是课程的生命，是课程的关键。质量一直是国家、学校、教师，以及各教育机构重点关注的核心话题，但是在线课程中的质量研究却还相对较为欠缺。以往对于在线课程质量的研究大多较为零散、不够系统，本书吸收了学生参与、学生课程体验、服务质量等理论观点，并结合在线研究中采纳、持续使用、学习绩效等研究，基于知识管理架构，构建了一个相对系统全面的高质量本科在线课程的内容结构理论框架。同时，课题深入挖掘这些内容要素是通过什么样的方式影响学生学习结果，深入分析内容要素对学习结果的影响过程与影响机制。课题进一步深化和扩展了在线教育相关研究。

（3）研究方法的创新。本书综合利用质性分析、大数据分析和行为实验的方法进行研究。利用质性分析构建总体框架与结构，而构建过程当中不仅通过访谈，还同时采集网络专栏与网络讨论相关数据，以对内容结构进行完善。通过采集网络数据，利用大数据分析包括文本分析、主题分析、回归分析对内容要素的影响关系进行实证检验。

第2章 在线学习相关文献综述

2.1 知识管理与课程质量

2.1.1 知识管理

1. 知识管理维度

知识分为显性知识和隐性知识，因此知识管理也包括显性知识管理和隐性知识管理。显性知识是指能够被表达或记录下来的知识和信息，以文字、数字、代码、数学和科学公式以及音乐符号的形式表达和记录的知识。显性知识易于交流、存储和传播，是在书本、网络，以及其他视觉和口头方式中发现的知识，与隐性知识相对立。隐性知识，相对于显性知识而言，是一种很难通过记录或口头表达的方式传递给他人的知识。它是一个人意识整体的组成部分，主要是通过与人的交往获得的，并且可以通过共同或共享的活动传授给他人（Wu & Lin，2013）。就像冰山被淹没的部分一样，隐性知识构成了一个人知识的大部分。经典的野中郁次郎和竹内弘高（Nonaka & Takeuchi）是根据隐性知识功能进行分类，将隐性知识分为认知隐性知识（cognitive tacit knowledge，CTK）和技能隐性知识（technical tacit knowledge，TTK），如表2.1所示。

表 2.1   **隐性知识分类及内容**

分类	内容
认知隐性知识	直觉、思维模式、直接反应、预感、心智、情绪、情感、洞察力、观点、信念、创新、目标、理解力、创造力、设想、视角、想法、理想、价值观、判断、感知、范式、意见主张、纲要、视野、管理、创造性、启示、想象力、规范、文化、偏见、决策、灵活性、预期、定序、禁止、心理、情绪自我调节、倾听、领导力、创新力、共情、语言表达力、注意力、美学意识、谈判能力、身体语言、幽默感、洞察力、感知力
技能隐性知识	实践经验、技能、专业知识、战术、实际动手经验、最佳实践、经验教训、技巧、秘诀、窍门、工艺、手艺、经验法则、实用知识、知道行动过程、问题解决

资料来源：Nonaka I，Takeuchi H. *A theory of the firm's knowledge-creation Dynamics* ［M］. Oxford：Oxford University Press，1998.

        随着知识管理概念的发展，当前很多学者通常认为知识是某种比例的显性知识和隐性知识的融合，即对于那些明显可以通过文字或记录而表达出来的知识归类为显性知识，对于很难描述只可意会不可言传的归类为隐性知识。而有些知识则是介于显性和隐性之间，这些知识很难表达，但是可以通过某种方案形式予以一定程度的展示。很多学者基于野中郁次郎和竹内弘高的隐性知识的分类，将一些可以一定程度描述的知识界定为显性隐性知识。因此，基于可描述度的知识分类如表 2.2 所示。

表 2.2   **基于可描述度的知识分类**

维度		可描述度	
		显性隐性知识	隐性知识
		相对可描述	难以描述
隐性知识	认知隐性知识	愿景、常识、故事、观点、理想、假设、感知、创新、创意、猜想、理解、价值观、意义	细微差别的感受、直觉、下意识、预感、洞察力、语言表达力、社交能力、情绪、情感、创造力、信念
	技能隐性知识	规则、教训、技巧、秘诀、专门技术、经验教训、疑难解答、常规惯例、判断、最佳实践、问题解决、经验法则、形象、过程、图、表、判断策略方案、实践经验、专业、过程展示、技术原理、技术展示	思维模式、解决范式
显性知识		完全可描述	完全可表达的知识

资料来源：Addis M. Tacit and explicit knowledge in construction management ［J］. *Construction Management and Economics*，2016，34（7 - 8）：439 - 445.

可以看到，知识分类框架完整地将各类型内容知识进行分类，是个完备的分类集合，而在线课程当中，各类要素都是知识，因此，本书将基于该可描述度的知识分类框架设计高质量本科在线课程维度，并基于该知识分类框架设计高质量本科在线课程的内容结构。

2. 知识转化 SECI 模型

知识转化最为知名也最被各学者广为接受的是野中郁次郎和竹内弘高（1998）所提出的知识螺旋模型，又称 SECI 模型，这也是各类知识转化研究的基础，如图 2.1 所示。该模型的内涵在于认为知识学习、知识创新是通过隐性知识与显性知识之间不断相互转化螺旋上升而实现的，其具体转化过程为四个阶段，包括社会化（socialization）、外在化（externalization）、组合化（combination）、内隐化（internalization）。社会化转化过程是隐性知识到隐性知识的转换，隐性知识的学习主要通过经验分享而得到。外在化过程是隐性知识到显性知识的转化，是一个将隐性知识用显性化的概念和语言清晰表达的过程。转化手法有隐喻、类比、概念和模型等。隐性知识的转化是知识创造知识学习过程中至关重要的环节。组合化过程是显性知识到显性知识的组合，通过各种媒体产生的语言或数字符号，将各种显性概念组合化和系统化的过程。内隐化过程是显性知识到隐性知识的转化，是将显性知识形象化和具体化的过程。显性知识通过"汇总组合"产生新的显性知识被组织内部员工吸收、消化，并升华成他们自己的隐性知识。

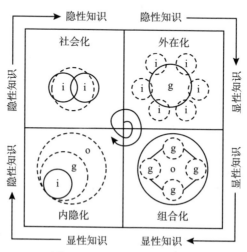

图 2.1 SECI 知识转化模型

注：i 为个体；g 为小组；o 为组织。

3. 隐性知识转化

由于隐性知识数量巨大但却又不易描述，故隐性知识学习尤为重要，隐性知识转化是知识创造知识学习的关键。因此，当前许多专家学者对隐性知识学习与转化更为关注，近年来很多学者对隐性知识转化进行了深入研究。

佩雷斯－卢诺等（Pérez－Luño et al.，2019）认为隐性知识转移能够促进创新。知识是通过隐性知识和显性知识的不断交互而产生的。小组成员通过讨论或互动来分享想法和观点，使隐性知识变成显性知识，从而实现创新设计。将显性知识从已有的隐性知识转化为显性知识，将转化后的显性知识进行组合和综合，从而创造出创新知识（Nonaka & Takeuchi，1998）。由于隐性知识的重要性，许多学者强调如何有效地转移隐性知识。这些知识主要是基于个人的学习和经验，并且总是在讨论和互动的过程中产生的。因此，组织内的知识转移与个体之间的相互作用密切相关，企业内的隐性研发知识可以通过各种组织实践有效转移，如职业培训、实践分享、头脑风暴等（Nguyen et al.，2014）。特别是许多学者认为，讲故事是一种非常简单、方便、有效的隐性知识转移方式（Ribeiro，2013）。而一些学者试图通过模糊推理学习系统等智能系统来实现隐性知识向显性知识的转化（Özdemir，2010）。

在网络环境下，初始一些学者如瓦格纳和斯滕伯格（Wagner & Sternberg，1987）认为显性知识与隐性知识之间没有转化关系。他们认为隐性知识只是从一个人转移到另一个人，而智力在这种转移中起着重要的作用。因此，他们认为隐性知识是不可转移不能转化的。阿瓦哈等（Arvaja et al.，2007）也认为，知识的存在是在社会和物理环境下，因此几乎不可能将它们分开。可视化知识对于别人来说是很困难的，而对于网络环境而言，人们总是看不到彼此，知识的可视化就更难了。但是，蒂和凯尼（Tee & Karney，2010）通过自然主义的探究性研究，发现网络课程的教学过程与野中郁次郎的 SECI 螺旋模式有很大的相似之处，表明在网络学习中，建立类场情境是帮助学习者获取隐性知识的有效途径。

莫阿勒姆（Moallem，2003）发现远程教育中互动是必不可少的，互动是知识尤其隐性知识转化的重要媒介，而大多数在线学习课程的互动很少。罗米斯佐夫斯基（Romiszowski，2013）强调电子学习颠覆了传统的课堂学习方式。在网络学习环境中，学习者自主学习和自我评价尤为重要。然而网络学习平台中的各种交流工具并不能保证在学生和教师不愿意交流的情况下进行有效的互动。网络环境下的课程内容网络化也不能保证有效的知识创造和知识转移。这对学习者来说是高风险的，他们可能得不到全部的知识，这可能导致学习者什么都不知道，即使他们看起来是在网络上学习相关内容（Bruff et al.，2013）。

有研究表明，信息通信技术（information communication technology，ICT）为知识共享提供了很少的机会，如果隐性知识没有被编纂或表达，它很难通过数字或电子传输来转移（Nishinaka et al.，2015）。然而，一些学者认为当代先进的信息技术辅助工具或方法可以帮助有效地将隐性知识转化为显性知识。如果共享经验可以被编码成一般形式，那么就有可能通过数字或电子方式来传递隐性知识（Addis，2016）。

隐性知识的转化，不论是隐性知识到隐性知识的转化，还是隐性知识到显性知识的转化，对于知识学习过程都非常重要，但是，较之传统教室现场学习环境，网络环境下的知识学习中隐性知识的转化难度都会相对增大。由于交互讨论是隐性知识转化的重要方式，不断发展的信息技术为网络实时交互网络积极交互提供帮助，且不断发展的技术也为隐性知识的编码与展示提供了更多的机会与可能。因此，基于隐性知识的思想指导，于在线学习环境下，为实现高质量在线课程，分析教师为有效促进隐性知识转化而应采用的方式并验证其作用是本书的主要研究内容之一。

2.1.2 课程质量及其评价

课程质量近年来越来越受到国家重视，高校的教学与学习质量也是重点关注的话题。中国、美国、英国、澳大利亚等国家都在国家级别范围内对高校本科教学进行全面的调研与评估。

1. 传统课程质量评价框架

通常，传统课程质量评价框架主要有基于学生课程体验和基于学生参与度两种视角。

（1）基于学生课程体验视角的课程质量评价。该视角下主要考虑学生的课程学习体验以及学生对教师教学质量的感知，全球很多国家的高等教育机构都采用该视角下的课程质量评价，其中最为常用的获取高校学生对教学反馈的工具是课堂体验问卷（course experience questionnaire，CEQ）。CEQ 开发于 20 世纪 80 年代，主要用于评价高等教育机构的教学课程质量，很多国家采用该评价方式，包括澳大利亚、英国、荷兰和中国。

CEQ 主要是面向本科生的调研，基于学生对目标与标准的清晰认知、独立性、技能、教学、合适的作业量，以及合适的成绩评分 6 个维度，通过共 36 个度量项对课程质量进行评价（Wilson et al.，1997）。CEQ 评价主要认为学生对课程内容、教学过程，以及成绩评分的感知是影响学生学习结果的重要决定因素。因此，早期有很多对学生课程体验与学生学习结果间关系的研究。很多相关研究显示，学生如果认为课程教学方式好，教学目标清楚，有清晰的评分标准，强调独立性，包含通用技能，则学生通常会更为深入地学习也就是会更为深入地理解课程；而如果学生认为课程工作量太大、课程评分不够合适，则学生通常不会深入学习进而也不会深入理解课程内容（Richardson，2005）。利齐奥等（Lizzio et al.，2002）的研究结果显示，好的教学方式以及合适的工作量会提升学生的评级绩点，提升其专业技能，并会提高学生满意度。但是，尹和王（Yin & Wang，2015）经过大量整理、比较与分析相关文献研究，得出已有文献中多数是关于学生课程体验以及学习效果的关系研究，对于学生课程体验与学生学习行为结果方面的研究很少，如情绪、激励、浸入度等。

尽管这些研究显示中国在应用 CEQ 中得到很多益处，但是也有研究担心 CEQ 忽略学生心理方面的质量评价。CEQ 在中国的应用中，克朗巴哈系数和验证性检验效度都不够好，说明可以进一步改进。中国环境下，补充心理方面的质量评价维度会是一个很好的改进方向（Yin H et al.，2016）。

（2）基于学生参与度视角的课程质量评价。学生参与度是高等教育研究中的热门关键字，很多研究结果验证了学生参与度对学生学习绩效和学生个人发展有重要影响（Coates & McCormick，2014a）。因此，近年来中国、美国、英国、澳大利亚也都逐渐开始基于学生参与度对教学课程质量进行全国范围内的调研评估。基于学生参与度视角的研究也主要分为基于学生行为参与度视角和基于学生心理参与度视角。

以往研究中大多数都是基于学生行为参与度的研究。基于学生参与度视角的教学质量评估其实质主要是基于行为学视角（Yin & Wang，2016）。因此，该视角下，学生参与度是指学生参与教学活动的程度，或者说是花费在与课程学习相关内容上的时间和精力（Coates & McCormick，2014b）。当前在该视角下全国范围内的教学质量评估，大都主要评估高校机构的教学实践和学生行为，包括学生功课时间、教学实践、学生教师互动、高校机构需求、高校机构服务等。尽管这些调研对分析研究学生行为与高校机构实践间的关系有帮助，但是一些学者从行为学角度指出其在理解学生参与度方面有一定的狭隘性（Hagel et al.，2012）。

正如卡胡（Kahu，2013）研究结果显示，只聚焦于行为变量要素会忽略很多其他要素，如学生激励、学生情绪、学生期望等。而且更重要的是，学生行为上的参与度与其心理参与度可能还存在一定的不一致（Wefald & Downey，2009）。因此，基于参与度视角的研究，有学者提倡需要从聚焦原来的学生行为参与度转为聚焦学生心理参与度的研究。

基于学生心理参与度视角的研究中，激励与参与度经常一起研究。激励较难观测，而参与度又是一个程度数据，即其在程度上可量化，如高度、中度、低度等（Reeve，2012）。因此，马丁（Martin，2007）同时考虑激励因素和行为参与度两方面设计了一个评价框架，如表2.3所示。

表2.3　　　　　　　　　同时考虑激励因素和行为参与度的评估框架

维度（共4个维度）	含义	包含内容（共11项内容）
适宜的激励（adaptive motivation）	反映学生对于学习的积极态度与积极定位导向	自我信念、掌握取向、重视
适宜的参与（adaptive engagement）	反映学生学习中的积极行为与积极参与	毅力、计划、任务管理
不适宜的激励（maladaptive motivation）	反映学生对于学习的消极态度与消极定位导向	焦虑、失败规避、不确定性的控制
不适宜的参与（maladaptive engagement）	反映学生学习中的消极行为与消极参与	自我破坏、不参与

弗雷德里克斯和麦考斯基（Fredricks & McColskey，2012）认为该评价框架内容较为合理，不仅评估心理治疗同时评估行为（如计划和任务管理）、情绪（如焦虑和失败规避），以及认知（如自我信念和重视）。这套评估体系以往主要用于高中教育机构而非高等院校，而尹和王（2016）将该评价体系用于高校，其实证结果显示该评价体系的心理要素部分在高校也有较好的适用性，但该套评价框架应用于高校的研究依然很少。

当前高校的教学质量评价中，不论是国家实践评估中还是学者学术研究中，都很少考虑心理方面的要素。两种主流的评价框架中，基于学生课程体验的评估框架主要是分析评估学生对课程的理解与感知，但是并未考虑学生情绪情感等方面。基于学生参与度的评估框架是对学生自身参与课程的情况进行评估，因此该框架下又有两个不同的侧重点，一种侧重于评估学生行为参与度，另一种侧重于评估学生心理参与度，而且很少研究同时考虑行为参与度和心理参与度，即当前仍未有统一的、可以同时考虑各方面的课程质量框架体系。但是，如果从知识管理的角度来看，其可以综合考虑各质量评价框架的优势并改进其劣势，学生体验框架中课程工作量、课程评分、课程设计、课程资料等属于显性知识，教学方法、技巧技能等属于隐性知识，未考虑的情绪等因素属于隐性知识。学生行为参与度框架中的参与时间、得分绩效等是显性知识，而未考虑的学生共情等要素是隐性知识。学生心理参与度框架中的毅力、信念、焦虑、失败规避等属于认知隐性知识，计划、任务管理等属于技能隐性知识，未考虑的工作量等内容是显性知识。因此，知识管理角度下设置的课程质量评价维度将会更为系统、完备和全面，本书将基于知识管理视角设计课程质量内容结构。

2. 常用的课程质量评价框架

除了以上两种评估框架，近两年，文献研究中还有两种较常用的课程质量评价框架，分别是质量保障框架（quality matters rubric，QM，又常称为 QM Rubric）和基于服务质量管理框架的课程质量评估。

（1）质量保障框架。QM 是一个非营利组织，通过其可以获得由马里兰在线公司（Maryland Online Inc.）提供的定制服务。该 QM 组织为发展具有质量保障的在线课程而设计 QM Rubric 标准。QM Rubric 是联邦政府资金资助支持的重要项目，由 Maryland 大学所开发设计（Maryland Online Inc.，2014）。QM Rubric 框架中最为重要的部分是其以员工为中心和同行评审贯穿全部评价准则。其框架如表 2.4 所示。

表 2.4 质量保障框架

标准	解释
标准 1：课程概要与介绍	建议教师课程开发从该部分开始，因为学生通过课程概要介绍可以很容易知晓课程总体概况、课程进度，以及技术要求
标准 2：学习目标	几十年来的教育相关文献研究和教育实践都显示，课程开发教师或者课程设计教师应注意强调每门课程的课程目标。课程学习目标可以给学习人员起到先期指导的作用，使学员脑中能够有个大概的总体意识，比如学员可以将以往所学知识与当前课程的新内容联系起来（Mayer & Clark，2003）

标准	解释
标准 3：评价	指教师在整个授课过程中应不断地从学生处获取反馈，以改进教师自身授课表述方式等方面，从而促进学生学习（Lee et al.，2011）。因此，该评价包含内容以及评价方式多种多样
标准 4：教学材料	教师教学过程以系统性设计原则为指导，该原则倡导教学过程中应可以促进学生理解并最大化学生自己的能力以学习。当前标准中的教学材料同样遵从该系统性设计原则，认为教学材料应能保障课程是不断进步并且包含该领域最新内容
标准 5：教学活动与学员交互	QM Rubric 指出教学活动应与教学目标一致，教学过程中的教学活动应根据评价不断调整，其活动设计应可以促进学生技能的掌握与发展（Dick et al.，2005）。QM Rubric 设计人员认为学员交互对于在线课程中的学员各自孤立困境的改善有非常重要的作用（Moore & Kearsley，2011）。高质量在线课程应包含学员交互，其可以帮助学员有群体归属感，从而帮助学员之间相互激励以便更好地学习
标准 6：授课技术手段	在线教学中，教师与学员间通常物理距离很远，教师采用合适的授课技术手段，可以降低教师学员间的距离感。透明且无缝对接形式的技术手段最好，比如学生会认为 E-mail 比较冰冷没有人情味，而同步讨论由于可以快速地沟通交流会让人感觉较为温暖（Biesenbach-Lucas，2007；Saba & Shearer，1994）
标准 7：学员支持	QM Rubric 设计人员坚持课程学习过程中当学员需要时应为学员提供支持服务。提供在线课程的大学应设置支持服务中心以为学员提供远程服务（Brindley，2014）
标准 8：可获取性	所有课程应注意保障所有学员应可以获取到课程资料，包括残障学员

很多研究文献基于 QM Rubric 框架对在线课程进行评价，主要方式仍然为问卷调研方式。阿里扎德等（Alizadeh et al.，2019）基于 QM Rubric 框架对日本学员英语学习的混合课程进行评价。布朗等（Brown et al.，2018）基于该框架对四种模式的在线课程进行分析。权等（Kwon et al.，2017）基于该框架分析其在线课程建设的完善之处以及需要改进之处。马丁等（Martin et al.，2016）基于该框架对其学校的在线课程资料和数据进行整理，并进一步分析以得出课程需改进之处。洛文塔尔和霍奇斯（Lowenthal & Hodges，2015）应用该框架对随机选择的六门 MOOC 课程进行评价。

但是，QM Rubric 框架未考虑学生参与（Brown et al.，2011）。萨瑟德和穆尼（Southard & Mooney，2015）强调基于一个系统框架下的评价对于课程评价非常重要，而该框架应不仅仅包含总体的课程设计，应同时考虑课程传递即需要评价基础设施，由于在线课程为远程课程，应保障学生能够流畅地观看课程。萨达夫等（Sadaf et al.，2019）将其 8 个标准视为 8 个主要影响要素，对 43 个学生进行调研，分析这 8 个要素对于学生学习的帮助作用，其研究结果显示学员普遍认为教学活动与学员互动最为重要，而且结果显示 QM Rubric 还应有改善空间。

QM Rubric 是真正面向在线课程质量的框架体系。其实质是站在教师的角度，为教师开发具有质量保障的在线课程提供指导。因此，其对于教师开发建设在线课程具有非常重要的指导意义。研究与 QM Rubric 类似，也试图为帮助教师建设高质量在线课题提供指导。但是可以看到，QM Rubric 框架体系也有其不足之处，其总体框架仍主要还是概念框架，不够具体详细系统，只能予以教师一定的概念指导，距离实践可操作尚有一定距离。同时该框架没有考虑学生心理、学生情绪引导等方面的内容要素。因此，本书将综合考虑借鉴各种框架的优势劣势，设计综合统一系统的高质量本科在线课程内容结构。

（2）基于服务质量管理框架的课程质量评估。一些学者认为教师对学生的授课可以视为提供课程服务，因此也有不少学者基于服务质量模型对课程质量进行评价，而多数是基于服务质量（SERVQUAL）模型或绩效感知服务质量（SERVPERF）模型（Parasuraman et al.，1988）。这两个模型是最为广泛应用和使用的服务质量模型，并且都是 5 个维度 22 个评价指标，5 个维度是有形性、可靠性、响应度、保障性和移情共鸣性。为适应高等教育环境下的质量评价，学者通常对这两个模型进行一定的修改，主要的评价模型如表 2.5 所示。

表 2.5　　　　主要高等教育环境下基于服务质量模型的课程评价模型

文献	评价维度
阿布杜拉（Abdullah, 2006a, 2006b）	不学术性（包含非学术性内容）、学术性（也包括学术性内容）、声望、可获取性、过程设计、易理解性
马哈帕特拉和汗（Mahapatra & Khan, 2007）	学习结果、响应性、物理设施、个性化设计、学术性
瓦莱约和兹维雷维奇（Vallejo & Zwierewicz, 2008）	教师资质、课程协调、数据库可获取性、可访问性、阅读与学习工作量、教室质量、教学法、竞争力、教学方法、教师无私性、与市场关联度、教师基础设施、学术发表的支持、高校形象与声誉、毕业生以及附近居民的推荐度
阿兰贝韦拉和霍尔（Arambewela & Hall, 2009）	课程传授质量、技术、住宿、学术安全性、教师声誉、机构声誉
埃伯勒等（Eberle et al., 2010）	教师、教学、基础社会、形象、课程规划与开发设计、性价比

续表

文献	评价维度
托蒂尼和沃尔特（Tontini & Walter，2011）	理论与实践相结合、课程效果、情感承诺、总体满意度
蒙迪尼等（Mondini et al.，2012）	声誉、形象、地理位置、行政支持、教师承诺与奉献精神
贝塔·金塞斯内·瓦伊达等（Beáta Kincsesné Vajda et al.，2015）	设计课程质量（COURSEQUAL）评价模型，与SERVQUAL完全一致的五个维度，但是评价指标基于教育环境有修正。五个维度：有形性、可靠性、响应度、保障性、移情共鸣性
提罗文加杜姆等（Teeroovengadum et al.，2016）	行政服务质量、物理环境质量、教学服务质量、支持设施质量、改革质量

随着互联网的发展，也有很多电子服务质量评价维度，表2.6列出主要的经典电子服务质量模型。

表2.6   **主要电子服务评价维度文献整理**

文献	电子服务质量评价维度
巴恩斯和维根（Barnes & Vidgen，2002）	使用便利、信息质量、服务交互
利扬德等（Liljander et al.，2002）	用户接口、响应、可靠性、定制服务、保障
林和吴（Lin & Wu，2002）	信息内容、个性化定制、响应速率
蔡瑟姆等（Zeithaml et al.，2002）	Core E-SQ：效率、可靠性、履行实施、隐私保护；Recovery-SQ：响应、补偿、联系
范瑞尔等（Van Riel et al.，2004）	可使用性、设计、定制、保障、响应
杨和方（Yang & Fang，2004）	可靠性、响应、完整性、使用便利性、产品描述、安全性
李和林（Lee & Lin，2005）	网站设计、响应、可靠性、信任
帕拉苏拉曼等（Parasuraman et al.，2005）	有形性、可靠性、响应、交流集成、保障、信息质量、移情共鸣
阿格拉瓦尔等（Agrawal et al.，2007）	信息、交互、集成、访问、公司图片、情感渗透、服务恢复、保障

基于服务质量建立的课程质量评价模型都是基于传统教室面对面课程质量的评价，尚没有针对在线课程质量的评价框架，而在线课程与传统课程有很多不同

之处，因此可以借鉴部分电子服务质量的评价维度。但不论是高等教育环境下的服务质量框架还是电子服务质量下的评价框架，在针对在线教育课程方面都需要进一步改进。从知识管理视角来看，可访问性、有形性属于显性知识，而共情、声誉属于认知隐性知识，技能、技术、方法属于技能隐性知识。知识管理框架的好处在于，可以尽量整合融合以往研究中的各种指标，并且可以充分考虑到容易忽略的情绪、激励、声誉等隐性知识。

2.1.3 在线学习相关主要影响因素

在线学习中有三类主要的影响研究，即采纳使用研究、持续使用研究，以及学习绩效研究。而学习相关研究中，在线课程的学习绩效研究相对较少，因此，本节将同时整理线下课程学习绩效相关研究，其对于课题研究也有重要借鉴作用。

1. 在线课程采纳使用相关研究

学员学习首先得使用在线课程，而不是所有人都乐意使用在线课程。因此，在线课程初期流行的时候很多学者关注采纳课题，分析相关影响因素，试图研究如何才能使更多的人愿意使用在线学习。有关采纳的研究主要是基于采纳模型：理性行为理论（theory of reasoned action，TRA）、计划行为理论（theory of planned behavior，TPB）、技术接受模型（technology acceptance model，TAM）、技术接受和使用的统一理论模型（unified theory of acceptance and use of technology，UTAUT），采纳相关文献主要都是采用调研问卷实证研究的方式，近两年相对较少。采纳研究一般会分析影响平台使用的相关因素，因素主要有个人要素和环境要素两大类。

个人要素是指从学生个体中会影响到在线课程采纳的要素。影响在线课程学习采纳的个人要素汇总如表 2.7 所示。

表 2.7   **影响在线课程学习采纳的个人要素汇总**

个人要素	影响作用	文献来源
感知有用性	正向影响采纳	卡巴和奥塞-布莱索（Kaba & Osei - Bryson，2013），罗斯等（Ros et al.，2015）
感知易用性	正向影响采纳	卡巴和奥塞-布莱索（2013）
态度	正向影响采纳	艾岑（Ajzen，1991），菲什拜因和艾岑（Fishbein & Ajzen，1977），曼蒂姆基等（Mäntymäki et al.，2014）

续表

个人要素	影响作用	文献来源
感知互动	正向影响采纳	奈特和伯恩（Knight & Burn, 2011），罗斯等（2015）
分散力	在有趣性和态度对感知易用性和感知有用性的影响关系中起正向调节作用；在社会临场感和态度对感知有用性和感知易用性的影响关系间起负向调节作用	施瓦兹等（Schwarz et al., 2012）
用户抵制	负向影响采纳	阿里等（Ali et al., 2016）
认知吸收	正向影响感知易用性和感知有用性	萨德和巴利（Saadé & Bahli, 2005）
趣味性	正向影响采纳	施瓦兹等（2012）
认知年龄	认知年龄越小，感知易用性和感知有用性对采纳的影响越大	洪等（Hong et al., 2013）
感知有趣性	正向影响采纳	曼蒂姆基等（2014）
激励	正向影响采纳	艾略特和麦格雷戈（Elliot & McGregor, 2001）
自我效能	正向影响采纳	弗拉克（Flake, 2015）
感知行为控制	正向影响采纳	艾岑（1991），曼蒂姆基等（2014）
预期工作量	正向影响采纳	文卡特什等（Venkatesh et al., 2003），伊姆等（Im et al., 2011）
预期学习成效	正向影响采纳	文卡特什等（2003），伊姆等（2011）

环境因素是指从个人周边环境会影响到学员在线课程采纳的要素。影响在线课程学习采纳的环境要素汇总如表2.8所示。

表2.8　　　　　　　　影响在线课程学习采纳的环境要素汇总

环境要素	影响作用	文献来源
相对优势	正向影响采纳	罗杰斯（Rogers, 2010）
兼容性	正向影响采纳	罗杰斯（2010）
复杂性	负向影响采纳	罗杰斯（2010）
可试用性	正向影响采纳	罗杰斯（2010）
可观测性	正向影响采纳	罗杰斯（2010）
国民信任度	正向影响采纳	基尔斯和巴基（Kirs & Bagchi, 2012）

环境要素	影响作用	文献来源
邻接中心度	正向影响采纳	文卡特什和赛克斯（Venkatesh & Sykes，2013）
国家文化	调节作用	卡巴和奥塞－布莱索（2013）
气候	气候对贫穷国家影响更大	陈等（Chen et al.，2015）
社会临场感	正向影响	施瓦兹等（2012）
主观规范	正向影响	艾岑（1991），菲什拜因和艾岑（1977）
社会影响	正向影响	文卡特什等（2003），伊姆等（2011）
便利支持	正向影响	文卡特什等（2003），伊姆等（2011）
系统抑制	负向影响	森菲泰利和施瓦兹（Cenfetelli & Schwarz，2011）

2. 在线课程持续使用相关研究

随着在线课程的发展，相对于采纳，近年来更受关注的是持续使用课题。因为很多在线学习平台和在线课程遭遇了学员没有完成课程学习就弃学的现象。因此，学者通常基于两个角度分析，一是分析愿意持续学习、完成学习，愿意持续使用平台的原因，分析相关影响因素，从而期望能使学员坚持持续学习，持续使用平台。二是分析那些弃学的学员的原因，弃学的影响因素，从而希望能够避免这些要素的问题的产生，减少弃学情况，增加学员持续学习的概率。总体上，影响持续使用的要素也分为个人要素和环境要素。

个人要素是指从学生个体中会影响到在线课程持续使用的要素。影响在线课程学习持续使用的个人要素汇总如表 2.9 所示。

表 2.9　　　　　影响在线课程学习持续使用的个人要素汇总

个人要素	影响作用	文献来源
快乐感愉悦感	正向影响	黄（Huang，2020）
享受乐趣	正向影响	王等（Wang Y et al.，2019）
注意力	正向影响	拉马迪亚尼等（Ramadhani et al.，2019）
实用性	正向影响	黄（2020），王叶宇等（2019）
元认知	正向影响	蔡等（Tsai et al.，2018）
习惯	正向影响	利马耶和张（Limayem & Cheung，2008），萧和罗（Shiau & Luo，2013）

个人要素	影响作用	文献来源
满意度	正向影响	丹吉等（Daneji et al.，2019），朱等（Joo et al.，2018）
自我控制	正向影响	巴奇和切利克（Bagci & Celik，2018）
想象力	正向影响	罗德里格斯-阿杜拉和梅塞格尔-阿尔托拉（Rodríguez-Ardura & Meseguer-Artola，2016）
清楚的目标	正向影响	郭等（Guo et al.，2016），契克森米哈伊（Csikszentmihalyi，2000）
挑战与预期获取的技能间的平衡	正向影响	郭等（2016），契克森米哈伊（2000）
感知有用性	正向影响	丹吉等（2019），萧和罗（2013）
感知易用性	正向影响	真等（Shin et al.，2013），程（Cheng，2012）
感知趣味性	正向影响	程（2012）
自我效能	正向影响	张等（Zhang et al.，2012），孙和鲁艾达（Sun & Rueda，2012）
感知实用收益	正向影响	周等（Zhou Z et al.，2014）
感知社交收益	正向影响	周等（2014）
感知愉悦收益	正向影响	周等（2014）
信任	正向影响	哈希姆和谭（Hashim，2015）
感知相似性	正向影响	赵等（Zhao et al.，2012）
共同倾向	正向影响	蔡和巴戈兹（Tsai & Bagozzi，2014）
情感认同	正向影响	哈希姆和谭（2015）
问题卷入度	正向影响	王等（Wang et al.，2012）
浸入度	正向影响	真等（2013）
主动性	正向影响	蔡和帕（Tsai & Pai，2014）
竞争意识	正向影响	蔡和帕（2014）

环境因素是指从个人周边环境会影响到学员在线课程持续使用的要素。影响在线课程学习持续使用的环境要素汇总如表 2.10 所示。

表 2.10　　　　　影响在线课程学习持续使用的环境要素汇总

环境要素	影响作用	文献来源
任务方法适配性	正向影响	达尔维-伊斯法哈尼等（Dalvi-Esfahani et al.，2020），程（Cheng，2019）
导航	正向影响	拉马迪亚尼等（Ramadhani et al.，2019）

续表

环境要素	影响作用	文献来源
内容难度	负向影响	拉马迪亚尼（2019）
有用性	正向影响	格尔德布洛姆等（Gelderblom et al.，2019）
教师影响	正向影响	程和袁（Cheng & Yuen，2019）
家庭影响	正向影响	程和袁（2019）
朋友影响	正向影响	程和袁（2019）
元认知	正向影响	蔡等（2018）
社会规范	正向影响	邵和阿巴奇（Shao & Abaci，2018）
确认	正向影响	丹吉等（2019），陆等（Lu et al.，2019a）
开放性	正向影响	陈和林（Chen & Lin，2018）
信息质量	正向影响	张等（Zhang et al.，2017）
系统质量	正向影响	杨等（Yang et al.，2017）
服务质量	正向影响	杨等（2017）
物理临场感	正向影响	罗德里格斯－阿杜拉和梅塞格尔－阿尔托拉（2016）
教师质量	正向影响	张等（2017）
实用价值	正向影响	洪等（Hong et al.，2017）
系统使用	正向影响	孙等（Sun et al.，2014）
远程呈现	正向影响	郭等（Guo et al.，2016）
快速反馈	正向影响	郭等（2016）
网络安全性	正向影响	张等（Zhang et al.，2012）
感知响应	正向影响	张等（2012）
群组规则	正向影响	蔡和巴戈兹（Tsai & Bagozzi，2014），周（Zhou，2011）
社会认同	正向影响	蔡和巴戈兹（2014）
熟悉度	正向影响	赵等（Zhao et al.，2012）
相关性	正向影响	蔡和巴戈兹（2014）
认知努力	负向影响	孙等（2014）
继续承诺	正向影响	贝特曼等（Bateman et al.，2011）
规范承诺	正向影响	贝特曼等（2011）
知识质量	正向影响	周等（Chou et al.，2015），许等（Hsu et al.，2011）
交流互动	正向影响	周等（Zhou J et al.，2014）
激励	正向影响	孙等（2014）

3. 学习绩效相关研究——传统课程和在线课程

学生的学习成果为学习绩效，它是反映学习平台有效性的一种关键衡量方式。因此，学习绩效也是专家学者都非常关注的一个课题。学生通过学习就是为了达到预期的效果，因此，一种常用的度量学习绩效的方式是实际学习效果是否达到了预期效果。其他常用的学习绩效度量方式有满意度等。同样，影响在线课程学习绩效的要素也可以从个人和环境两方面进行分析。

个人要素是指从学员个体中会影响到课程学习绩效的要素。影响课程学习绩效的个人要素汇总如表 2.11 所示。

表 2.11　　　　　　　　　影响课程学习绩效的个人要素汇总

个人要素	影响作用	文献来源
积极	正向影响	拉米雷斯－阿雷亚诺等（Ramirez－Arellano et al.，2019）
焦虑	负向影响	陈等（Chen et al.，2019）
坚定信念	正向影响	拉米雷斯－阿雷亚诺等（2019）
批判性思维	正向影响	奥托等（Otto et al.，2019）
学习方式	不同学习方式结果不同	李等（Li et al.，2019）
性格	不同性格学习效果不同	卡特里姆普扎等（Katrimpouza et al.，2019）
自我效能	正向影响	贾等（Jia et al.，2014）
元认知	正向影响	拉米雷斯－阿雷亚诺等（2019）
注意力	正向影响	沙迪耶夫等（Shadiev et al.，2017）
主动学习	正向影响	秋原（Hagiwara，2017）
自我评价	正向影响	迪普等（Diep et al.，2017）
角色扮演学习或称亲历学习	正向影响	古普塔和博斯特罗姆（Gupta & Bostrom，2013）
享受乐趣	**正向影响**	**林等（Lin A C et al.，2012）**
课程活动参与	**正向影响**	**程和周（Cheng & Chau，2016）**
竞争	**正向影响**	**万等（Wan et al.，2008）**
自我管理	**正向影响**	**孙和鲁艾达（2012）**
兴趣	**正向影响**	**孙和鲁艾达（2012）**
记录笔记	正向影响	中山等（Nakayama et al.，2017）

注：黑色加粗字体为针对在线课程绩效影响要素相关文献。

环境因素是指从个人周边环境中会影响到课程学习绩效的要素。影响学习绩效的环境要素汇总如表 2.12 所示。

表 2.12　　　　　　　　　影响课程学习绩效的环境要素汇总

环境要素	影响作用	文献来源
个性化服务支持	**正向作用**	**旺瓦特等（Wongwatkit et al.，2020）**
兴趣学习内容匹配	**正向作用**	**旺瓦特等（2020）**
教学方式	视频、文字不同方式结果不同	王等（Wang et al.，2020）
学习干预	正向作用	张等（Zhang et al.，2019）
教学工具技术	电子白板、及时反馈系统等使用有正向影响	杨等（Yang et al.，2019）
教学方法	适当地结合游戏	温等（Wen et al.，2019）
作业量	有影响，没有具体影响关系	王和朱（Wang & Zhu，2019）
现场实践观摩	正向作用	唐等（Tang K－P et al.，2019）
问题导向式教学	正向作用	盛等（Sung et al.，2019）
知识概念框架构造	由教师构造概念框架比由学生自己构造框架学习效果更好	肖（Shaw，2019）
激励	正向作用	劳等（Law et al.，2019）
授课内容次序	正向作用	谷等（Gu et al.，2019）
反馈调整	正向作用	吴等（Wu et al.，2017）
讨论	正向作用	黄等（Hwang et al.，2018）
惩罚奖励	正向作用	居（Ge，2018）
同行评价	正向作用	张－布伦登和汗（Cheung－Blunden & Khan，2018）
出勤监测与响铃	**对同步实时在线课程有帮助，提醒学生提高注意力从而提升学习效果**	**陈和王（Chen & Wang，2018）**
课程设计	正向作用	泰等（Thai et al.，2017）
教师姿态手势	正向作用	皮和洪（Pi & Hong，2016）
课件展示要素：颜色形状	暖色和圆形会更使人开心，进而会影响学习绩效	蒙奇等（Münchow et al.，2017）
课程材料	**正向作用**	**李和泰（Li & Tsai，2017）**

续表

环境要素	影响作用	文献来源
干涉	**正向作用**	**可汗等（Khan et al.，2018）**
现场感	**正向作用**	**杨等（Yang et al.，2016）**
成绩评定	倒 U 型影响	内贝尔等（Nebel et al.，2016）
性别	正向作用	陈等（Chen et al.，2016）
合作学习	**正向作用**	**古普塔和博斯特罗姆（Gupta & Bostrom，2013）**

注：黑色加粗字体为针对在线课程绩效影响要素相关文献。

在线课程学习相关研究主要以问卷调研结合结构方程模型验证影响关系为主。在线课程采纳与持续使用相关研究，基本都是问卷调研，通过设置量表，然后利用结构方程检验。因此，基本只能对要素影响方向进行研究，即只能提示注意相关要素，对于要素如何影响的具体细节，进一步深入研究的较少。有关课程学习绩效，影响要素很多，但是在线课程研究的要素较少，很多要素对在线课程的作用有待进一步检验。从最新文献看到，2020 年的一些文献是通过实验分析影响要素的作用，利用行为实验的优势在于可以深入挖掘影响要素影响过程的细节。同时，在线课程相关影响要素研究运用网上大数据分析的也较少，而网上大数据相对真实地反映了实际情况。因此，本书将通过挖掘网上数据利用大数据分析和行为实验方法进一步分析相关要素的影响作用，从而分析影响细节，例如不单单是得出网站设计对用户采纳使用有影响，可以通过大数据和实验对比，进一步分析网站导航、课程介绍、教师背景、提供资源的学校的影响，既可以深入分析细节，从而也能为研究中即将提出的建议措施提供实际可落地的帮助。

2.2　在线学习平台研究现状

2.2.1　在线学习平台发展研究现状

随着互联网的发展，在线教育平台因其便利性而蓬勃发展。人们可以不分时间、地点参加课程，与线下学习相比，财务成本更低（Khurana，2016）。此外，新冠肺炎疫情的暴发加速了在线教育的发展。由于该疫情，全世界98.5%的学生受到影响（UNESCO，2020）。为了阻止疾病的传播，许多国家采用线上教学代替了面对面教学。东等（Dong et al.，2020）调查了中国学生在新冠肺炎期间的在线教育经历。他们发现大约 92.7% 的学生每周至少上一节网课。

尽管在线学习有很多优势，如改善教育和培训机会、提高学习质量、降低成本和提高教育的成本效益，但将学生留在这种平台上面临着一个关键挑战：高流失率（Perna et al.，2014）。与传统的课堂教育不同，在线教育需要学生更加自律。由于缺乏教师的面对面接触，让用户注册并参与在线学习是一项具有挑战性的工作。学习投入程度是影响学习效果的一个重要因素，但以技术为媒介的学习投入程度比面对面学习更低（Hu & Hui，2012）。当在线教育平台想要从在线学习市场中寻求最大利益，就需要了解哪些因素可以驱动用户参与在线学习并持续使用。因此，如何留住在线学习用户，提高在线学习的效率仍然是研究的主要焦点（Panigrahi et al.，2018）。

2.2.2 在线学习平台用户参与研究现状

研究在线教育平台技术采用的主要理论有技术接受模型（TAM）（Davis，1989）、计划行为理论（TPB）（Ajzen，1991）以及技术接受和使用的统一理论（UTAUT）（Venkatesh et al.，2003）。

技术接受模型（TAM）、感知有用性（PU）和感知易用性（PEoU）是技术采用的主要前因，它们通过态度决定使用意图（Fishbein & Ajzen，1977），进而导致使用行为（Ros et al.，2015）。技术的接受程度不仅取决于 PU、PEoU 等因素，还取决于各种内外环境因素。例如，互动感知、认知吸收、逃避机制、认知年龄等个人因素，在决定技术的使用方面起着至关重要的作用。

一些研究探索了个人因素对于线上教育参与的影响。用户的感知交互性（perceived interaction）和感知有用性（perceived usefulness）共同作用并影响线上学习管理系统的使用意图（Ros et al.，2015）。认知吸收（cognitive absorption）、时间分离、高度享受和专注沉浸对个体而言是不同的，并且可以影响感知有用性和易用性来决定技术的采用（Saadé & Bahli，2005）。

自我分心（self-distraction）作为一种建立在逃避理论基础上的逃避机制，影响着人们对虚拟世界的态度。具有高水平的自我分心（或逃离现实生活的负面限制）的人群，游戏性会导致他们更愿意接受虚拟世界，但社交性会导致降低他们参与的欲望（Schwarz et al.，2012）。认知年龄低的，即对内心年轻的人而言，认知能力、个人行为能力和感知享受在信息技术接受的决策中起着重要作用。另外，感知易用性和主观规范（感知到的社会压力）对那些认为自己已经老了的个体也起着重要作用（Hong et al.，2013）。社交网络中心性（个人与有影响力的其他人的联系程度）和亲密度中心性（网络用户与网络中其他用户的距离远近）对技术使用也有积极影响（Venkatesh & Sykes，2013）。

除此之外，一些研究也探索了外部环境因素对于线上教育技术采用的影响。根据创新扩散理论，在扩散的说服阶段，创新的感知特征（相对优势、兼容性、复杂性、可试验性和可观察性）在采纳中起着重要作用。线上学习与线下学习相比，具有一定的相对优势，如时间安排灵活、成本低廉等。在线学习系统的兼容性与其采用程度正相关。此外，采用率取决于实现和使用技术的简单性。用户尝试在线学习越多，采纳率越高。

互联网传播对一个国家的技术进步至关重要，影响发展中国家传播的因素不同于发达国家。只有在发展中国家达到一定的人权水平后，用户的认知和政府政策才能加快传播进程（McCoy et al.，2012）。技术采用与国家的普遍信任（对社会成员的信任）正相关，采用的变化率与信任的变化率相关。

主观规范（subjective norm）是指个人对于是否采取某项特定行为所感受到的社会压力。它决定了使用的意图，进而导致使用行为。主观规范对参与意图有积极的影响（Hong et al.，2013）。

技术接受和使用统一理论（UTAUT）的绩效和努力预期影响行为意向和行为（Venkatesh et al.，2003）。绩效预期是个人认为使用系统有助于获得绩效收益的程度，它包含了感知有用性、外部动机、工作匹配、相对优势和结果预期的概念。努力预期可以被定义为与系统相关联的容易程度，并且可以用捕获感知的易用性、复杂性的概念。

用户抵制是信息技术实施中的一个主要问题，它会对技术采用产生负面影响。它有三个视角，系统（技术相关因素）、人（个人或群体因素）和面向交互（人和系统相关的特征之间的交互）。导致抵制主要是因为扭曲的认知、变革的低动力、政治和文化僵局、缺乏创造性的回应等（Ali et al.，2016）。

2.3　在线学习平台用户持续使用研究现状

MOOCs 作为一个大型在线教育平台，已经引起了学术界的广泛关注。此外，由于 MOOCs 的高失败率和低完成率，有许多研究关注 MOOCs 的持续使用。例如，阿尔莱米等（Alraimi et al.，2015）计算出平均完成率低于 10%。为了解决该问题，研究者对在线教育中的持久性进行了许多探索。研究持续使用的主要模型和理论有：期望确认模型（Bhattacherjee，2001）、信息系统成功模型（DeLone & McLean，2003）等。

2.3.1 影响在线学习平台持续使用的环境因素研究现状

学者对于影响在线教育平台持续使用倾向的因素进行了很多研究。首先，信息、系统和服务质量影响净收益，进而影响用户的满意度和使用意愿（DeLone & McLean，2003）。研究发现，信息、系统、服务和教师质量是感知有用性、感知易用性和感知乐趣产生的前因，而感知乐趣又会反过来影响使用意图。此外，在用户自主自愿使用的环境下，系统使用、信息质量和系统质量对满意度的影响逐渐减小（Sun et al.，2014）。感知信息质量比感知系统质量对感知个人利益和用户满意度的影响更大，而后者决定了在虚拟社区的持续使用意向（Zheng et al.，2013）。

在线学习环境中，沟通环境对个人至关重要。个人往往害怕对自己的形象、地位、职业等造成负面影响，避免参与。因此，交流环境中的心理安全程度对于个人无所畏惧地表达自己至关重要。安全心理沟通氛围对持续参与的意愿有正向影响（Zhang et al.，2012）。

感知响应度是指个体在在线学习环境中得到的反应。它捕获在线学习环境的通信频率状态。一个人在网络环境中得到的回应越多，他在网络环境中参与的积极性就越高。感知反应性与持续参与的意愿呈正相关（Zhang et al.，2012）。

在线平台上持续学习对组织而言很重要，因为只采用技术而不持续学习会导致更高的辍学率。满意度是决定持续意愿的主要因素之一。用户期望的确认对满意度也有积极的影响，这进一步导致信息系统的持续。在各种研究中，对于信息系统的习惯性与持续学习的意图有正相关、负相关和不显著相关。信息系统的质量、信息、系统、服务和教师的质量通过影响感知的易用性、感知的有用性和感知的乐趣与持续学习的意图正相关。此外，经历在线任务的心流体验会激励持续活动。自我效能作为个人因素，心理安全沟通氛围和感知反应性作为环境因素，对虚拟学习环境中的持续意向有积极影响。

2.3.2 影响在线学习平台持续使用的个人因素研究现状

学者对于影响在线教育平台持续使用倾向的个人因素进行了很多探索。满意度是对在线学习平台或信息技术持续使用产生影响的主要原因之一（Alraimi et al.，2015；Limayem & Cheung，2008；Shiau & Luo，2013）。当个人对平台或技术满意时，他们倾向于持续使用它们。

习惯在信息系统持续使用倾向中起着重要作用。然而，高水平的习惯会削弱从信息系统持续使用倾向到信息系统持续使用的关系（Limayem & Cheung，2008）。研究发现，习惯不仅会导致心理依赖，还会导致社交媒体依赖。社交媒体依赖始于使用体验，继而导致不适应认知、扭曲情感和心理依赖（Wang et al.，2015）。

心流（flow）指人们因全身心参与并投入任务而感受到的最佳体验，经历心流的人最有可能被激励持续进一步的活动。远程呈现和感知的快乐价值在预测学生持续使用意向中也起着重要作用（Guo et al.，2016）。信息质量、支持服务质量、系统质量和讲师质量影响感知有用性、期望确认和心流，会影响用户对系统的满意度和持续使用意愿。研究还发现，在混合学习平台中，教师素质是导致心流体验的一个最主要预测因素。

自我效能（self-efficacy）指人对自己是否能够成功地进行某一成就行为的主观判断，它与自我能力感是同义的。一般来说，成功经验会增强自我效能，反复的失败会降低自我效能。它是社会认知理论中被最广泛采用和使用的个人维度结构。个体的自我效能决定了在线学习平台中的持续使用意愿（Cigdem & Topcu，2015；Zhang et al.，2012）。

2.4 评　　述

深入理解在线教育平台的使用、持续使用倾向对于提供线上教育平台的组织至关重要，因为平台的成功取决于用户的采用和持续使用。研究者对这些问题进行了很多探索和分析。从文献中发现，创新（在线教育）的感知特征，如比较优势、兼容性、复杂性、可试验性和可观察性，在采用中起着重要作用。从个人层面上，采用的主要因素是个人预期，如感知有用性、感知易用性、感知乐趣、绩效预期、努力预期等。从环境层面上，参与主要受主观规范、社会规范、周边条件、民族文化、社会网络等特征影响。另外，影响持续使用技术倾向的主要个人因素是使用体验，如满意、期望确认、自我效能、心流、信任、归属感、沉浸感、信息系统素质等。感知的有用性和感知的易用性对于技术的采用和持续使用都至关重要。这意味着技术的有用性和技术的易用性决定了技术的采用和延续。

总体而言，在线课程质量相关研究仍相对较少，已有研究文献主要基于不同角度分析在线课程质量重要内容方面，但是多只侧重一个方面，当前尚未有较为清晰的高质量在线课程的概念界定，也尚未有较为全面系统的高质量在线课程内容结构。此外，互联网大数据挖掘为近年来研究的热门方法，而用于在线课程数据分析的研究还相对较少。互联网很多有关在线课程的评论分析都具有非常重要的参考价值，通过挖掘网络评论可以帮助充分倾听网络的声音，深入理解实际需求。因此，本书将聚焦教师传授知识本质，基于知识管理视角，同时关注行为与心理，以学习期望结果为学生技能提升与学生个人成长的体现，同时，在深入分析已有文献的基础上，访谈调研老师、学生，结合挖掘网络在线学习观点，通过质性研究界定较为清楚全面的高质量在线课程的内涵与内容结构。这将会为高质量在线课程发展提供概念指导。

基于知识管理视角界定高质量在线课程内容结构的好处在于，其实质是通过可描述度来进行分类的，情绪等属于隐性知识不可描述，课程大纲属于显性知识完全可描述，教师教学方式是显性隐性知识即教师通过努力可以一定程度地描述出来但又不能完全描述。而这种方式会提醒教师，哪些内容可以尽量通过文字图形或其他可视化方式进行描述，而哪些内容需要费心用心地引导学生的心理，需要的是情感互通。高质量在线课程内容结构界定后，其内容要素需要进一步去实证检验其影响，并挖掘其影响细节。因此，本书将进一步通过大数据挖掘与分析结合行为实验，验证分析具体要素通过什么方式而产生怎样的影响结果。这将会为进一步提出实现高质量在线课程提供具体的理论与实践指导。

越不容易描述的内容越难，课程学习中其实最难的部分在于体会理解，这些都是隐性知识。隐性知识是海下冰山，更是学习中巨大宝藏，从某种程度上来说，掌握隐性知识会更有助于个人成长。因此，根据大数据分析和行为实验的验证结果，本书不仅根据可描述显性知识部分的内容要素，针对可以展现出来的内容提出高质量在线课程建设措施和建议。同时针对不容易描述和不可描述的要素，将结合知识管理中知识螺旋模型，利用知识转化，隐性知识到显性知识转化，隐性知识直接到隐性知识转化，提出相应的高质量在线课程中隐性要素部分内容的建设措施和建议。

在线教育平台用户参与方面，现有的研究缺乏平台网页元素的影响。大多数平台参与的研究仅仅聚焦于个人和环境因素，很少涉及平台本身的设计特征等。网页中的元素会对用户体验、用户意图和用户决策产生影响。许多研究人员详细研究了网络元素的影响，得出设计一个简单而集中的主页是相当重要的结论。然而，教育平台的页面特征不同于普通的电子商务网页，在教育研究领域，关于网页中元素影响的研究还很有限。在线教育平台持续使用倾向方面，现有的研究缺乏对于教学质量和平台质量的系统性探索，同时也很少有文献探讨人们为什么选择学习的前因以及情绪如何影响他们持续使用在线教育系统的倾向。大部分文献主要关注情绪与表现的关系（Edgar et al.，2018；Rispens & Demerouti，2016；Weymeis et al.，2019）。虽然有一些研究涉及情绪对持续意图的影响，但分析是离散的。关于消极和积极情绪对意图的影响的文献仍然很少。现有的研究缺乏对于在线教育平台持续使用行为的探索。在教育领域，大多数研究采用问卷调研的方式，专注于持续使用倾向，难以捕捉用户的持续性使用行为。除此之外，用户的课程网络结构会是一个重要影响因子，影响其持续使用行为。

第3章 高质量本科在线课程内涵及评价体系

3.1 引　　言

由于课程视频可以被学生反复回看，在线课程必须经受跨越时空的无数学习者的检验，因此在线课程质量非常重要。研究人员通常通过课程质量的评价维度以界定课程质量的含义。基于学生体验视角的学者认为高学生体验的课程为高质量课程，基于学生参与视角的学者则认为高学生参与度的课程为高质量课程。基于服务视角的学者认为提供高服务质量的课程为高质量课程。而 QM Rubric 认为满足其八条标准的为高质量在线课程。不同文献对课程质量内容结构界定不同，各有利弊，各有其优势劣势，且当前文献主要是针对传统课程质量的界定，针对在线课程的较少。

不管是不是在线学习，对于大学生学习而言，学生的自学能力尤为重要，教师在课堂讲解以后，不论学生课程当时有没有听懂，教师都不可能将就而停留在某项内容上，学生必须在一种有意识的、系统的教学设计思路和指导下，开展精深的自学和反思。对于每节课的知识量，学生起点高低有差异，所以势必无法兼顾每一个学生，但是在线课程的异步性，给学生处理课程知识量留下了一定的空间。高度凝练的教学内容，留下的是课后教师和学生需要弥补和填充的大量空白，因此教师需要尽量多了解每个学生，鼓励学生发表自己的观点，表达对教学内容的看法，反馈给教师，而教师要针对学生的需求和知识盲点，根据实际情况不断调整，尽可能解决学生问题，帮助学生理解，挖掘每个学生的潜力。

传统面授课程的微妙之处体现在教师学生之间的互动与感染。老师在课堂可以从很多方面吸引学生注意力，不仅仅是授课内容与授课方式，也有教师个人魅力与感染力。有经验的教师不必讲话即可通过学生现场反应如表情姿势等，了解学生是否能够理解所讲内容、是否感兴趣、课程难易程度等，从而可以实时调整。课程和教学中的互动和参与涉及的既是知识的传递与扩展，也是教师与学生间心理上的深度联结，这种联结带来了情感上的共鸣、思想上的相互理解和尊重。教师更重要的是知识、思想和价值的承载者、传递者与引导者。这多重角色的表现方式，是以某一门课程前后相接的过程为载体的。学生在学习过程中得到成长，这才是教学的本质。因此，很多文献都强调在线课程的非常重要的一点，即"互动和参与"。

3.2 研究方法

3.2.1 扎根理论

扎根理论是挖掘根本规律和规则的科学方法。它是社会科学中解决微观问题的定性方法。扎根理论广泛被应用于教育学、社会学、心理学等研究领域。在实际信息的基础上，研究人员通过进行连续的理论抽样和比较，从而得出代表社会现象的概念。基于此，表象概念在更高的抽象层次上进一步聚合成类别，最终综合成为理论。扎根理论主要包括三个核心步骤：开放编码、主轴编码，以及选择编码，具体过程如图 3.1 所示（Charmaz & Belgrave，2019）。

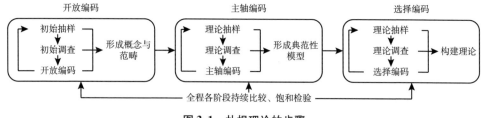

图 3.1　扎根理论的步骤

3.2.2 ISM

ISM 是解释分析要素间关系的有效方法，影响要素间的层次关系可以通过

ISM 图示而较为清晰地可视化展现出来（Sonar et al.，2020）。ISM 分析过程如下：确定主要影响要素，确定主要影响要素间关系，构建关系矩阵，计算得到可达矩阵，根据可达矩阵建立要素间关系层次，构建参考矩阵，最后得到要素间关系层次图并建立 ISM 模型。

3.2.3 MICMAC

MICMAC 方法是分析影响要素间影响关系及影响程度的重要有效工具。不同于 ISM 仅能得出是否存在影响关系的分析方法，MICMAC 方法可以得出影响要素间的影响程度。MICMAC 通常用于分析得到系统中各要素影响关系的程度。通过 MICMAC 分析，将得到如图 3.2 所示的关系象限图（Agrawal，2019）。

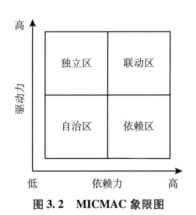

图 3.2　MICMAC 象限图

3.3　评价体系构建

3.3.1　高质量课程内涵界定

本科在线学习本质上是教师引导下的学生学习与成长。因此，高质量的本科在线课程是能够提供课程相关资料与服务，通过各种工具、方法，能够不断根据学生反馈及时调整课程，能够与学生良好互动，关注学生情绪思想激发共鸣，从行为上、心理上、思想上各方面以正确的引导，帮助学生理解所学知识，从而得到提升与发展。需要注意的是，根据以上分析，在线学习强调教师对学生的引导，强调学生的成长，尤其对于大学生而言，分数成绩并不是最重要的，重要的是愿意学并乐意学。高质量的在线课程应不仅仅是达到学生考核成绩合格的目标，应该是使学员愿意开始学，有兴趣持续学，并且能够深入理解所学内容。知识管理视角下的高质量本科在线课程相关内涵与预期结果界定如表3.1所示。

表3.1　　　知识管理视角下的高质量本科在线课程相关内涵与预期结果界定

内容维度	显性知识层面	显性隐性知识层面	隐性知识层面
概念内涵界定	高质量在线课程中，应具备的那些可以通过文字、视频、音频或者其他可视化形式而展示的内容或要素	高质量在线课程中，应具备的那些可以以一定形式展示出来，但是需要教师根据经验花费心思设计展现的内容	高质量在线课程中，应具备的那些不能描述、不可展现，需要通过教师与学生间不断沟通或去言传身教、不断潜移默化影响学生的内容
可描述度	可描述	一定程度可描述	不可描述
传授难度	一般	较难	很难
高质量课程的预期结果	（1）学习前：愿意开始学，即愿意采纳参与课程； （2）学习过程中：有兴趣持续学； （3）学习后：理解课程知识内容		

3.3.2　课程质量要素识别

扎根理论获取数据的传统方式是面对面的访谈。近年来越来越多的学者强调在线评论的重要性，因为在线评论往往可以保证较大的数据量和更为客观的意见。许多研究者从在线评论中获得客户需求的信息（Ahani et al. , 2019）。知乎是目前中国最流行的在线问答社区。因此，研究抓取与课程质量相关的问题以及其中所有相应的答案。抓取的具体关键词是"在线学习""课程质量""在线教学"。最终获得了7505个有效答案，其中2765个答案是关于"在线学习"，4336个是关于"在线教学"，2404个是关于"课程质量"。

我们邀请了3位教授和7位熟悉知识管理和在线学习的毕业学生来做编码工作。严格按照分析过程和扎根理论的三个步骤，最终确定了50个影响因素，用符号 $S_i(i=1, 2, \cdots, 50)$ 表示。编码的截图示例如图3.3所示。

编码 1："平台的熟练操作（S1）"

原始评论："教学平台必须符合教师的教学习惯"

编码 2："面对镜头授课的适应性（S2）"

原始评论："老师面对镜头讲课时，没有任何与学生的互动。老师的表情、声音以及动作都很不自然"

编码 3："教学设备的熟练使用（S3）"

原始评论："老师需要熟练教学设备的使用。如果在讲课时操作失误，就会引起课堂事故，肯定会影响到学生的课程体验"

图 3.3　编码的截图示例

3.3.3　课程质量评价模型构建

根据显性知识、显性隐性知识和隐性知识的概念与内涵，经过几轮讨论，3位教授和 7 位研究生从知识管理的角度认同了最终的在线课程质量内容结构，如表 3.2 所示。第二层的因素是在抓取的在线评论中获取的，然后这些因素被进一步讨论并归纳成第一层中更普遍的概念。教授和学生也对现有的文献进行了深入的分析和讨论，并在此基础上仔细命名第一层的因素。

表 3.2　知识管理视角下的在线课程质量内容结构

维度	第一层级	第二层级
显性知识层面	平台设计（Xing，2019）	系统稳定性（S19） 画质（S20） 设计合理性（S21） 操作简单性（S22） 无干扰性（S23） 平台的强制约束力（S24） 教学工具（S25） 互动功能（S26） 降噪功能（S27） 网络技术（S28） 课程时长（S33）
	教学材料（Li & Tsai，2017）	课程任务的安排（S31） 教学目标的清晰阐述（S32） 课件制作（S34） 视频资源的制作（S35）
	教学管理（Wang & Zhu，2019）	教学环境（S13） 教学任务（S14） 教室规模（S17）
	学习资源（Zhang et al.，2017）	学习资源的可得性（S29） 学习资源的丰富性（S30）

维度	第一层级	第二层级
显性隐性知识	专业能力（Almeida & Zwierewicz, 2018）	平台的熟练操作（S1） 面对镜头授课的适应性（S2） 教学设备的熟练使用（S3） 知识水平（S4）
	课程内容设计（Thai et al.，2017）	内容的难度（S36） 教学技巧（S37） 学生的负担（S38） 内容的有趣性（S39）
	教学技术（Wang Cixiao et al.，2020）	合适的教学方法（S5） 助教的帮助（S50）
	后续的评价和调整（Wu et al.，2017）	学生的表现（S40） 学生的评价（S41） 自我反思（S42） 同行评价（S43）
隐性知识层面	教学与表达（Pi et al.，2017）	讲课方式（S7） 教学技巧（S9） 教学状态（S12）
	互动与交流（Sadaf et al.，2019）	课堂讨论（S44） 课堂活动（S45） 课后交流（S46） 非言语互动（S47）
	鼓励与支持（Law et al.，2019）	对学生的鼓励和奖赏（S15） 对学生的监管（S16） 平台的技术支持（S48）
	移情性（Vajda et al.，2015）	负责的态度（S6） 讲师名气（S8） 讲师的个人魅力（S10） 教师的影响力（S11） 课堂氛围（S18） 与传统课堂的相似性（S49）

3.3.4 课程质量影响要素间关系分析

根据扎根理论的主轴编码步骤中得到的关系，可以构建 50×50 的邻接矩阵。如果矩阵中的行元素对列元素有直接影响，则用元素 1 表示；如果行元素对列元素没有直接影响，则用 0 表示。在对邻接矩阵进行迭代乘法后，按照

Matlab 2016b 的 ISM 分析步骤对得到的可达矩阵进行分层。因素的层级关系如图 3.4 所示。

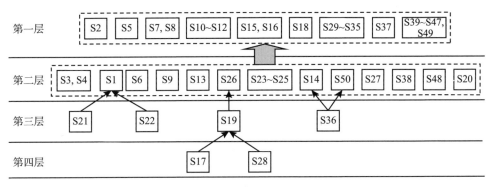

图 3.4　因素的层级关系

注：Si 代表图 3.3 解释的相应因素。

在 ISM 模型中，位于底层的因素是基本因素，高层的因素可以受到低层因素的影响。在 ISM 结果中，底层是第四层，顶层是第一层。第二层和第三层的因素属于系统的中间层，它们是间接影响因素。这些因素会受到底层因素的影响，但也会影响上层因素。顶层因素，也就是第一层因素，是影响在线课程质量的最直接因素，也是系统的最终目标。

从图 3.4 中，可以清楚地看到各个层级的因素，其直接影响关系也表现得很明显。教室规模（S17）和网络技术（S28）是基本因素，它们对提高在线课程质量的影响可以通过系统稳定性（S19）到互动功能（S26）的效果链来实现。同样，第三层级的系统稳定性（S19）受第四层级的教室规模（S17）和网络技术（S28）的影响，第二层级的平台的熟练操作（S1）受第三层级的设计合理性（S21）和操作简单性（S22）的影响。教室的大小实际上代表了学生的数量。如果网络不是很流畅，参与课程的人数越多，就越容易出现网站崩溃或页面冻结的情况，这将大大影响学生的课程体验和教学效果。因此，这些因素是设计者和教师必须注意的关键点，并努力提高在线课程的质量。

为了进一步说明各因素之间的强度关系，利用 MICMAC 来补充 ISM 分析。根据 ISM 分析中得到的可达矩阵，驱动力和依赖性的平均值为 28.68。该平均值被用来将驱动力—依赖性区域划分为四个象限：独立区域、自治区域、联动区域和依赖区域。MICMAC 分析的结果如图 3.5 所示。

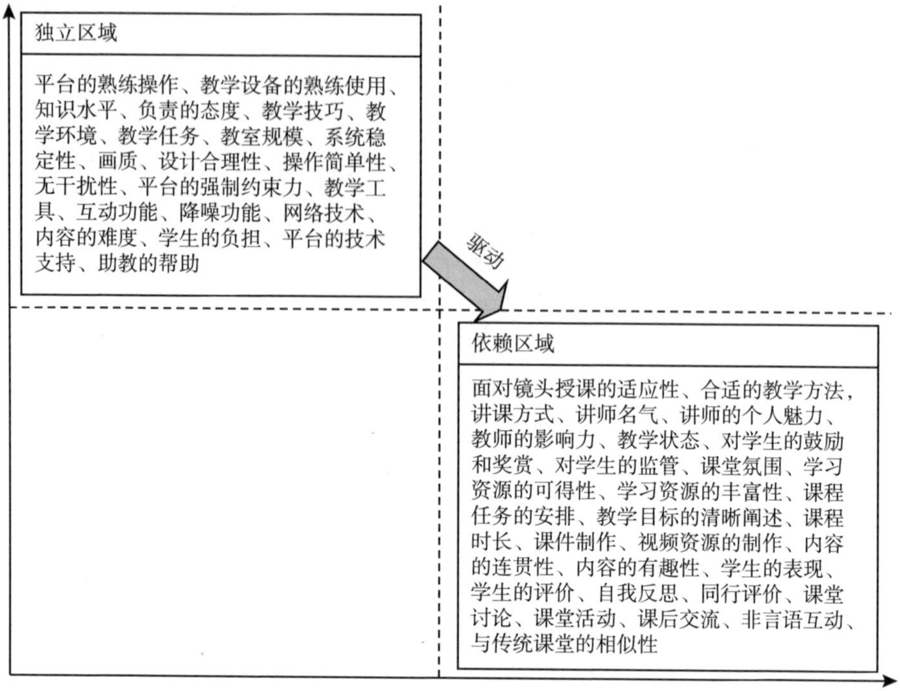

独立区域

平台的熟练操作、教学设备的熟练使用、知识水平、负责的态度、教学技巧、教学环境、教学任务、教室规模、系统稳定性、画质、设计合理性、操作简单性、无干扰性、平台的强制约束力、教学工具、互动功能、降噪功能、网络技术、内容的难度、学生的负担、平台的技术支持、助教的帮助

驱动

依赖区域

面对镜头授课的适应性、合适的教学方法、讲课方式、讲师名气、讲师的个人魅力、教师的影响力、教学状态、对学生的鼓励和奖赏、对学生的监管、课堂氛围、学习资源的可得性、学习资源的丰富性、课程任务的安排、教学目标的清晰阐述、课程时长、课件制作、视频资源的制作、内容的连贯性、内容的有趣性、学生的表现、学生的评价、自我反思、同行评价、课堂讨论、课堂活动、课后交流、非言语互动、与传统课堂的相似性

图 3.5　驱动力和依赖性

从 MICMAC 的结果中，不难发现自发区域和联动区域都没有因素，因素都属于独立区域和依赖区域。位于独立区域的因素具有较高的驱动力，通常在系统中发挥驱动作用。它们的依赖性相对较弱，不依赖其他因素，通常是系统中的关键因素。位于依赖区域的因素往往需要依赖其他因素，同时它们的驱动力较弱，这意味着这些因素的解决不能帮助解决其他因素。从图 3.5 可以看出，位于独立区域的因素的驱动力几乎是适中的，它们之间没有太大的差别。但它们都有很强的依赖性，说明其他因素的改善会大大促进它们的改善。相比之下，这些因素大多位于 ISM 模型的顶层，受低层因素的影响较大。

3.4　讨　　论

3.4.1　显性知识维度下的因素

显性知识层面的内容是可以直接展示的内容。学生可以清楚地看到这些内容，他们对课程的感受和体验也会直接受到这些内容的影响。因此，在线课程平台必须高度重视平台的设计。一个好的在线课程平台需要性能稳定、图像清晰。平台不能断断续续，否则会影响学生的学习体验。平台的页面设计要合理，设计者要考虑到普通用户的使用习惯，尽量满足用户的需求。所有页面应简洁明了，操作说明应清晰易懂。只有这样做，用户才能轻松掌握平台的使用方法，无负担地长期使用。网站最好能提供降噪功能，保证师生之间的交流不受外界或系统噪声的干扰。另外，即使教师能够利用平台的功能掌握和控制学生的状态，也难免会有学生悄悄打开和浏览其他网站。这也提醒网站开发者，提供强制性约束也很重要，比如禁止学生在讲课时打开无关的网页；或者网站不要时不时地弹出一些乱七八糟的广告，分散学生的注意力。这种设计将在很大程度上保证课程的质量。很多研究也表明，人的注意力是有限的，所以课程时间的安排也很关键，过长或过短都不会有好的教学效果。

此外，教师需要选择一个合适的教学环境，如一个整齐和无背景噪声的房间。教师也不应该有太多的教学任务，否则他们为每门课程留下的准备工作将是有限与不足的。教师应认真设计每一堂课，包括课程任务的具体安排，并准备好教学所需的材料。教师最好在课程开始前明确告知学生课程的目标，让学生做好准备。讲义和课件等材料最好能免费提供给学生，以便学生课后复习和学习。

3.4.2 显性隐性知识维度下的因素

在线课程质量模型中的显性隐性知识指的是那些相对难以描述，但仍能以某种方式呈现的知识。这些知识需要教师认真思考并以适当的方式呈现。教师的专业能力是影响在线课程质量的一个主要因素。首先，教师必须具备足够的专业知识。其次，由于网络教学的特殊性，教师必须熟练掌握平台和教学设备的使用，还需要能够适应面授的要求。教师对网络教学的不熟练，势必会影响学生的课堂体验。同样重要的是教师的教学能力。如何有效地向学生传授知识是所有教师都关心的问题。当然，这与适当的教学方法是分不开的。助教的及时帮助也会减轻教师的负担，提高课程的质量。专业能力的缺乏将不可避免地影响学生对课程质量的评价。教师可以通过多次练习和积累经验来满足这些要求。课程质量当然与课程内容有关，而课程内容的设计也是教师需要认真思考的。教师在安排课程内容时要注意教学内容的难度、连续性和趣味性。如果教学内容的难度设置过高或内容非常枯燥，必然会影响学生的学习热情和兴趣，也会影响学习效果。最后，高质量的在线课程还得益于授课教师的不断反思和调整。教师可以根据学生的表现和评价以及同行的评价不断对正在进行的课程进行调整，以满足学生的需求和高质量的课程标准。不难发现，在显性隐性知识层面，教师需要注意这些要素。这些要素与显性知识层面的要素是不同的，仅仅通过设计或展示是不可能实现高质量的，最需要的是教师的努力。

3.4.3 隐性知识维度下的因素

隐性知识层面的要素几乎是无法描述的。它们的实现需要教师和学生之间的不断沟通和共同努力。尽管隐性知识难以表达和呈现，但为了提高在线课程的质量，它们不能被忽视。在 SECI 模型的帮助下，可以实现隐性知识的转化，包括隐性知识向隐性知识的转化，以及隐性知识向显性知识的转化。教学和表达是决定在线课程质量的关键因素，也是难以控制的因素，如讲课方式、教学技巧和教学状态等。这就要求教师在开发在线教学的过程中投入最大的精力，思考如何最有效地将知识传授给学生。在线课程中的交流和互动依赖于网络技术和平台的互动功能。教师在安排课程内容时也可以考虑课堂活动和讨论，让师生有更多的交流机会，这也是隐性知识的外化过程。研究还表明，教师的个人魅力和特点也会影响学生对课程质量的看法。教师对学生的关心、鼓励和帮助会给屏幕对面的学生以极大的激励，也会让他们体验到传统课堂的感觉。这些都是隐性知识向隐性知识的转化。教师注意个人的形象和声誉，积极与学生进行情感和语言上的交流，都有利于知识的传递。

3.4.4 从知识管理的角度看各因素的关系

从 ISM 和 MICMAC 的分析结果来看，结合知识管理的角度，可以发现，在 ISM 分析中，显性维度的因素大多处于较低层级，而根据 MICMAC 的分析，这些因素则处于独立区域。这种关系的结果表明，显性知识层面因素的改善可以帮助改善隐性知识维度的因素。而显性知识层面的因素对隐性知识层面的因素的驱动力也与 SECI 知识转化模型不一致，支持我们的知识观念。这些结果反映了隐性知识维度上的因素改进的难度，证实了在知识管理的视角下，知识越隐蔽就越难改进。

总之，这种根据可描述程度对在线课程所涉及的内容要素进行分类的方法可以更好地给课程设计者和教师以更明确的指导。那些属于显性知识层面的内容元素，传授起来难度较小，教师可以很容易地用直观的方式展示和表达。随着可描述性的下降，教学的难度就会增加，同时，教师需要付出的努力和精力也会增加。我们的框架可以很好地提醒教师，他们需要特别注意哪些因素。知识转化模型还为教师应对隐性知识提供了思路，包括隐性知识的社会化和外部化。具体而言，教师需要实现与学生的深入交流和互动，或者使用一些表达技巧。评价维度框架如图 3.6 所示。

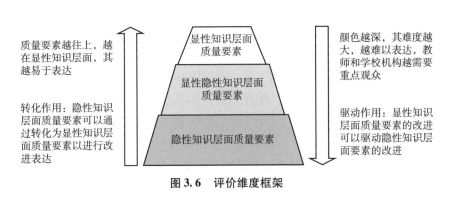

图 3.6　评价维度框架

3.5　本章研究意义

3.5.1　理论意义

（1）全面而系统地定义了在线课程的评价维度和质量指标。学者们一致认为，现有文献中的大多数评价项目都过于笼统，而且大部分都不是针对在线课程的，不能涵盖在线课程的所有方面（Abbas，2020），在实践和研究之间留下了空白（Tondeur et al.，2021）。研究使用在线评论来获得全面的在线课程质量评价维度，补充和丰富了现有的研究。互联网上的在线课程评论和分析具有非常重要的参考价值。挖掘在线评论，有利于充分听取网络的声音，深入了解实际需求。我们的评价体系更细化、更细致、更全面，而且是针对在线课程的，这进一步扩展了现有的研究，有利于缩小实践与研究之间的差距。

（2）从知识管理的创新角度来看，拓宽了在线教育的研究视角，构建了一个强大的可扩展框架，便于对在线课程进行更清晰和系统的分析。从本质上讲，任何与在线课程相关的因素都是知识，随着在线课程的发展和学生要求的不同，更多的因素需要加入评价体系中。而知识管理框架是一个完整的集合，任何新的因素都可以找到合适的维度，要么属于显性知识，要么属于显性隐性知识，要么属于隐性知识维度。此外，研究是基于知识管理视角的，这是适当的和创新的 (Tee & Karney，2010)。该视角有助于更好地理解在线课程质量。结果为描述性原则下的因素提供了一个更清晰的观点。质量因素越隐蔽，就越难表达，也就越需要努力。与之前的相关文献不同，结果为重新审视在线课程的质量提供了一个新的角度。

（3）对在线课程质量的影响因素和整个评价体系提供了更多、更深入的见解。通过探索各因素之间的层次和驱动关系，进一步揭示了在线课程质量评价的内部机制。以往的研究主要是分析因素，但没有讨论因素之间的关系（Marciniak & Cáliz Rivera，2021）。正如研究结果所示，通过 ISM 和 MICMAC 的分析，清楚地得出了不同层级和不同象限的因素。而对低层级和驱动象限的因素的改进，对高层级和依赖象限的因素有帮助。研究结果揭开了神秘而复杂的关系，并提供了对质量因素的细化和深入的理解。

3.5.2　实践意义

研究结果也有助于提供一些管理上的建议。

（1）对于学生而言，由于在线评论的丰富性，得到的评价指标几乎包含了学生关心的所有关键方面。基于这些指标改进课程将更好地满足学生的需求，为他们带来更好的在线课程体验。

（2）对于教师而言，这些评价指标可以帮助教师更好地开发在线课程。教师可以更好地了解高质量的在线课程的关键点。可以为教师提供实际的指导，他们可以把我们的结果作为一个检查表，在开课前做准备并在开课后对应该表来进行回顾修改。此外，研究视角立足于知识管理，它会提醒教师对于那些不容易表达的部分，他们需要付出更多的努力，参考 SECI 知识转移模型来更好地传授知识。此外，研究结果还显示了这些质量因素之间的关系，教师可以从那些位于低层级和驱动象限的因素上着手改进。也就是说，这些因素的改善可以自动地同时促进处于高层级和依赖象限的因素的改善。因此，研究结果为教师提供了一个改进的路径指南。

（3）对于学校、机构和政府机构而言，得到的课程质量指标可以帮助他们更全面地评估和审查在线课程。他们过去使用的大多数评价指标总是考虑到少数几个方面。现在可以利用研究结果来更好地控制在线课程的质量，并推出有更好质量保证的课程。

（4）对于开展在线教育的平台而言，可以根据结论设计平台或改进平台功能，如考虑学生和教师的需求，尽可能还原线下传统课堂，缩小师生之间的距离等。这样，平台才能更好地推广课程，实现更长远的发展。

本章从知识管理的创新角度出发，在分析网络评论的基础上，建立了针对网络课程的细化、微观、全面、系统的评价，并探讨了质量因素之间的层次和驱动关系。该研究为研究课程质量提供了另一个新的视角，而不仅仅局限于在线课程。研究结果给予了理论和实践上的意义，而仍有一些局限性，可以在今后改进。本书采用的是定性研究方法，无法量化各种影响因素之间的相关性。未来的研究可以用实证检验来验证各变量之间的关系。

第4章 显性知识层面影响要素作用机制分析

4.1 引　　言

随着移动网络和设备的快速发展，人们可以随时随地方便地阅读、学习和观看视频。在线学习已经引起了人们的广泛关注，而 MOOCs 以其庞大的注册人数，一直被认为是在线学习的代表。鉴于 MOOCs 可以促进教育民主，它获得了世界各地高等教育机构和政府的大力支持与援助。由于低成本、可访问性、开放性和丰富的课程资源，MOOCs 赢得了大量用户的青睐。全球著名的 MOOC 平台有 Coursera、edX、FutureLearn，到 2019 年（不包括中国）已有近 1.10 亿学生，MOOC 平台上开设的课程达到近 1.35 万门（Shah & Santandreu Calonge，2019）。在中国，MOOC 也发展得如火如荼，许多大学都加入了与平台的合作。据教育部统计，到 2022 年，中国大学 MOOC 平台上已有超过 5.2 万门课程，学习人数达 8 亿人次。

因此，许多研究者特别关注与 MOOCs 相关的课题，如 MOOCs 的采用（Ma & Lee，2019；Mulik et al.，2019；Tseng et al.，2019；Zhang et al.，2017），MOOCs 持续使用（Alraimi et al.，2015；Dai Teo & Rappa，2020；Daneji et al.，2019；Jo，2018；Zhao et al.，2020a）等。然而，文献中很少有关于课程注册或课程参与的研究。众所周知，尽管 MOOCs 对学生是免费的，但对于课程提供者（通常是大学）和 MOOCs 平台而言，它的成本很高。在国内，一门普通的 MOOCs 课程，在平台上发布课程之前，需要投入 35000 美元左右，更不要说国家级精品课程了；课程在平台上发布后，也需要大量的费用和精力来维护。因此，若干门课程参与者很少，这将是对金钱、资源和努力的浪费。由于 MOOCs

平台上有这么多类似的课程，吸引学生参与 MOOCs 课程也是一个相当重要的问题。

分析和优化商店主网页，以吸引顾客浏览并在商店中花费更多的时间，从而获得销售更多商品的机会，仍然是电子商务领域的研究热点和迫切的实际需求。当顾客打开一家店铺的网页时，他们会受到网页中元素的影响而决定是否持续光顾该店铺，这将影响顾客的购买意愿（Wilson et al.，2019）。在网页中，关于产品特性的信息和客户意见是设计良好的网站需要提供的关键参数（Ilbahar & Cebi，2017）。网站元素的许多细节将进一步深入研究。网页上有很多元素，包括视觉元素、内容、导航（Marien et al.，2019）。网页上的元素，如导航，不仅包含文本内容，而且还包含图片、视频、音频、动画、图表和颜色，可以增强用户的生动性和吸引力（Radovan & Perdih，2018）。此外，字体大小、网站结构和内容、写作风格也是网页需要特别注意的关键元素（Cai L et al.，2018）。并且，一个有用的网页应该包含图形、图片、颜色和合适的信息等元素，这可以使网页页面更有吸引力（Romero – Hall et al.，2019）。网站上不同的图片会带来不同的用户体验（Pritchard，2020）。网页的视觉复杂性对用户印象有很大的影响（King et al.，2020）。不仅在电子商务领域，在服务领域，研究人员也强调网页元素的重要性（Dianat et al.，2019）。

然而，在教育研究领域，关于网页中元素影响的研究还很少。并且 MOOC 课程页面有一些自己的特色，不同于普通的电子商务网页。MOOC 页面中的背景、主色和主列总是固定的。学生只有参与课程后，才能观看课程视频，查看本课程的相关学习资源。相似的课程数量巨大，学生需要根据课程页面上的信息来决定是否参加课程。因此，了解课程页面中元素的作用具有理论和实践意义。

本章研究旨在利用中国大学 MOOC（https：//www. icourses163. org）提供的信息，揭示课程页面上的哪些元素会影响 MOOC 课程的参与。中国大学 MOOC 是中国最大的政府支持的 MOOC 平台，平台注册人数最多，课程资源也最多。它的页面上有很多与课程相关的信息，例如课程描述、教师信息、提供课程的大学、是否是国家精品课程等信息。前面提到的全部内容都在课程的登录页面上。因此，调查试图解决伴随的以下询问。

（1）当学生浏览课程页面时，课程页面上的信息会影响他们参与课程的决定吗？

（2）这些元素有积极的、消极的或适度的影响吗？或者更复杂，像 U 型效应？

为了解决上述问题，我们于 2020 年 3 月开始收集中国大学 MOOC 的 713 门课程的数据。该项调查通过揭示课程网站页面元素对学习者兴趣的影响和系统，增加了现有的知识。此外，调查结果可以帮助教育者和平台进一步理解网站页面的哪一部分通常是重要的，并有助于实际升级。

4.2　文　献　综　述

4.2.1　在线学习推荐

系统性文献综述是指采用科学、透明、定义明确的方法对现有文献进行研究（Chiregi & Navimipour，2018）。如"系统性"一词所示，该综述方法的目的是对文献进行综合全面的研究及分析。系统性文件综述的关键步骤为：明确研究问题，对相关研究进行回顾总结，找出当前研究中的不足，评价相关研究对现有问题的贡献，从而对某个特定的研究领域或问题得出结论（Milani & Navimipour，2017）。使用这种系统性的文献研究方法，可以有效限制系统误差，保证文献分析结果的合理性和严谨性（Charband & Navimipour，2018；Soltani & Navimipour，2016）。基于此，本书将使用系统性文献综述对在线学习资源推荐系统的实证研究进行全面的分析总结。

1. 文献主要检索步骤

根据系统性文献综述的要求，进行文献选择和数据收集的检索过程，主要按照三个步骤进行：首先根据关键词及发表年份检索数据库，得到了181篇文献。其次通过浏览题目、摘要以及发表的期刊来进一步确认文献与主题的相关性，去除了与在线学习资源推荐无关的文献后，得到了147篇待筛选文献。再次通过浏览文章内容进一步筛选，考察文献的研究重点是否与目标主题相关；最后对高度相关的文献进行引文回溯工作，将得到的文献再进行一轮筛选后，得到了最终待研究的全部文献。具体的检索步骤、筛选标准如图4.1所示。

（1）检索数据库。通过Web of Science及知网进行文献检索，并以SCI、SS-CI、A&HCI及CSSCI的标准进行筛选，这保证了所选文章的高质量、先进性和代表性，也使研究过程更加高效。在检索过程中，使用高级检索功能对学术成果的发表时间、发表期刊等信息同时进行筛选，分别在题目、摘要、关键词中检索

"推荐系统""推荐算法"或"推荐"等字样与"在线学习""网课""慕课""学习资源""数字学习""个性化学习"或"学习"等字样的组合，初步筛选出符合"在线学习推荐"这一主题的相关文献。考虑到在线学习推荐技术的研究历史较短，经过许多年的缓慢沉淀与积累后才具备了发展条件，才得以在近几年迎来了飞速发展，我们的待研究文献的时间范围定为近 15 年之内。

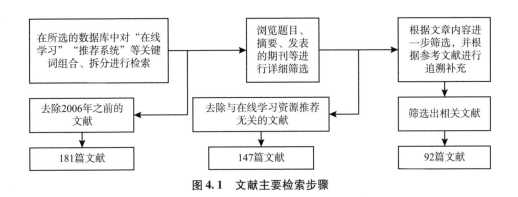

图 4.1　文献主要检索步骤

（2）浏览题目、摘要、发表的期刊等信息进行详细筛选。在详细筛选的过程中，通过浏览文献的题目、摘要、发表的期刊等具体信息对文献进行详细筛选，主要是利用人工的方式选出符合"在线学习资源推荐技术"研究主题的文献，准确排除研究重点偏离推荐系统的文献。用人工的方式进行文献检索虽然耗时耗力，但可以保证筛选的准确性和灵活性。此外，有了第一步的检索基础，人工检索的文献体量已大大减少，这保证了文献检索的效率与准确率。

（3）基于全文筛选＋文献综述追溯。在筛选中发现存在个别文章的题目和摘要不够明确、不能确定研究重点的情况，针对这些文献，将通过浏览全文进一步确认。除了基于全文筛选文献，第三步的重点在于根据已经确定选中的文献，进行反向引文追踪（检查引用该文献的每一篇符合筛选标准的文献）和正向引文追踪（检查该文献引用的每一篇符合筛选标准的文献）。通过引文回溯工作，进一步补充了待研究文献，最终筛选出符合标准的全部文献。

经过以上的文献检索步骤，最终得到了 92 篇具有较高研究价值的文献。这些文献不仅非常具有代表性，且它们为在线学习领域推荐技术的研究作出了不可忽视的贡献。按出版年份对这些文章进行整理，得到了图 4.2 的折线图。

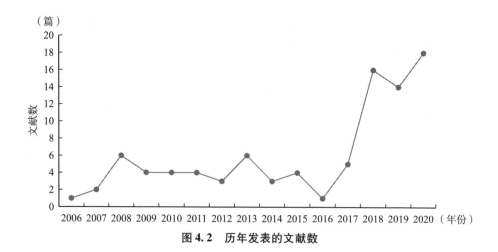

图 4.2　历年发表的文献数

2. 在线学习推荐研究的主要技术和相关算法

基于这 92 篇文献，总结了现有的应用于在线学习推荐研究的主要技术和相关算法。这些推荐技术根据其使用的算法可分为：协同过滤推荐、基于内容、知识、关联规则、上下文的推荐、深度学习推荐等。而那些使用一种以上算法的推荐技术被称为混合推荐技术。

通过文献的量化工作可以发现，在 92 篇相关文献中，共有 28 篇文献使用了混合推荐技术。将每种技术进行单独统计，发现共有 31 篇使用了协同过滤算法，24 篇使用了基于知识的推荐算法，19 篇使用了基于内容的推荐算法，18 篇应用了关联规则。柱状图 4.3 显示了 92 篇文献中，被使用频次最高的 8 种单独的推荐技术。

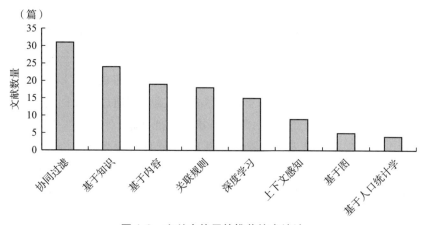

图 4.3　文献中使用的推荐技术统计

观察柱状图 4.3 不难发现，在这些技术中，协同过滤是最常用、最流行的一种。与其他技术相比，协同过滤能够推荐那些不容易用机器语言表示的学习材料，并根据学习材料的质量和学习者的偏好，找到合适的推荐，因此它有更广泛的运用场景。此外，它在预测学习者的潜在需求方面具有非常明显的优势。而基于知识的推荐技术的自身特点与在线学习场景非常契合，因此它也得到了广泛的应用。冷启动或数据稀疏性问题一直是其他推荐技术的难题，但基于知识的推荐技术却不会遇到这两类问题（Zhao et al.，2015）。此外，本体的运用可以更好地促进知识构建，提高推荐效率（Zhang et al.，2013）。而在传统的推荐算法蓬勃发展的同时，近年来，机器学习等相关的先进技术在推荐领域也越来越受欢迎，似乎引领了一种新的研究趋势。例如，张等（Zhang et al.，2019）利用 MOOC 环境下的深度信念网络（deep belief networks，DBNs）挖掘学习者属性和课程内容属性特征。而唐等（Tang X et al.，2019）在强化学习框架下提出了一种新的自适应推荐策略，并充分利用了深度 Q - learning 算法。可以预见的是，未来其他领域的先进技术仍将为在线学习推荐研究提供更多的支持。

3. 在线学习推荐文献综述

以下将分别对基于知识的推荐技术、协同过滤推荐技术和基于混合技术的推荐算法进行文献综述工作。

（1）在线学习领域基于知识的推荐算法文献综述。基于知识的推荐算法指的是，在预测用户可能感兴趣的项目时使用了用户和对象相关的知识（Colombo - Mendoza et al.，2015）。对象知识、用户知识、用户需求与对象匹配的知识是基于知识的推荐算法中最常使用的三类知识（Adomavicius & Tuzhilin，2005）。使用该类算法时，难点主要在于如何获取知识并建立模型进行恰当的知识表示。

在线学习领域中，对基于知识的推荐算法的研究是近几年才发展起来的，其主要的应用方式是，将学习者的知识和学习资料的知识进行融合，应用到推荐过程中（Shishehchi et al.，2012）。在线学习的应用场景下，基于知识的推荐技术所面临的难点依旧是如何进行知识的获取和表示。但由于基于知识的推荐算法只涉及领域知识，而与用户对资源的评价无关，因此这一推荐技术有着协同过滤和基于内容的推荐算法所不能比拟的优势，那就是其不会遇到评级稀疏或冷启动问题（Zhao et al.，2015）。正因如此，基于知识的推荐算法能够一定程度上保证其对于在线学习资源的推荐效果。

基于知识的推荐算法的重要研究方向之一是对本体技术的运用。基于本体的推荐系统，准确来说，是利用本体技术进行知识表示的基于知识的推荐系统。在该技术中，本体用于知识表示，即用于建模用户环境、关于对象的知识和领域知识，从而建立用户与用户对学习资源的偏好程度之间的关系。加西卡等（García et al.，2013）指出，本体已经被证明是表示知识模型最方便的结构。同样地，基于本体的推荐技术也不会遇到冷启动问题、评级稀疏问题和过度专业化问题，因为该技术依赖的也不是用户评级而是领域知识。这一特性使得基于本体的推荐技术更加适用于在线学习领域（Zhang et al.，2013）。但本体的创建是一个复杂且昂贵的过程，极其耗时，为了克服这一挑战，已有学者提出了自动创建本体的技术（Santos & Boticario，2015）。目前有不少研究学者致力于在线学习领域的基于本体的推荐技术研究，而研究结果也证实了，本体的运用确实提高了推荐质量。例如，索斯诺夫斯基等（Sosnovsky et al.，2012）在其个性化学习资料推荐系统中使用了本体，通过推荐补充阅读材料并对这些材料进行适应注释，实现了个性化推荐。韩等（Han et al.，2010）同样提出了一种基于本体的学习资料推荐系统，用于面向学习过程的语义内容推荐，其推荐系统由本体、语义规则、概念格三部分组成。本体用于表示学习对象、建模学习者的认知结构；语义规则用于识别有助于理解当前学习内容的先验知识；概念格用于获取最终的推荐。其他学者如普克姆（Pukkhem，2014）、韦辛等（Vesin et al.，2012）、科沃斯等（Cobos et al.，2013）、石什士等（Shishehchi et al.，2012）、赵蔚等（2015），也均采用了本体进行知识表示，并证明了其推荐系统的性能得到了提高。普克姆（2014）的研究中，本体的表示是基于 OWL 和 SWRL 规则。而科沃斯等（2013）同时使用了 OWL 和 RDF 本体表示语言构建了一个包含 23 个分类和 76 个实例的参考本体。石什士等（2012）研究中，本体构建同样采用了 OWL 编码，分为学习者类和学习材料类两大类。赵蔚等（2015）在前人的研究基础上，利用本体技术设计了学习者知识本体和学习资源知识本体，通过调查问卷数据和测试成绩数据验证了该推荐系统的可用性。其学习资源的本体结构主要分为课程、章节、学习对象三个层级。课程类为第一个层级，通过数据属性描述课程特征；章节类为第二个层级，与课程类构成多对一的关系；学习对象类是第三个层级，也是最重要的类，与章节类形成多对一的关系。该研究建立的本体模型不但充分建立了知识之间的关联关系，也有利于实现知识资源个性化呈现。

此外，将基于本体的推荐技术与其他推荐技术相结合的混合推荐技术也很有研究前景。例如，塔鲁斯等（Tarus et al.，2017）提出了一种面向在线课程的混合推荐算法，使用了本体技术和序列模式挖掘技术。该算法利用本体模型表示学习者和学习资源的领域知识，并利用序列模式挖掘技术发现了学习者的一般学习规律。最后，算法的对比实验结果表明该推荐算法具有非常优秀的性能。科沃斯等（2013）在运用本体进行知识表示的基础上，应用了协同过滤技术和基于内容的推荐技术进行推荐系统的设计。卡普阿诺等（Capuano et al.，2014）则将基于本体的推荐技术和协同过滤的推荐技术结合，设计了更准确的推荐系统。巴赫马尼等（Bahmani et al.，2012），以及费雷拉—萨特勒等（Ferreira – Satler et al.，2012）使用了基于本体和上下文感知的混合技术进行推荐。

（2）在线学习领域协同过滤推荐算法文献综述。协同过滤推荐技术是所有推荐技术中最常见的和应用最广泛的，也是所有推荐技术中最成功的（Lin，2014；Zhang et al.，2016）。协同过滤推荐算法主要依赖于具有相似偏好的用户的评级数据来构建用户和对象之间的评级矩阵（Ghazarian & Nematbakhsh，2015；Guo & Lu，2015）。通过用户评级数据库，对评级数据进行比较，以预测某个用户对于目标产品的喜爱程度，再结合该用户或其他相似用户的历史兴趣信息，向该用户提供推荐信息（Polatidis & Georgiadis，2016）。由于协同过滤主要依赖用户之间和对象之间的关系来挖掘对象和用户之间的隐藏关系（Safran & Che，2017），因此该技术的最大限制是冷启动问题和评级稀疏问题（Rana & Jain，2014）。但好在协同过滤可以处理任何类型的信息，并且更容易探索新的领域，发现用户新的兴趣点，因此其依旧具有广阔的研究前景。此外，当用户对于对象的描述不准确、定位不清晰时，协同过滤推荐技术可以有效地提高推荐算法的准确性（Li et al.，2013）。

在线学习的协同过滤推荐技术主要依赖所有学习者的历史兴趣进行推荐，并且假设过去学习行为相似的学习者具有相同或至少相似的学习兴趣，这些行为包括浏览、评级或学习路径等。评级信息可以是显性的，如学习者在满意度问卷中的评分；也可能是隐性的，如学习者的点击行为、页面活跃时间等。

学习资源协同过滤推荐算法的首批研究成果之一是改变视野系统（Altered Visa 系统，AV 系统），它使用了一个关于学习资源评级信息数据库（Recker & Walker，2003）。学习者可以浏览其他学习者对于学习资源的评价信息，从而获取个性化的学习资源推荐。AV 系统并不直接对学习者的学习成果进行反馈，而是通过间接的学习支持，提供合适的学习工具推荐。实证显示，使用该系统向具有相似兴趣的用户推荐匹配的学习资源，可以得到学习者的积极反馈，但实证过程中也凸显出该系统的用户隐私安全隐患。

规则应用协同过滤（RACOFI）编写系统（Anderson et al.，2003；Lemire

et al.，2005），是结合两种推荐技术，同时使用协同过滤引擎和推理规则引擎，其中推理规则引擎用于挖掘学习资源之间的关联规则。其后也有不少学者继续从事 RACOFI 推荐系统的研究，但目前暂时没有学者通过实证对该推荐技术进行有效评估。

拉戈系统（LARGO 系统）采用了一种不同的思路，其协作评分被用于评估学习者"决策规则"的质量，但该系统目前主要针对法律论证领域（Pinkwart et al.，2006）。由于评估形式涉及用文本形式解释法律论点，因此无法自动进行。尽管整个 LARGO 推荐系统已经在法学院得到了试用，被证明可以用于帮助初级的学习者，但还没有充分的实证研究证明其协作评估形式可以应用于其他知识领域。

以上三种推荐系统为后续的学者奠定了研究思路与研究基础。但随着推荐算法研究的蓬勃发展，时至今日，协同过滤很少被单独使用，他们往往将协同过滤技术与其他技术相结合来提高推荐准确性。如庞等（Pang et al.，2017）提出的慕课 ARM 推荐系统是将协同过滤技术与时间序列相结合。其中协同过滤技术用于提供相似学习者的信息，支持协同学习，减少学习者的孤独感；而引入时间序列可以进一步提高推荐的准确性。

此外，在协同过滤的在线学习推荐系统中，学习者的成绩预测是一项关键技术，因为成绩预测的准确性也将直接影响到推荐结果的准确性，目前已有相当一部分较为成熟的研究。阿多马维修斯和图日林（Adomavicius & Tuzhilin，2005）通过学习者过去的课程成绩进行线性回归来预测学习者的当前课程成绩的。而波利祖和卡里皮斯（Polyzou & Karypis，2016）将不同的课程进行重要性加权，通过统计这些加权分数来预测某个学习者的课程得分。该方法解决了课程的丰富性和多变性对推荐的影响，但需要专家提前标记，因此也就无法满足在线学习资源的"海量"的需求。

（3）在线学习领域基于混合技术的推荐算法文献综述。在推荐系统的设计中，有时需要结合多种推荐技术来实现最佳的功能。每种推荐技术都有其优点和缺点，也有其适用的场景。将各种推荐技术恰当地结合到一个系统中，可以有效地突出这些优点，提高效率和准确性。可以预见，混合式在线学习推荐算法将具有非常广阔的研究前景。

将多种推荐技术进行混合时，研究人员采取的混合方式主要有以下七种：加权、层叠、变换、简单罗列、特征组合、特征扩充、元级别组合（Burke，2002）。很多研究者都发现，将多种推荐技术结合起来，可以大大提高推荐效率。例如，奥尔特加等（Ortega et al.，2013）将协同过滤、基于内容的过滤和基于人群的过滤技术结合起来，提供了基于更广泛信息的推荐结果。布兰科 - 费尔南德斯等（Blanco - Fernández et al.，2011）将基于知识和基于内容的推荐技术结合起来，使推荐系统不仅可以利用用户的偏好信息，还可以利用内容信息进行更全面的推荐。吴等（Wu et al.，2015）提出了一种基于模糊树匹配的在线学习推荐方法。将基于知识的推荐技术与协同过滤相结合，建立了基于模糊树结构的学习行为模型和学习者档案模型。在总结基于知识的推荐算法时提到的塔鲁斯等（2017）的研究是将序列模式挖掘技术与基于本体和协同过滤的推荐技术结合起来。首先利用本体来表示学习者和学习资料；然后基于本体领域知识，计算评分相似性；基于协同过滤推荐技术，筛出前 n 个推荐对象；最后利用序列模式挖掘（sequential pattern mining，SPM）算法生成最终建议。经过实验证明，这种推荐算法较之单独的协同过滤算法更为准确。

通过文献研究发现，近两年来学者提出的大部分在线学习资源推荐系统都采用了混合技术。而近年来，随着其他领域的推荐算法的不断成熟，也有部分学者试图借鉴其他领域的先进算法来弥补在线学习推荐系统的现有不足。例如在社交推荐的相关研究领域中，因数据稀疏问题，运用空间距离算法无法构建相似矩阵。为了解决该问题学者们提出了基于用户属性和好友分布状态的 FRUTAI 朋友推荐算法。该算法同样也能在在线学习推荐中得到有效运用。夏立新、毕崇武和程秀峰（2017）便是基于协同过滤算法和 FRUTAI 朋友推荐算法，提出了一种面向布尔型在线学习资源的推荐方法，能够较为准确地计算在线学习者的临近度，从而提高了推荐性能。

4.2.2　SPM

SPM 是指从序列数据库中挖掘频繁子序列的知识发现的过程，主要用于寻找序列数据库中数据之间的先后关系。它有非常广泛的应用领域，如发现用户访问网页的先后顺序、挖掘用户购买行为的先后顺序等。序列模式挖掘的理论基础是人类的历史行为存在一定规律，可以用于对将来行为的预测。

Apriori 算法是一种用于挖掘关联规则的频繁项集算法，而早期的序列模式挖掘算法便是基于 Apriori 算法开发的。在 1996 年，斯里坎特和阿格拉瓦尔（Srikant & Agrawal，1996）首先提出了序列模式挖掘的概念，并提出了基于 Apriori 的三种算法：AprioriAll、AprioriSome 和 Dynamic - Some。在此基础上，研究人员提出了 GSP 算法，提高了 AprioriAll 算法的效率。GSP 算法通过增加时间限制和分类条件，放宽了交易定义，使得算法本身更符合实际需要。GSP 算法也被认为是最典型的 Apriori 算法。这些基于先验的算法有一个重要的性质，即频繁模式中的所有子模式都是频繁的。该性质有助于算法有效地发现频繁模式的完整集。但 Apriori 算法存在一个很大的缺点，就是其需要对数据库进行多次扫描，会产生大量的备选集。在支持阈值较小或频繁模式较长的情况下，这一缺点将会更为突出。

为了克服这些算法中存在的缺点，一些研究者采用"分而治之"的思想，提出了基于投影数据库的序列模式挖掘算法。投影数据库减少了搜索空间，提高了算法的性能。典型的算法有 FreeSpan（Han et al.，2000）和 PrefixSpan（Pei et al.，2001）。FreeSpan 算法的优点是，在寻找完整的序列模式的同时大大降低了生成候选序列的成本，因此更优于 GSP 算法。然而，FreeSpan 可能会产生大量的投影数据库，这意味着大量的时间消耗。在此背景下，研究人员提出了前缀跨度算法。在投影数据库时，该算法只基于频繁前缀来构造投影数据库，而并不会将所有可能的频繁子序列都纳入范围中。频繁子序列总是可以通过增加频繁前缀来找到。与其他算法相比，PrefixSpan 算法不用产生候选序列。与此同时，其投影数据库缩小得很快，内存消耗也更加稳定。因此它用于频繁序列模式挖掘时非常高效，与 FreeSpan、GSP 算法相比有较大优势。但 PrefixSpan 算法运行过程中需要递归地构造投影数据库。当序列数据集较大、项数种类较多时，其运行速度会明显下降。目前 PrefixSpan 算法的改进方向主要在于投影数据库构造的优化。

在线学习推荐领域中，挖掘学习者的频繁顺序模式对于准确的在线资源推荐非常重要。学习者倾向于根据某些共同的规则来学习（Chen J－M et al.，2014）。例如，他们倾向于按照从入门课程到高级材料，或者从理论材料到实践作业的顺序进行学习。因此，在序列模式挖掘算法的帮助下，最终的资源推荐结果将会更符合用户的学习路径和认知规则。本书研究便是使用了 PrefixSpan 算法来挖掘学习者的学习顺序，以保证推荐的学习资源符合学习者当前的学习进度。

文献综述表明，已经有多种多样的技术被运用于在线学习领域的推荐算法研究中，且使用了多种技术的混合推荐算法被认为更优于单一算法，值得更多的探索研究（Kim & Kim，2014）。尽管在线学习推荐领域的算法研究已经颇具成效，但现有研究成果仍有很大的进步空间，研究者们仍需致力于更个性化、更准确、更有效的推荐算法。综上所述，塔鲁斯等（2017）提出了基于协同过滤、本体建模和序列模式挖掘技术的混合推荐方法，且实验结果表明，该算法比几种经典算法具有更好的性能，非常具有借鉴研究意义。在该研究中，学者们将本体技术与协同过滤进行巧妙结合，并建立了较为全面的本体模型，为后人的研究奠定了良好基础。尽管塔鲁斯等（2017）提出的算法是近年来非常优秀的混合推荐算法之一，它也存在一定的提升空间。在该推荐算法中，本体模型的构建尚有待完善，例如特征的选择需要坚实的理论依据和实践检验。在运用本体技术时，该算法只将本体中的特征和特定属性作为相似对象的筛选条件，没有充分发挥本体的优势。并且，在顺序模式挖掘步骤中，也可以通过改进算法进一步提升效率。此外，该研究在协同过滤机制中使用了学习对象的相似性，这导致推荐结果可能对学习者的新行为过于敏感。而事实上，在电子学习环境中，学习者的学习方向基本保持不变，因此对于学习者新的行为的迅速反应并不是十分必要的。在实际的学习环境中，这种机制反而很容易让用户局限于几门高度相似的课程中，失去了获取其他相关知识的机会。相反，基于学习者相似性的协同过滤机制，可以利用相似学习者的认知过程和学习路径，因此推荐结果更符合学习者的实际需求。针对这些改进方向，结合其他领域的知识以及相关企业的实践经验，基于塔鲁斯等（2017）的研究成果，提出了一种改进的具有管理学特色的在线学习混合推荐算法，使推荐结果更加准确和个性化。

4.2.3 页面设置网页元素

网站页面上的元素将对学习者的体验、目标和选择产生影响。关于网页元素的影响，学者们有很多研究。构建一个基本的居中的登录页面是非常重要的（Chin et al.，2019）。根据马里恩等（Marien et al.，2019）的研究，网站页面上有许多元素，如导航、文本内容以及图片、视频、声音、运动、图形和色调，可以提高客户吸引力并且吸引高质量客户（Radovan & Perdih，2018）。此外，文本维度、网站结构和内容、排版风格也是网站页面中需要特别考虑的关键部分（Alkhalifah，2017）。一个好的网站页面应该包括图表、图片、阴影和一致的数据等元素，这可以使网站页面更加吸引人（Romero‐Hall et al.，2019）。时尚的亮点和页面的实质同样是有价值和非常重要的。特别是，网站页面上的内容，可以附加地分为核心内容、次要内容和第三级内容，应该加下划线（Banerjee & Gupta，2016）。信息展示、美学规划、外观调整、定制亮点同样是影响客户体验的网站页面的必要组成部分（Liao & Shi，2017）。

此外，一些研究人员围绕着对一个特殊成分的影响进行深入研究，很大一部分学者对视觉元素表现出极大的热情。多样的视频展示可以激发独特的情感

（Silvennoinen & Jokinen，2016）。页面的视觉设计可以提示不同的客户识别（Akpinar & Yeşilada，2017），也会影响其声誉（Kastner et al.，2019）。美工、主流色调、阴影化的精神状态和阴影化的一致性会影响个人在浏览网站页面时的感觉（Artese et al.，2017）。网络视觉结构可以影响顾客的购买目的，这种影响是由性别决定的（Shaouf et al.，2016）。

然而，关于网络元素影响的研究是有限的，并且一直不是在线学习领域的研究重点。研究人员在谈论课程质量或延续意图时，总是提到网络元素的重要性。电子学习课程页面的设计内容质量、设计定制质量和设计技术质量与使用意图呈正相关（Chiang et al.，2017）。杨等（Yang et al.，2017）也验证了系统质量对持续使用有积极影响。穆罕默德等（Muhammad et al.，2020）也把网页设计，包括吸引力、适当性、颜色、多媒体元素、文本和浏览器兼容性作为网络学习质量评估系统的一个维度。乌帕尔等（Uppal et al.，2018）提出包含界面设计、导航、吸引力和易用性课程网站质量是网络学习质量的重要组成部分。奥尔特加 – 莫兰等（Ortega – Morán et al.，2017）通过问卷调查，揭示外科电子学习平台设计和布局的重要性。马苏米和林德斯特罗姆（Masoumi & Lindström，2012）设计一个网络学习质量保证框架，强调界面设计的必要性。程（Cheng，2012）也验证了界面设计对网络学习的接受度有显著的影响。郭和陈（Kuo & Chen，2011）利用卡诺模型得出结论：网络学习平台的界面设计对网络学习质量至关重要。

根据这些研究可以看出网页元素非常重要，它们将影响客户体验和客户选择。但仍然可以看到，在网页元素这个话题上，还有很多空间可以进一步探索和研究。以往的研究主要强调网页设计的重要性，而网页元素的内在影响机制尚未揭示。尽管如此，相关的研究基本上是在电子商务领域，但在教育领域，缺乏相关的研究。

4.3　在线学习资源推荐模型构建及作用分析

在线学习资源推荐算法模型包含五个部分，分别是学习者本体、学习资源本体、协同过滤算法、序列模式挖掘以及最终的推荐结果列表。在算法模型中，为了生成最终的推荐列表，需要四个关键步骤：第一步，利用本体知识对在线学习者与在线学习资源分别进行知识表示；第二步，基于本体的领域知识及协同过滤算法计算学习者之间的相似程度，并预测学习者对学习资源的评分；第三步，根据评分预测，得到最适合被推荐的 N 项学习资源，生成初步推荐结果列表；第四步，利用 PrefixSpan 算法进行序列模式挖掘，发现在线学习资源的学习顺序，并根据学习者的学习历史生成最终的资源推荐列表。图 4.4 概括了研究提出的推荐算法中的五个部分以及四个关键步骤。

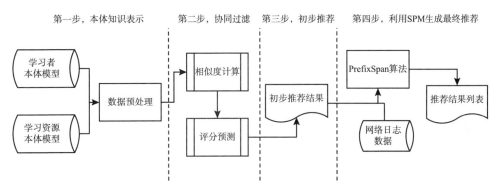

图 4.4 基于本体、协同过滤及序列模式挖掘技术的混合推荐模型

在传统的基于协同过滤的推荐算法中，往往是根据学习者的历史评分或其他历史行为数据，预测学习者对未产生过交互行为的学习资源的喜好而形成推荐列表。但是在计算相似度的过程中，协同过滤算法仅仅考虑了学习对象共同的评分或交互行为数据，而忽略了这些学习对象本身之间存在的属性关系，也忽视了不同学习者的习惯差异，例如不同的学习者对不同类型的学习资源的评分倾向会呈现较大差异。此外，由于算法设计本身的局限性，在面对数据稀疏问题时，传统的协同过滤推荐算法的推荐准确度较低。但在企业的实际应用场景中，数据稀疏是大量存在的，因为平台的活跃用户和热门课程往往只占总数据库的一小部分，有大量的"惰性用户"和"冷门课程"作为"长尾"存在于学习平台中。因此，突破传统协同过滤算法的这一局限性对于企业的推荐算法应用具有至关重要的作用。如果从学习者本身或学习对象本身出发，探究不同个体之间的相似性从而给出推荐建议，能够一定程度上保证推荐结果的准确性。通过文献综述的工作，发现目前已经有学者通过知识表示构建本体模型来突破传统协同过滤算法的局限性，并取得了较为理想的结果。本研究提出的推荐算法亦将建立学习者本体模型和学习资源本体模型，用于知识表示，从而解决传统的协同过滤算法中最为顾虑的冷启动和数据稀疏性难题，提高推荐结果的准确性和在企业应用中的实用性。

4.3.1 学习者本体构建

学习者本体模型用于表示学习者的相关信息。目前已有几类被研究者广泛认可的学习者模型或模型建立标准，其中 IEEE PAPI 和 IMS LIP 因其广泛的应用和良好的效果而被认为是最受欢迎以及最著名的模型标准（Ouf et al.，2017）。但随着相关研究的深入发展，近年来，有研究表明在这两种学习者模型标准中，有许多重要的学习者特征被忽视了，这在很大程度上削弱了学习者的个性化表示（Panagioto-poulos et al.，2012）。基于此，欧夫等（Ouf et al.，2017）提出了一种改进得较为全面综合的学习者模型，为后人的研究奠定了基础。此外，塔鲁斯等（2017）也利用本体描述语言 OWL 及 Protege 本体编辑器环境建立了学习者本体，并在在线学习推荐算法中进行了良好运用。该模型是近年来在线学习领域中较为全面的学习者本体模型之一，能够很好地反映学习者特质。研究中的学习者本体模型便是基于欧夫等（2017）的研究成果，并参考了塔鲁斯等（2017）提出的学习者本体模型建立而成，模型中包含了多个类，综合全面地表示了学习者的客观信息及主观信息。

在学习者本体模型中，首先，学习者类作为主类，由与学习者相关的所有类组成，包括个人信息类、知识背景类、学习风格类、学习表现类与学习目标类。每个类由数据类型属性和对象属性组成，这些信息用于建立该类与其他类的关系。

个人信息类主要用于表示用户在平台注册时所提交的个人信息，包括年龄、性别等基础信息。学习表现类用于表示学习者在学习过程中的表现，分为优秀、良好、一般与不合格四个水平。学习目标类表示了学习者希望通过学习达到的知识掌握程度。知识背景类表示了学习者的先验知识水平。学习风格类展现了学习者不同的学习风格，在推荐过程中，学习者的学习风格对推荐结果的准确性至关重要。在学习风格类中，采用了 Felder – Silverman 学习风格模型对学习者的学习风格进行了四维描述。Felder – Silverman 学习风格模型是在线学习推荐领域中广泛使用的著名的学习风格模型之一，是更适合于计算机教育系统的学习风格模型（Al – Azawei & Badii，2014）。与其他模型相比，Felder – Silverman 模型能够更详细地描述学习风格，从信息加工、感知、输入、理解四个层面，将学习者的学习风格区分为四个维度八种类型，包括活跃型—沉稳型，感知型—直觉型，视觉型—言语型和顺序型—全局型。这四个维度描述了学习者独特的学习习惯和偏好。例如活跃型的学习者对小组讨论等学习形式更感兴趣，而沉思型的学习者更倾向于传统的授课形式；视觉型的学习者在面对图片等教学材料时学习更高效，而言语型学习者更擅长对文字资料的学习。学习者的学习风格是通过所罗门和费尔德（Soloman & Felder，2005）设计的在线问卷获得的。该问卷有 44 道题目，每个维度对应 11 道题目，每道题目拥有两个选项，通过计算选项数目得到学习者的学习风格类型。图 4.5 展示了所建立的学习者模型本体。

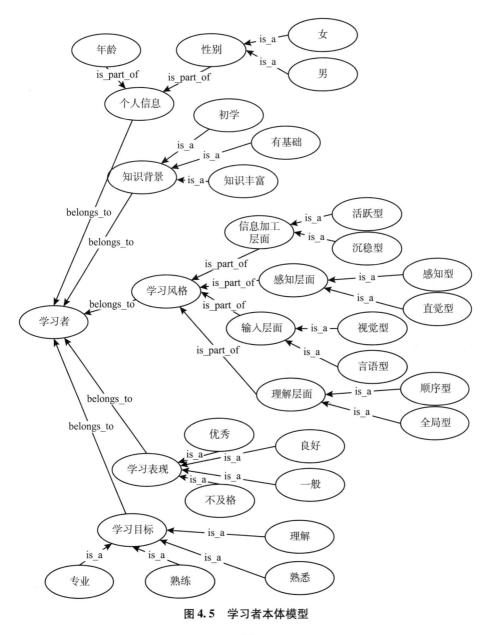

图 4.5　学习者本体模型

4.3.2 学习资源本体构建

为了表示学习资源的相关知识，本书也建立了学习资源本体模型，模型的构建主要参考了塔鲁斯等（2017）基于 OWL 建立的学习对象本体模型，并结合了目前主流的公开线上学习平台的学习资源现状。构建的学习资源本体模型包括学习主题、学习资源类型和学习资源长度。这些课程信息将直接从在线学习平台中获取。根据平台的运营经验，在平台中上传课程时，学习资源的信息也将同步提交至系统中。在课程上传成功后，课程资源信息也可以被管理者修改更新，并进行定期维护，从而保证信息的准确性。

本书构建的本体模型中学习资源类型类描述了该课程的授课形式。在线下学习中，教师往往会根据教学经验，将理论知识的教授、随堂测验、实践任务（如课堂作业、小组讨论）等教学活动穿插进行。这些教学活动的穿插一方面可以防止学生的疲劳，帮助学生集中注意力，另一方面非常有利于学生巩固基础知识。线上教学的形式与此类似，教师也会穿插不同类型的学习活动，例如论坛讨论、课堂作业、在线测试等。但每位同学对不同学习活动的接受程度或感兴趣程度不同，这导致不同的学习资源类型对学习者的效果不同，因此在模型构建中将学习资源类型作为学习资源的重要特征之一。学习资源长度类包括长、中、短三种属性。不论是线上学习还是线下学习，课程时长都是影响学习效果的一个重要因素（何迪，2020）。个体注意力集中的时间是有限的，随着课程时间的增加，学习者注意力会逐步下降。当注意力下降到一定的阈值后，学习者的学习效率会明显下降。此外，学习者在进入高效率的学习时间段之前，需要一定的适应时间来进入状态。但对于不同的个体而言，适应时间的长短和注意力时间的长短是不尽相同的，因此同一位学习者对于不同长度的在线课程的学习效果也是不同的。基于理论基础与实际的学习经验，在学习资源模型中涵盖了长度这一特征。

在塔鲁斯等（2017）构建的学习资源本体模型中，学习资源格式（包括文本、图像、音频和视频）也是一类重要特征，但结合当前在线学习平台的课程现状，我们发现目前绝大多数课程都采用了视频的形式。经过对企业中相关从业者的调研后得知，根据企业的课程运营经验，视频类课程的学习效果远远优于纯文本、图片或音频类课程，视频类课程将是在线学习平台的主流形式。基于这一情况，在学习资源本体模型构建中将不再使用"学习资源类型"作为主要特征。最终建立的学习资源模型如图 4.6 所示，共包含学习主题、学习资源类型和学习资源长度三个类。

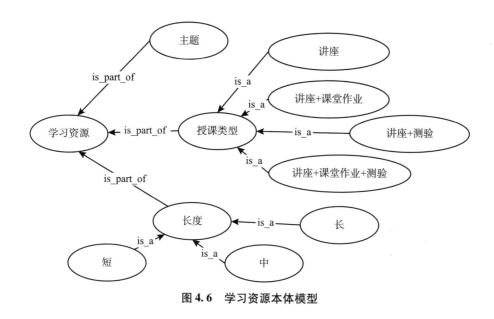

图 4.6　学习资源本体模型

4.3.3　推荐算法设计

为了充分利用学习者以及学习对象之间的属性关系，提高推荐准确性，在传统的协同过滤算法中引入了学习者本体模型及学习资源本体模型。在基于本体的协同过滤推荐的过程中，首先对学习者和学习资源的本体领域知识进行了预处理，加工成推荐引擎所需要的格式。其次收集学习者对学习资源的评分，并进行数据预处理。在获得学习者对学习资源的评价数据后，推荐引擎会依据学习者和学习资源的本体模型，并结合评价数据进行分析，计算出学习者的相似度，并基于此预测目标学习者对待推荐学习资源的评分。基于本体的协同过滤推荐机制如图 4.7 所示。具体来看，在这一协同过滤机制中，主要有两个核心模块，一为相似度的计算，二为预测学习者对学习资料的评分。在相似度计算模块中，包含有三个子过程，分别为学习者本体相似度的计算、学习资源本体相似度的计算和学习者评分相似度的计算。本体相似度的计算为学习者评分相似度计算及评分预测奠定了基础，从学习者及学习资料的本身属性出发初步筛选出更为相似的学习者及更有推荐潜力的学习资源，提高了推荐结果的准确性，也提高了推荐效率。

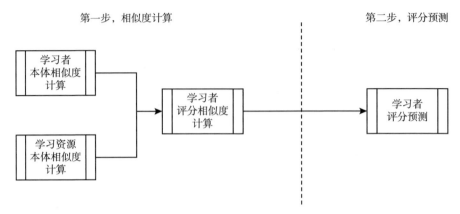

图 4.7　基于本体的协同过滤推荐机制模型

在线学习情景中，冷启动现象分为两种情况，一种是学习者冷启动，另一种是学习资源冷启动。以学习者的冷启动问题为例，当新用户进入平台时，其与平台之间缺少交互记录，因此难以从他的历史行为中揣摩出其喜好。但通过计算新的学习者与已有学习者的相似度，便可以得到与新的学习者相似的其他学习者。将适合其他学习者的学习资源推荐给新的学习者，再记录新的学习者对这些推荐资源的交互情况，便可以顺利解决冷启动问题。因此通过本体建模和本体相似度的计算，冷启动问题便可以得到妥善解决。

1. 相似度计算

在相似度的计算过程中，本研究首先计算了学习者本体相似度，寻找出若干个相近的学习者本体；同时计算出学习资源本体相似度；之后在若干个相似的学习者中，计算这些学习者对于相似的学习资源的评分相似度，从而得到个人特质和学习行为均较为相似的 j 个学习者。在结合本体相似度与评分相似度的过程中，以往有学者采取的做法为直接将两种相似度以一定比例相加，得到一个综合相似度，通过综合相似度得到若干个相似的学习者。但比例的确定较为困难，不恰当的比例会严重影响推荐算法的实用性。且在本研究中，协同过滤推荐的核心在于评分的预测，本体相似度的作用在于保证了评分预测具有较大的参考价值。因此本研究将本体相似度作为筛选相似学习者、相似学习资料的前提条件，而最终的学习者相似度计算和推荐结果将根据评分数据决定。

学习者本体相似度的计算及学习资源本体相似度的计算是寻找相似学习者的前提步骤。传统的协同过滤以及塔鲁斯等（2017）提出的基于本体的协同过滤算法中都仅计算了学习者的评分相似度,而忽略了学习者本体相似度。传统的协同过滤算法中,默认的前提条件是,评分相似的学习者即为相似的学习者。但在学习平台的商业运营过程中,不难发现,给出相近的评分的学习者并不一定会是相似的学习者,因为评分背后涉及的因素非常广泛,且给出这一评分的原因可能是千差万别的,其背后具有较强的偶然性。例如用户 a 是一名经常不及格的初学者,而用户 b 是一名成绩优异的资深学者,尽管他们出于某些原因对相同的课程给出了相近的评分,但这两名用户的评分对于对方而言都不太具有参考价值。因此,通过计算本体相似度,推荐算法可以在实践中较大程度上保证学习者更为可信的相似性。此外,在常规的协同过滤算法以及塔鲁斯等(2017)提出的基于本体的协同过滤算法中均未曾考虑到学习资源本体的相似性,而研究提出的改进算法中增加了对学习资源相似性的计算,从而一定程度上削弱了用户对于不同资源的评分倾向差异,为评分相似度的准确计算奠定了基础。

在计算学习者评分相似度时,为了减少学习者个人的评分习惯引起的偏差,研究者往往会将学习者的平均评分或者学习资源的平均评分考虑在内。但在实践中不难发现,并不是学习者的所有评分都适宜纳入平均评分的计算中。当根据用户对学习资料 p 的评分来计算两位用户的相似度时,用户对与 p 相差甚远的其他学习资料的评分情况并不应纳入计算中。例如,用户 a 在平台中学习过英语类课程和数学类课程,用户 b 学习过英语类课程和计算机类课程。当计算用户 a 和用户 b 的相似度时,需要基于两位用户共同学习过的英语类课程进行计算,而两位用户对数学类或计算机类课程的评分情况就不应考虑在内。在实践中,平台的运营者发现同一位用户对于不同课程的评分喜好会有较大差别,例如,某位同学作为英语爱好者对于英语类课程的评分往往会高于其他类课程。因此在计算用户对课程的评价平均分时,仅采用与目标课程相似的课程作为参考,更能体现学习者的评分习惯,计算结果也更符合实际情况。

随着本体相似度相关研究的不断深入,提出了许多不同的本体相似度计算方法(Choi et al.,2006)。由本体的定义可知,当两个概念拥有的共同特征越多时,其相似性越大。因此本体的相似度计算实际上是计算不同本体之间的概念所组成的概念对的相似性。按照本体相似度的计算原理,这些计算方法主要可以划分为四类(姜丽,2019):基于语义距离的相似度计算方法、基于属性的相似度计算方法、基于信息内容的相似度计算方法和基于多种计算规则的混合的计算方法。在这些方法中,比较常用的是基于属性的本体相似度的计算方法(吴正洋等,2015)。这类方法的基本思想是,事物的属性特征反映了事物本身,人们用以辨识或区分事物的标志就是事物所具有的公共属性以及事物的属性特征之间的关联程度。

在基于属性的相似度计算方法中，本体被表示为多个属性的集合，通过这些属性特征的相似性可以得到本体的相似性。由特沃斯基（Tversky，1988）提出的 Tversky 算法在该类算法中最具有代表性，在 Tversky 的算法模型中，本体的相似性可以通过本体中相同属性的数量来确定，其计算公式如式（4-1）所示，其中 sim(x，y) 指本体 x 与本体 y 之间的相似度，attr(x) 表示本体 x 的属性个数，attr(y) 表示本体 y 的属性个数，attr(x) $\cap$ attr(y) 表示本体 x 与本体 y 中相同属性的个数，而 attr(x) $\cup$ attr(y) 则表示本体 x 与本体 y 的属性的并集中拥有的属性个数。这种计算方法简单直接，算法的成本较低。但当本体的属性较为复杂时，Tversky 算法并不适宜。例如，在学习者本体中，学习表现类中有不及格、一般、良好、完美四个水平，这四个水平代表的学习表现是依次递进的。但在 Tversky 算法中，只统计相同属性的个数，并无法体现出不同水平之间的距离远近，导致在计算时会忽略部分信息，并不能很好地体现本体的相似程度。

$$\text{sim}(x，y) = \frac{\text{attr}(x) \cap \text{attr}(y)}{\text{attr}(x) \cup \text{attr}(y)} \qquad (4-1)$$

随着研究的推进，学者们也将统计学知识引入了本体相似度计算问题中，用于计算属性更为复杂的本体相似度，如通过欧几里得距离来计算本体之间的相似度，这种计算方式适用于本体属性之间的关系可以通过数值进行映射的场景。在欧几里得算法中，两个本体的相似度计算可以理解为两个本体的属性之间的距离计算，属性之间的距离越远，欧几里得距离的数值越大，相应地，本体之间的相似度越低。利用欧几里得距离计算本体相似度时，常常会使用赋值和归一化手段进行数据预处理。因为欧几里得算法是通过数值计算来得到坐标距离，而本体的属性往往使用了不同量纲进行表示，甚至是非数值化的，因此常用的做法是根据属性之间的关系对属性进行赋值，之后进行归一化处理，使得每一类中的属性赋值均为 [0，1]。欧几里得距离的计算公式如式（4-2）所示，x_i 指本体 x 中各属性的值，y_i 代表本体 y 中各属性的值，将本体 x 与 y 中相对应的属性一一进行计算后，得到可以表示本体相似度的欧几里得距离。

$$\text{d}(x，y) = \sqrt{\sum_{i=1}^{n} (x_i - y_i)^2} \qquad (4-2)$$

学习者本体的属性关系相对复杂，属性的不同水平之间存在可排序的关系，例如完美的学习表现优于良好的学习表现，而良好的学习表现也优于一般的学习表现。因此学习者的本体相似度的计算使用式（4-2），可以充分利用本体信息，更为准确地表示出不同本体之间的相似程度。此外，在计算之前需要通过赋值和归一化对学习者的属性进行数据预处理。学习者本体中的个人信息类、知识背景类、学习风格类、学习表现类与学习目标类均纳入学习者本体相似度的计算范围。而学习资源本体中属性关系相对简单，因此使用 Tversky 算法，通过相同属性的个数计算本体相似度。学习资源主题类、资源类型类和长度类均被纳入学习资源本体相似度的计算范围中。

在计算本体相似度后，得到了 j 个相似的学习者本体，作为与目标学习者相似的学习者候选人，之后将根据学习者的评分相似度来确定最终的 k 个相似学习者。在研究中，评分相似度的计算采用了皮尔逊相关系数公式，并引入平均值以减少用户的评分习惯差异对结果的影响。皮尔逊相关系数的结果取值为 $[-1, 1]$。如式（4-3）所示，$\text{sim}(a_r, b_r)$ 指的是用户 a 与用户 b 的评分相似度，$P_{a,b}$ 表示用户 a 与用户 b 共同学习过的学习资源集合，$R_{a,p}$ 表示用户 a 对学习资源 p 的学习评价，$R_{b,p}$ 表示用户 b 对学习资源 p 的学习评价。$\overline{R_a}$ 表示用户 a 对各学习资源的平均评分，但只统计与 $P_{a,b}$ 中的学习资源相似度相对较高的 l 个相关学习资源的评分情况。$\overline{R_b}$ 则表示用户 b 对相关学习资源的平均评分。

$$\text{sim}(a_r, b_r) = \frac{\sum\limits_{p \in P_{a,b}} (R_{a,p} - \overline{R_a})(R_{b,p} - \overline{R_b})}{\sqrt{\sum\limits_{p \in P_{a,b}} (R_{a,p} - \overline{R_a})^2} \sqrt{\sum\limits_{p \in P_{a,b}} (R_{b,p} - \overline{R_b})^2}} \quad (4-3)$$

2. 学习资源评分预测

预测学习者对学习资源的评分是推荐算法模型中的关键步骤，正确的评分预测对准确的推荐结果至关重要。在进行学习资源评分预测前，推荐模型通过学习者本体相似度与学习者评分相似度的计算得到了与目标学习者相近的 k 个学习者，之后推荐算法将根据相近学习者的评分加权聚合得到当前用户对待预测学习资源的评分预测。待预测学习资源的选择则是根据相似学习者对资源的评分，当相似学习者给出高分评价时，则认为该学习资源适合相似学习者，因此该学习资源可以作为目标学习者的待预测学习资源。在评分预测中，同样将用户的评分习惯考虑在内，引入了用户对相关学习资源的平均评分作为参考。设用户 a 的最近邻集合为 K，评分预测公式如式（4-4）所示，$\overline{R_a}$ 表示用户 a 对相关学习资源的平均评分，$\text{sim}(a_r, b_r)$ 为用户 a 与用户 b 的评分相似度，$R_{b,p}$ 表示用户 b 对学习

资源 p 的学习评价。

$$\mathrm{pred}(a, p) = \overline{R_a} + \frac{\sum\limits_{b \in K} \mathrm{sim}(a_r, b_r) \times (R_{b,p} - \overline{R_b})}{\sum\limits_{b \in K} \mathrm{sim}(a_r, b_r)} \qquad (4-4)$$

推荐算法的核心工作是预测目标学习者对学习资源的喜好程度。在基于本体的协同过滤推荐中，本推荐算法结合本体领域知识和学习者对资源的评价，计算了学习者本体相似度、学习资源本体相似度和学习者评分相似度，之后以此为基础预测目标学习者对待推荐资源的评分。

3. 序列模式挖掘算法

经过协同过滤推荐引擎，本算法生成了初步的推荐资源列表。然而，待推荐列表中，这 N 个推荐对象是按照预测评分的高低进行排序的，并未考虑实际的学习顺序和学习规律。因为基于本体的协同过滤推荐算法只能保证这 N 个资源是用户可能感兴趣的，但不能确定这些资源的学习顺序，无法判断这些资源是否符合用户目前的学习状态和知识水平。为了使最终的推荐更符合学习者的学习状态和学习规律，利用 PrefixSpan 算法从相似学习者的历史学习记录中挖掘学习者对课程资源的学习顺序，并将发现的顺序模式应用于经过协同过滤算法得到的初步推荐筛选结果中。图 4.8 描述了 PrefixSpan 算法的主要过程。

输入：
序列数据集
支持度阈值
输出：
满足支持度要求的所有频繁序列集
方法：
1. 查找所有长度为 1 的前缀和对应的投影数据库
2. 对长度为 1 的前缀进行计数，从数据集中删除支持度低于阈值的前缀对应的项，得到所有的频繁 1 项序列
令 $i = 1$
3. 对每个满足支持度要求的长度为 i 的前缀进行递归挖掘
(1) 查找前缀对应的投影数据库，如果投影数据库为空，则递归返回
(2) 统计对应投影数据库中各项的支持度计数，如果所有项的支持度计数都低于阈值，则递归返回该值
(3) 将满足支持计数的各个单项与当前前缀合并，得到若干新的前缀
(4) 令 $i = i + 1$，更改前缀为合并单项后的各个前缀，分别递归执行步骤 3

图 4.8 PrefixSpan 算法

然而经过企业实践，发现 SPM 算法并不能直接运用于待推荐列表中。因为在实际的学习过程中，学习内容的重要程度是不同的，例如核心系列课程的学习

优先级应高于其他课程，主线课程的优先级应高于支线拓展课程。以往有很多学者直接将 SPM 算法应用于初步得出的推荐结果中，忽略了各个学习项目在重要程度上的差别，在这种情况下，推荐的效率和效果在很大程度上取决于初步推荐结果中存在的序列模式数量。如果在初步推荐资源列表中存在的序列模式很少，那么最终的推荐质量会受到很大影响。

换言之，在 SPM 算法的挖掘过程中，某些序列比其他序列重要得多，应予以区分。为了解决这一问题，研究采用加权序列模式，借鉴塔鲁斯等（2017）的方法为序列分配合适的权重，以区分它们的重要性。每个学习资源的权重为 $[0，1]$，权重越大表示学习项目的重要性越大。蓝等（Lan et al.，2014）提出了序列最大权值模型，有效地压缩了子序列的权值上限，并在局域网模型中设计了一种新的方法——改进上限法（an improved upper-bound approach，IUA），来减少递归挖掘过程中无希望子序列的数量，从而避免了不必要的计算。本书采用蓝等（2014）提出的方法从在线学习序列数据库中找出加权序列模式。并根据从学习者学习记录数据中挖掘出的学习者顺序学习模式，结合目标学习者当前的课程学习进度，对初步推荐结果列表进行排序得到最终推荐结果。

结合本体、协同过滤及序列模式挖掘技术，提出了一种改进的在线学习资源推荐算法。图 4.9 显示了整个推荐算法的运作流程。

> 输入：
> 学习者集合
> $L = \{l_1，l_2，l_3，l_4，\cdots，l_n\}$
> 本体领域知识
> $O = \{$学习者，学习资源$\}$　　$O = \{$learner，learning resources$\}$
> 学习者评分值
> $R \in \{1，2，3，4，5\}$
> 输出：
> 预测评分和包含 N 个待推荐学习资源的推荐列表
> 方法：
> 1. 对于任意 $a \in L$，$b \in L$，$c \in O$
> 2. 利用公式（4-3）计算本体相似度 $\mathrm{sim}(O_a，O_b)$
> 3. 利用公式（4-4）计算预测评分 $\mathrm{pred}(a，p)$
> 4. 生成针对目标学习者 a 的包含 N 个待推荐学习资源的列表
> 5. 将 PrefixSpan 算法的挖掘结果应用于 N 个待推荐资源中
> 6. 输出针对目标学习者 a 的最终推荐列表

图 4.9　改进的混合推荐算法

本算法结合了前人的研究成果以及企业的实践经验，首先运用本体技术对学习者以及学习资源进行了知识表示；其次利用基于本体的协同过滤推荐算法预测了目标学习者对待推荐资源的评分；再次利用 PrefixSpan 算法进行序列模式挖掘得到了学习资源的一般学习顺序；最后根据学习者的历史记录生成了最终推荐。与以往算法相比，本推荐方法的主要改进之处有三：（1）研究结合教育学领域的理论知识和企业在平台运营中的实际经验，构建了更为全面、更具代表性且更符合企业和用户实际需求的本体模型；（2）研究利用本体相似度技术，充分将本体与协同过滤技术相结合，发挥了本体技术的优势，提高了推荐效率和推荐准确性；（3）在序列模式挖掘过程中使用了新兴的、更为高效的算法，进一步提高了推荐的效率，降低了推荐的成本。

4.3.4　实验室评估算法效果

为了验证本书提出的在线学习资源推荐算法的有效性，从运营良好且市场占有率较高、较有代表性的在线学习平台中收集了线上数据，并进行了若干次推荐性能试验。在选择实验指标时，借鉴了企业在相关算法改进中所重视的指标，丰富了实验的维度，也使得算法更贴近企业运营的实际需求。

1. 实验设计

评估推荐算法的性能可以采用三种方法：在离线的数据上进行多种算法的对比试验，并选取若干指标进行多方面性能评估；在线环境中分成 AB 对照组，分别使用不同的算法并观察试验结果；对用户进行问卷调查，根据反馈结果进行算法比较。其中 AB 对照实验和问卷调查的方法虽然能更精确地模拟现实场景，但耗费的时间周期长且人力消耗过大，因此使用范围并不广泛。与此相比，在离线的历史数据上分别运行多种算法的方式更受欢迎。因为离线测试更容易实现，且可以反复试验多次，为算法迭代提供了依据。此外，离线实验可以高效快速验证大量算法，算法的改进也能很快得到反馈结果，同时也不会影响线上真实用户的体验。因此在企业进行算法迭代时，往往会使用离线数据进行初步验证。本章的算法对比实验使用的便是离线数据实验。

算法的离线实验一般由以下四个步骤构成：（1）获取用户行为数据，并进行数据预处理生成标准的数据集；（2）将数据集按照 3∶7 划分为训练集和测试集；（3）在训练集上对算法模型进行训练后，在测试集中预测用户喜好并给出推荐；（4）通过若干个指标对算法在测试集中的推荐结果进行测评、对比。

　　为了进行对比试验，考察提出的推荐算法的性能表现，选择三种较为经典的且与提出的推荐算法具有可比性的在线学习推荐算法作为对照，将这三种经典推荐算法在同一数据集上重复了同样的试验，并将这三种经典算法的实验结果与提出的推荐算法的性能实验结果进行了比较。

　　本研究提出的在线学习推荐算法所使用的技术主要涉及本体论、协同过滤推荐，以及序列模式挖掘三个方面，其中核心推荐算法部分所运用的是协同过滤技术。且由于协同过滤技术拥有着非常广阔的应用场景，一直被认为是最经典的推荐算法之一，因此选择了协同过滤推荐算法作为第一个对照算法，用于测试研究提出的基于混合技术的算法对于推荐性能的改进效果。这一经典的协同过滤推荐算法的具体推荐流程为，根据学习者评分的相似性寻找相似的用户，之后根据相似学习者的偏好为目标学习者推荐学习材料。塔鲁斯等（2017）提出的基于混合技术的推荐算法中也采用了将本体论、协同过滤推荐技术及序列模式挖掘技术进行组合的研究思路，本书与其相较主要的区别在于在本体构建、本体的运用方式、协同过滤的算法实现以及序列模式挖掘的算法实现上。算法性能实验结果显示，塔鲁斯等（2017）提出的混合推荐算法的推荐性能优异，十分值得学习借鉴。因此，塔鲁斯等（2017）提出的基于本体论、协同过滤和 SPM 的推荐算法也将作为本次实验的对照算法之一。在前一种混合推荐算法的研究基础上，经过进一步研究探索，塔鲁斯等（2018）在之后提出了一种新的混合推荐算法，将上下文感知技术与协同过滤和序列模式挖掘技术相结合，从而给出最符合学习者当前学习状态的课程推荐。在该算法模型中，上下文感知技术用于初步筛选相似的学习者和相近的学习资源，与本研究对本体技术的运用有异曲同工之妙。该算法同样运用了多种非常经典的推荐技术的组合，此外，该算法与研究的应用场景也较为相似，有着很高的学习价值和很强的可比性。因此，该算法也将被选为研究的对照算法之一。最终本实验选取的作为对照组的算法为：仅利用了协同过滤技术的最经典的推荐算法；将协同过滤、本体知识、序列模式挖掘相结合的混合推荐算法；综合利用了协同过滤、上下文感知技术以及序列模式挖掘技术的混合推荐算法。

2. 数据集

　　由于没有普遍认可的公开数据集，对比不同学者提出的在线学习推荐算法的推荐性能是非常困难且耗时耗力的，需要研究者自行收集整理合适的数据集进行实验（Manouselis et al.，2011）。实验数据来源于运营良好、市场保有量较大、课程齐全且用户多样化的某知名在线学习平台。平台于 2014 年上线，在中国众多在线学习平台中颇具有代表性。平台的课程资源全面丰富，以英语课程为例，课程主题涵盖了英语等级考试及日常教学等，能够覆盖绝大多数在线学习者的需求。本实验收集的数据记录了从 2019 年 12 月到 2020 年 5 月为期 6 个月的平台中的英语类课程的学习情况，包括课程信息、用户信息以及用户行为数据。此外，学习者的学习风格数据则是通过学习者填写的 Felder – Silverma 学习风格问卷收集而来。

经过初步整理，数据集共分为三个部分：学习者信息（包括学习者本体建模所需信息和学习历史记录）、课程信息以及学习者对课程的评分记录。学习者数据集共记录了 512 名学习者的个人信息和学习活动，学习活动数据包括学习者的个人信息、知识水平、学习表现、学习目标、学习风格以及历史学习记录。这些数据项分别对应了学习者本体建模中的个人信息类、知识背景类、学习表现类、学习目标类、学习风格类。学习者的历史学习记录按照最近一次课程观看的时间顺序进行排序记录。课程信息数据记录了 41 个在线学习资源的相关数据，包含课程主题、授课类型和授课时长，对应了学习资源本体建模中的主题类、授课类型类和长度类。此外，数据集中共有 3081 条学习资源评分记录，记录了 512 名学习者对 41 门课程的评价。数据集描述如表 4.1 所示。

表 4.1 数据集描述

数据集名称	记录数	数据项
学习者数据集	512 名	学习者 ID、性别、年龄、知识水平、学习表现、学习目标、学习风格、历史学习记录
课程数据集	41 个	课程 ID、课程主题、授课类型、授课时长
评分数据集	3081 条	学习者 ID、课程 ID、课程评分

在算法流程中，首先利用学习者数据集、课程数据集和评分数据集计算出学习者本体相似度、课程本体相似度和学习者评分相似度；其次基于学习者评分相似度和评分数据预测出目标学习者对待推荐课程的评分；最后利用学习者的历史学习记录，寻找到最适合学习者当前学习状态的待推荐学习资源。

3. 实验环境

硬件环境：CPU 为 i5 8400 @ 2.8GHz，内存 D DR4 2400 8GB，硬盘 7200 1.5T。

软件环境：操作系统 Win 10 64bit，编程语言 Python 3.7。

4. 评价标准

在企业实践中，推荐算法的评价指标的选择至关重要。合适的评价指标不仅能高效地评判出算法的性能，也会作为企业在算法迭代工作中的关键绩效指标，指引算法迭代方向。能正确反映用户体验的评价指标能为算法的开发迭代带来良性循环，而不符合实际情况的评价指标不仅会影响企业对于算法性能、用户体验的把握，而且还会造成开发资源的浪费。

通常，推荐算法的评价指标有两类：一类是基于对用户评分的预测准确性来进行评价；另一类是基于推荐结果，也就是推荐资源列表来进行评价。

在第一类的评价中，最常采用的是平均绝对误差（mean absolute error，MAE）指标，通过计算预测评分与用户的实际评分之间的均分差来评判算法的精确性，MAE 值越大说明准确度越低（张博等，2016）。计算公式为

$$MAE = \frac{1}{n} \sum_{i=1}^{n} |p_i - r_i| \qquad (4-5)$$

其中，n 为测试集的案例数，p_i 为学习资源的预测评分，r_i 为用户给出的真实评分。

在第二类评价指标中，较常用的有准确率 $Precision$ 和召回率 $Recall$，这两个指标也是在推荐算法领域里最受欢迎和最受认可的算法评价指标，被广泛应用于推荐算法的性能实验中（Xu & Raahemi，2016）。

准确率是算法推荐的适合学习者的学习资源与算法推荐的所有学习资源的数量之比（Christopher et al.，2008；Ricci et al.，2011）。它衡量了推荐结果的整体准确性，即是否推荐列表中的所有项目都适合学习者。精度值越高，表示推荐的准确性越好。计算准确率为

$$Precision = \frac{\sum_{u \in U} |L(u) \cap P(u)|}{\sum_{u \in U} |L(u)|} \qquad (4-6)$$

其中，$L(u)$ 表示算法推荐的学习资源，$P(u)$ 表示所有适合学习者的学习资源。

召回率是指算法推荐的适合学习者的学习资源与适合学习者的全部学习资源的数量之比。它衡量了是否所有用户认为合适的学习资源都在算法给出的推荐列表中，召回率越高，代表系统的推荐越全面。召回率的公式为

$$Recall = \frac{\sum_{u \in U} |L(u) \cap P(u)|}{\sum_{u \in U} |P(u)|} \qquad (4-7)$$

其中，$L(u)$ 表示算法推荐的学习资源，$P(u)$ 表示所有适合学习者的学习资源。

但是在实践中不难发现，这两个指标通常是相互矛盾的。例如随着待推荐列表中资源数量的增加，召回率不断提升，但同时会牺牲算法的准确率。因此学者们通常也会使用 *F-measure* 指标，衡量准确率和召回率的加权调和平均值，其计算公式为

$$F\text{-}measure = \frac{(1 + \beta^2)\, Precision\ Recall}{\beta^2\, Precision + Recall} \qquad (4-8)$$

其中，β 参数反映的是评价指标对于准确率和召回率的偏重。例如，在某些推荐场景中，企业希望能减少用户打扰度，更在乎算法推荐的结果是否是用户喜欢的，在这种情况下准确率更为重要。但在某些情况下，企业希望所有适合用户的对象都要推荐给用户，那么此时召回率更为重要。如果令 β 取值为 1，就是常见的 *F1* 指标，即认为准确率和召回率同等重要。*F1* 计算公式为

$$F1 = \frac{2\, Precision\ Recall}{Precision + Recall} \qquad (4-9)$$

其中，*F1* 值越大说明推荐算法的效果越好。在本实验中，对于准确率和召回率并无偏重，采用 *F1* 指标。

此外，结合在线学习平台的实际运营经验，不难发现，推荐列表中各项资源的顺序也非常重要，因为学习者们往往给予前几条推荐更多的关注。如果适合学习者的资源被放置在靠后的位置，学习者有可能会忽略这些合适的推荐，因此推荐算法的效果将有所折扣。这也将影响用户对平台推荐的信任度。因此本实验中也引入了平均排序分（average ranking score）指标，用于评价用户的喜爱程度与推荐资源的排序的一致性。该指标在企业实践中较为常用，但在学术研究中尚未引起足够重视。对于用户 a，其喜欢的学习资源 p 的排序分定义如式（4-10）所示。

$$RS_{ap} = \frac{l_{ap}}{L_a} \qquad (4-10)$$

其中，L_a 表示推荐算法提供给用户 a 的推荐列表中的资源数量，l_{ap} 表示资源 p 在用户 a 的推荐列表中的排名。

例如，若提供给用户的推荐列表中，共有 20 项学习资源，资源 p 排在第 1 位，那么资源 p 的排序分为 0.05。而用户所喜欢的所有资源的排序分的平均值就是平均排序分。评分排序分越小，说明算法越倾向于将适合用户的资源排在前面。

为了保证实验的全面性，研究综合使用了两类算法评价指标，对评分预测准

确度和资源推荐列表都进行了测试，采用了平均绝对误差、准确率、召回率、$F1$ 及平均排序分多个算法测试指标进行了多方位的实验。

5. 实验过程

首先将数据集按 70% 和 30% 的比例随机分为训练集和测试集。在训练集中对提出的推荐算法的参数进行训练，之后利用测试集中的数据对算法性能进行测试、比较。

本算法中，主要的参数有由本体相似度初步寻找到的 j 个相似学习者、根据评分相似度最终寻找到的 k 个相似学习者、推荐列表中待推荐的学习资源数 N、序列模式挖掘算法的支持度阈值，以及在计算用户 a 对各学习资源的平均评分时，与 a、b 共同学习资源相似度较高的 l 个相关学习资源。其中，k 个相似学习者和 N 个待推荐的学习资源的取值是根据算法实验确定的，通过观察参数变化时算法的性能改变以确定其最优取值，将在"实验结果分析"中详细描述这一过程。根据实际运营经验，初步筛选出的 j 个相似学习者的取值设定为最终确定的 k 个相似学习者的 2 倍。若初步筛选出的相似学习者数量过少，则有可能漏掉最为相似的学习者；而若初步筛选出的数量过多，则会造成资源浪费，降低算法效率。在确定 l 个相关学习资源的取值时，考虑到本实验数据集中，课程数量为 41，为了尽可能减少用户评分习惯的差异，将 l 的取值设为 5。序列模式挖掘算法的支持度阈值的确定方法则是以 10% 为中心，进行试探性挖掘（王翠青和陈未如，2010）。

在对比实验中，本书先通过平均绝对误差指标得到了四种算法的最佳邻域大小，为进一步实验奠定了基础。再通过准确率、召回率、$F1$ 值及平均排序分指标对比了四种算法的推荐性能。

6. 实验结果分析

实验的主要目的是，基于同一数据集观察研究所提出的推荐方法的性能，并与另外三种算法进行比较。如前文所述，作为对照组的算法是基于本体论、协同过滤以及 SPM 技术的混合推荐算法，融合上下文感知技术、协同过滤和 SPM 技术的混合算法以及经典的协同过滤推荐算法。

（1）邻域大小的确定。在推荐算法中，最近邻的大小（即 k 的取值）会影响推荐结果的准确性和推荐质量（Huang & Shiu，2012）。为了确定最优的邻域大小以获得最佳推荐结果，以邻域大小为自变量进行了一系列实验。在这些实验中，使用平均绝对误差来评估预测的准确性。平均绝对误差的值越低，说明算法预测的用户评分与用户的真实评分越接近，说明算法的准确性越高。

对四种算法分别进行计算，得到了图 4.10 所示的平均绝对误差图。为了清晰表示四种算法的实验结果，在结果图中，"CF"代表了经典的协同过滤算法，"CF + Onto + SPM"是将协同过滤、本体论与序列模式挖掘相结合的混合算法，"CF + CA + SPM"是基于协同过滤、上下文感知技术及序列模式挖掘技术的混合算法，而"the Proposed Method"表示所提出的改进算法。本书的实验结果图都将使用这一注释。

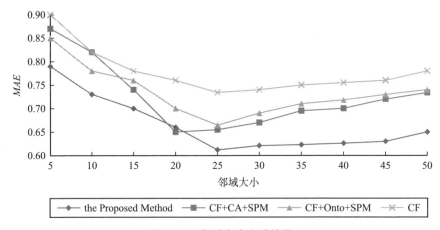

图 4.10　邻域大小实验结果

从图 4.10 可以看出，无论邻域大小如何变化，本书提出的混合推荐算法对于评分预测的准确性都略高于其他三种算法。当将邻域从 5 增加到 25 时，除了经典的协同过滤算法外，其他三种算法的准确率都在稳步提高。协同过滤算法在邻域值为 20 时准确率最高，当邻域值增大到 25 时，误差率轻微上升；邻域大小达到 25 之后，四种算法的 MAE 曲线均开始出现了不同幅度的上升，这意味着算法的预测精度略有下降。因此可以得出结论，当邻域为 25 左右时四种推荐算法的预测准确率相对较高，其中三种算法的最优邻域大小均为 25，协同过滤算法的最优邻域大小为 20。为了方便进一步的对比，在接下来的其他实验中，将邻域大小将设置为 25 进行实验。

（2）推荐性能实验。在推荐性能对比实验中，研究使用了准确率、召回率、$F1$ 值及平均排序四个指标。其中准确率和召回率这两个指标是推荐算法实验中常用的指标，大多数学者在进行推荐性能实验时都会采用这两个指标（Erdt et al.，2015）。

准确率衡量了推荐结果的整体准确性，即推荐列表中的所有项目是否都适合学习者。精度值越高，表示推荐的准确性越好。对四种算法分别进行准确率实验，测试随着推荐资源数量的增加，算法准确率的变化情况，得到的实验结果如图 4.11 所示。

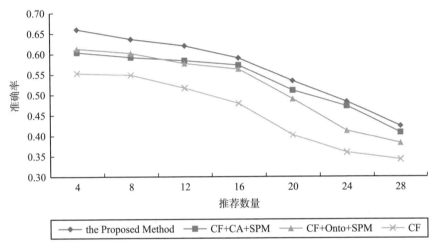

图 4.11　准确率实验结果

在实验所使用的数据集中，学习者对学习资源的评分总分为 5 分。若学习者对学习资源的评分为 3 分及以上，则认为学习资源对该学习者而言是合适的；若学习者对学习资源的评分低于 3 分，则认为该学习资源不适合这一位学习者。

观察实验结果图 4.11，发现随着推荐数量增加，四种算法的准确率呈现下降趋势，当推荐数量达到 16 后，准确率的下降速度略显增快。但在推荐数量相同的前提下，与其他三种算法相比，本书所提出的推荐算法的准确率一直处在相对较高的水平，推荐准确度表现较好。

召回率是指算法推荐的适合学习者的学习资源与适合学习者的全部学习资源的数量之比。它衡量是否所有用户认为合适的学习资源都在算法给出的推荐列表中，召回率越高，代表系统的推荐越全面。对四种算法分别进行召回率实验，得到的实验结果如图 4.12 所示。

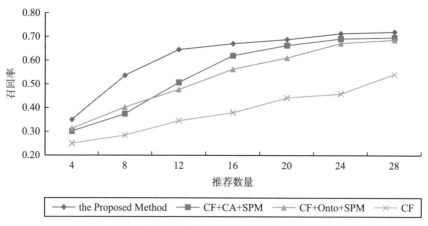

图4.12 召回率实验结果

由图4.12可知，随着推荐数量的增加，四种算法的召回率都在逐渐上升，这也是符合一般规律的。一般来说，推荐的资源越多，其中包含的适合用户的资源也就相应越多。在推荐数量相同的前提下，与其他三种算法相比，本书所提出的推荐算法的召回率一直处在相对较高的水平，说明推荐的学习资源较为全面。但当推荐数量达到12之后，随着推荐数量的增加，提出的算法与另两种混合推荐算法相比较的优势在不断缩小；当推荐数量达到28后，三种混合推荐算法的召回率较为相近，均保持在较高水平。与传统的协同过滤算法相比，三种混合推荐算法在推荐资源的全面性方面有较为明显的优势。

准确率和召回率指标在某些情况下是互相矛盾的。随着推荐数量的增加，推荐算法能够发现适合用户的资源的可能性也会逐步增加，因此召回率呈现增长趋势。与此同时，随着推荐数量的增加，算法会将匹配度较低的资源也提供给用户，因此准确率呈现下降趋势。为了综合衡量推荐算法的性能，结合准确率与召回率两者的实验结果进行全面考量，实验引入了 *F1* 指标。*F1* 值越大说明推荐算法的综合性能越好。针对四种推荐算法计算 *F1* 值，得到的实验结果如图4.13所示。

观察试验结果图4.13发现，随着推荐数量的增多，四种算法的 *F1* 值大体上呈现先上升后下降的趋势。当推荐列表中的资源数量从4增至12时，本书提出的改进算法的 *F1* 值大幅增加，说明推荐效果明显提高；但当推荐数量继续增多时，推荐效果开始显著下降。因此，对于本算法而言，当推荐列表中的推荐资源数量为12时，可以达到更好地兼顾准确率和召回率的推荐效果。而对于另两组

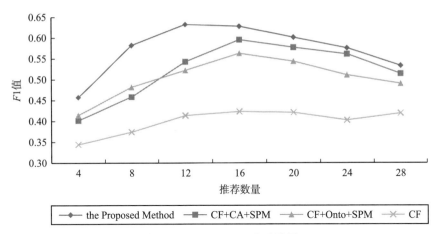

图 4.13 *F*1 Measure 实验结果

混合推荐算法而言，当推荐数量为 16 时可以达到最优的综合推荐效果。对比四种算法，改进算法的 *F*1 值始终高于其他三种算法，说明推荐效果更为优秀；但当推荐资源数增加到 12 后，随着推荐资源数量的不断增加，本算法的优势在逐步缩小。

参考企业实践经验，除了以上这些推荐算法实验中常用的指标外，研究认为，从用户的实际使用情况以及使用感受出发，算法所提供的推荐列表中的资源顺序也应纳入算法的推荐效果考核中。由于首位效应，用户往往会更关注位于列表开头的资源，因此将用户喜欢的资源排在靠前的位置能够显著提高用户对于平台的信任度和使用意愿（Chen & Pu, 2005）。若算法倾向于将用户喜欢的资源排在靠后的位置，那么即使算法的准确率较高，用户也很有可能在浏览过前几个推荐后便扫兴而去，因此该算法带来的推荐体验仍旧差强人意。通过对四种算法分别进行平均排序分实验，测试了用户喜欢的资源在资源列表中的排序情况，得到的实验结果如表 4.2 所示，分别展示了随着推荐列表中适合用户的资源数量的增加，四种算法的平均排序分值变化。其中，推荐资源是否适合用户是根据用户的评分数据确定的。若学习者对学习资源的评分为 3 分及以上，则认为学习资源对该学习者而言是合适的。根据平均排序分计算公式（4 - 10）可知，平均排序分越低，说明算法越倾向于将适合用户的资源排在靠前的位置。

表 4.2 平均排序分

算法名称	适合用户的资源数量					
	3	4	5	6	7	8
the Proposed Method	0.166834	0.209375	0.253951	0.179957	0.191684	0.189727
CF + CA + SPM	0.180361	0.234375	0.283951	0.201562	0.214286	0.210938
CF + Onto + SPM	0.232214	0.270313	0.314568	0.217183	0.232041	0.224531
CF	0.314729	0.343125	0.382222	0.274376	0.293673	0.287344

通过平均排序分值表格，发现与其他三种推荐算法相比，提出的推荐算法的平均排序分值一直处在相对较低的水平。说明该算法在推荐列表的排序上也有较好的效果，倾向于将适合用户的学习资源排在靠前的位置，能够得到更好的推荐效果，从而带来更优质的用户体验。

通过使用平均绝对误差、准确率、召回率、F1 值及平均排序分五个推荐算法评价指标，对提出的改进的混合算法以及经典的协同过滤算法和两种近年来提出的优秀的混合算法进行了对比，发现本研究提出的算法在多个方面均有较为优异的表现。

随着推荐算法的邻域大小的增加，四种算法的误差水平都呈现了先降低后增加的趋势，但所提出的算法一直保持了相对低的误差水平。当邻域大小为 25 左右时，四种算法的评分预测误差相对较小。在算法性能实验中，随着推荐列表中待推荐资源数量的增加，四种推荐算法的准确率都呈现了下降趋势；而与之相对的是，召回率均呈现了上升趋势。为了综合考察准确率和召回率指标，亦引入 F1 指标。由 F1 值的变化可知，当推荐数量为 12 时，提出的算法达到了综合性能最优的水平，当推荐数量为 16 时，其他三种算法达到了综合性能最佳的水平。比较四种算法的 F1 值，发现所提出的推荐算法始终保持着相对较好的综合推荐性能。但当推荐数量大于 12 时，随着推荐数量的增加，提出的算法相对于其他两种混合算法的优势在不断缩小。最后引入了企业实践中较为重视的平均排序分指标，对推荐资源列表中的资源顺序进行了实验，证明了本算法在资源排序上也有较优秀的表现，能够将适合用户的学习资源排在相对靠前的位置，从而给用户带来更好的推荐体验。

4.3.5 实践评估算法效果

在学术研究中，研究者往往更关注算法本身的质量，孜孜不倦地致力于算法的改进。但与之不同的是，从企业的角度出发，盈利是公司运营的头等大事，也是企业决策者最关注的问题。对企业运营者而言，在平台中引进推荐系统的主要目的便是提供更好的用户体验，创造更高的商业价值。已经有部分学者证明了推荐算法能够影响用户决策，并且为公司创造更多的价值。吴林武（2018）基于在线购物的情景，通过问卷调研了用户对个性化推荐系统的使用行为，发现推荐系统的感知有用性和平台适应性对用户的购买意向有显著的正向影响。陈明亮和蔡日梅（2009）通过对网上购物者的问卷调研，验证了推荐算法不仅会影响消费者的购物决策结果，对决策过程也会产生影响。詹纳赫和黑格利希（Jannach & Hegelich，2009）通过收集用户的线上购物数据，证明个性化推荐能够给产品的浏览量和销量等多个维度带来显著提升。但在这些研究中，绝大多数学者采用了问卷调研的方法，询问用户对于推荐系统的感知和评价，具有一定的主观性。仅有少部分学者通过收集企业运营的实际数据验证了推荐算法的商业价值。而与在线学习推荐相关的实践研究更是寥寥无几，无论问卷调研或者实际的运营数据分析都鲜有学者涉及。因此部分企业运营者仍对推荐算法在在线学习平台中的应用价值存有一定疑虑。

1. 实践方案设计

为了进一步丰富相关研究，证明推荐算法对用户和企业的作用，加速在线学习推荐技术的发展和应用，同时也为了验证推荐算法对相关企业的实践效果，本研究与线上学习平台合作进行了线上 AB 实验，并收集了用户行为数据。

该平台是一个提供综合课程的线上教育平台，提供的课程涉及文学、理学、工学等多门类课程。除少部分平台自营的精品课程外，绝大多数课程为免费项目，但需要用户注册免费会员后方可观看。平台的课程难度深浅不一，课程内容丰富多样。平台所服务的用户群构成较为丰富，核心用户为大学生群体。在实施推荐算法之前，用户主要通过课程搜索和学科分类列表来寻找心仪的课程。在平台引进推荐算法后，除了上述两种方式，用户也可以在推荐栏中浏览发现心仪的课程。

在进行 AB 实验时，选中的用户被随机分为三组，即实验组一、实验组二和对照组。在实验的第一阶段，三组用户都不会看到推荐栏。在第二阶段，对照组用户不会看到推荐栏内容。而两组实验组用户都会在平台的首页中看到课程推荐栏目。为了对比推荐效果，平台提供给实验组一的是常规推荐，提供给实验组二的是个性化推荐。常规推荐是基于全平台课程学习情况统计得出的"热门课程推荐"，因此实验组一的所有用户的推荐内容都是完全相同的。实验组二的用户所看到的推荐内容则使用了推荐算法得到的，是基于用户特点和历史行为数据进行的个性化推荐。

根据该平台的运营策略，近 3 天内至少有 1 次交互记录的用户被认定为当前的"高度活跃用户"。这类用户对企业的运营发展有更高的商业价值，平台非常重视这一用户群体的使用体验。基于这一背景信息，实验从最近 3 天内使用过平台的注册用户中随机抽选了 1500 名用户，并划分为三组，由平台追踪记录这些用户从 2020 年 11 月 21 日到 12 月 18 日（共 4 周）在学习平台中的行为数据，包括推荐内容点击、课程主页浏览、课程报名行为等。其中前两周为实验的第一阶段，后两周为实验的第二阶段。追踪记录时将同一个用户 ID 视作同一位用户。经过数据预处理后，数据集囊括了用户 ID、平台使用日均时长、课程主页的平均浏览时长、课程报名率等相关指标。平台日均使用时长计算的是用户平均每天使用学习平台的时间。课程主页的平均浏览时长统计了用户对于介绍课程内容的课程主页的浏览情况，浏览时长越久说明用户对该课程的感兴趣程度越高。课程报名率计算了用户报名的课程数量占浏览过的课程数量的百分比，报名率越高，说明用户的信息检索效率越高，能够较快找到感兴趣的课程。

2. 实践效果分析

由于本次企业实践的目的是对比三组用户行为之间的差异性，因此采用了单因素方差分析来验证三组用户行为之间的区别，并采用多重比较的方法对存在差异的用户行为进一步分析，发掘三组用户之间的具体差异。

（1）假定条件检验。在进行方差分析前，需对各组数据进行正态性检验、样本独立性检验和方差齐性检验。通过 K－S 检验和 K－W 检验，在显著性水平 $\alpha =$ 0.05 下，发现各组数据不拒绝正态性，均满足方差分析的正态性要求。由于数据来源于随机选取的线上用户，各调查对象均是相互独立的，不存在互相影响，因此数据满足了样本独立性和随机性要求。此外，在进行每组方差分析前，采用 Levene 方差齐性检验方法，对每组数据进行了检验，显著性均大于 0.05，说明各组方差没有显著差异，满足方差齐性要求。

（2）单因素方差分析。为了证明三组用户本身并不存在差别，对三组用户的第一阶段数据进行对比分析。对三组用户的日均使用时长、课程主页的平均浏览时长、课程报名率分别进行单因素方差分析，得到的分析结果如表4.3所示。由数据分析结果可知，当三组用户均未接触推荐内容时，他们的用户行为并不存在明显差异。

表 4.3 第一阶段三组用户方差分析结果

差异源		平方和	自由度	平均值平方	F	显著性
日均使用时长/s	组间	71499.839	2	35749.920	1.198	0.302
	组内	44687273.710	1497	29851.218		
	总计	44758773.549	1499			
课程主页的平均浏览时长/s	组间	848.857	2	424.428	0.346	0.708
	组内	1836943.985	1497	1227.083		
	总计	1837792.842	1499			
课程报名率	组间	9.525	2	4.762	2.200	0.111
	组内	3240.196	1497	2.164		
	总计	3249.721	1499			

考虑到用户行为和学习状态有可能会随着时间的推移产生变化，尽管阶段二与阶段一只相差两周，为了实验的严谨性，对无推荐情况下阶段二与阶段一的用户行为差异进行了验证。将对照组用户的两阶段数据进行了单因素方差分析，得到的分析结果如表4.4所示。由数据结果可知，用户的行为并没有随着时间的变化而明显改变，所以可以认为，在无推荐的情况下，用户在阶段二的行为会与阶段一一致。这为下一步的对比实验奠定了基础。

表 4.4 对照组用户两阶段方差分析结果

差异源		平方和	自由度	平均值平方	F	显著性
日均使用时长/s	组间	23344.427	1	23344.427	0.780	0.377
	组内	29862190.437	998	29922.035		
	总计	29885534.865	999			

续表

差异源		平方和	自由度	平均值平方	F	显著性
课程主页的平均浏览时长/s	组间	633.140	1	633.140	0.531	0.467
	组内	1190748.594	998	1193.135		
	总计	1191381.733	999			
课程报名率	组间	4.691	1	4.691	2.178	0.140
	组内	2149.618	998	2.154		
	总计	2154.309	999			

为了验证、对比常规推荐和个性化推荐的效果，利用第二阶段数据，对用户在平台的日均使用时长、课程主页的平均浏览时长、课程报名率进行了单因素方差分析。

日均使用时长统计了用户平均每日使用平台的时间长短，日均使用时间越长，说明用户的活跃性越高。该指标也在一定程度上反映了用户对平台的依赖性，代表了平台的发展潜力，是企业在经营活动中非常重视的指标之一。企业的许多营销活动的目标归根结底便在于"促活"，即促进用户在平台上的活跃度，而每天长时间使用平台便是用户"活跃"的一种体现。通过对三组用户的日均使用时长进行方差分析，得到了表4.5。发现与对照组相比，实验组一、实验组二的日均使用时长没有明显差别，说明常规推荐和个性化推荐均未能延长用户使用学习平台的时间。结合用户的实际使用情况推测，推荐功能未能影响用户使用时长的原因在于，平台提供推荐功能的时间尚短，而用户的使用习惯以及其对于平台的依赖性的形成需要一个较长的过程，因此推荐功能暂未对用户的使用时长产生明显影响。

表4.5 三组用户日均使用时长方差分析结果

差异源		平方和	自由度	平均值平方	F	显著性
日均使用时长/s	组间	92840.922	2	46420.461	1.519	0.219
	组内	45743032.601	1497	30556.468		
	总计	45835873.523	1499			

课程主页展示了课程的具体信息，包括课程的主要内容、大纲、课时安排、

用户评价等信息。用户在课程主页的浏览时间反映了用户对课程的感兴趣程度。从用户发现课程到用户开始学习的过程中，用户的行为路径为：浏览课程列表→进入课程主页，浏览具体内容→报名课程→开始学习。用户从课程列表单击进入课程主页，说明该课程符合用户的基本需求和初步预期。若用户在课程主页中继续认真浏览，一方面说明通过推荐栏目的曝光，课程能够成功吸引用户的注意力和兴趣，同时也说明课程的具体内容符合用户需求和预期，推荐的课程较符合用户喜好。此外，当平台给出的推荐内容符合用户心意时，用户对平台的信任程度也将提高，对平台中其他课程的兴趣也会相应增加，因此用户对平台中其他课程的浏览时间也或将明显增加。对三组用户的课程主页的平均浏览时长进行单因素方差分析，得到的结果如表 4.6 所示。

表 4.6　　　　　三组用户课程主页的平均浏览时长方差分析结果

差异源		平方和	自由度	平均值平方	F	显著性
课程主页的平均浏览时长/s	组间	7514974.164	2	3757487.082	1406.152	0.000
	组内	4000249.518	1497	2672.177		
	总计	11515223.682	1499			

观察数据分析结果，发现三组用户对课程主页的平均浏览时长有明显差异，因此进行了进一步的多重比较分析，以探究三组之间的具体差异，比较三组用户之间的浏览时长。经过分析，得到了如表 4.7 所示的结果。

表 4.7　　　　　三组用户课程主页的平均浏览时长多重比较结果

事后检验法	组别（I）	组别（J）	平均值差值（$I-J$）	标准错误	显著性	95% 置信度	
						下限	上限
Turkey HSD	对照组	实验组一	−88.8773 *	3.2694	0.000	−96.5474	−81.2073
		实验组二	−173.3593 *	3.2694	0.000	−181.0294	−165.6893
	实验组一	实验组二	−84.482 *	3.2694	0.000	−92.1520	−76.8119
LSD	对照组	实验组一	−88.8773 *	3.2694	0.000	−95.2904	−82.4643
		实验组二	−173.3593 *	3.2694	0.000	−179.7723	−166.9463
	实验组一	实验组二	−84.482 *	3.2694	0.000	−90.8950	−78.0690

注：* 表示平均值差值的显著性水平为 0.05。

观察两两比较的结果，其显著性均小于0.05，说明三组之间都存在明显差异。这证明了常规推荐和个性化推荐都使得能够延长用户浏览时间，增大了课程的曝光机会。而对比实验组一与实验组二的浏览时长平均值，发现实验组二的平均浏览时长明显高于实验组一，因此推测，与常规推荐相比，个性化推荐的课程更受到用户的重视，推荐的结果也更符合用户的兴趣和需求。

课程报名率计算了用户报名学习的课程数与用户浏览的总课程数的比例。用户在浏览了课程详细信息后，可以单击"课程报名"进入课程学习页面。因此"课程报名"标志着用户从"旁观者"到"参与者"的身份的转化。转化率越高，说明推荐算法的效果越好，能提高用户的信息检索效率，帮助用户更高效地发现适合的课程，给用户带来更良好的用户体验。同时，更高的转化率也表明用户对于平台所提供的服务的认可度较高，愿意花费时间在平台中学习，有利于培养忠实的用户。通过对实验组一、实验组二和对照组用户的课程报名率进行单因素方差分析，得到了如表4.8所示的分析结果。

表4.8　　　　　　　　　　　三组用户课程报名率方差分析结果

差异源		平方和	自由度	平均值平方	F	显著性
课程报名率	组间	10.323	2	5.162	12595.436	0.000
	组内	0.613	1497	0.000		
	总计	10.937	1499			

由方差分析结果可知，三组用户的课程报名率存在显著差异。因此进行了多重比较分析，对三组用户间的报名率差异进行两两对比，得到的比较结果如表4.9所示。

表4.9　　　　　　　　　　　三组用户课程报名率多重比较结果

事后检验法	组别 (I)	组别 (J)	平均值差值 ($I-J$)	标准错误	显著性	95% 置信度	
						下限	上限
Turkey HSD	对照组	实验组一	−0.0003*	0.0013	0.960	−0.0034	0.0027
		实验组二	−0.1762*	0.0013	0.000	−0.1792	−0.1732
	实验组一	实验组二	−0.1758*	0.0013	0.000	−0.1788	−0.1728

事后检验法	组别（I）	组别（J）	平均值差值（$I-J$）	标准错误	显著性	95% 置信度	
						下限	上限
LSD	对照组	实验组一	− 0.0003 *	0.0013	0.785	− 0.0029	0.0022
		实验组二	− 0.1762 *	0.0013	0.000	− 0.1787	− 0.1736
	实验组一	实验组二	− 0.1758 *	0.0013	0.000	− 0.1783	− 0.1733

注：* 表示平均值差值的显著性水平为 0.05。

分析多重比较的结果，与对照组相比，实验组一的报名率并没有显著差异。而实验组二的报名率与对照组和实验组一相比较有明显差异，且要显著大于这两组的课程报名率。这说明常规推荐的课程对用户是否报名课程没有明显的影响，而与之相对的是，个性化推荐的课程可以显著提高用户的课程报名率。因此有理由认为，通过个性化推荐，用户可以更高效地发现感兴趣的课程，拥有更良好的在线学习体验。

与企业合作进行了算法的商业实践，收集到了真实数据并对推荐算法的效果进行了验证。实验收集了三组用户的两个阶段的行为数据，分别是无推荐组、常规推荐组和个性化推荐组。通过对阶段一中的三组用户数据进行对比分析，证明了三组用户之间不存在差异。而通过对对照组用户的两个阶段数据进行对比分析，亦证明了在无推荐的情况下，用户行为在两个阶段中没有发生改变。之后通过对用户的日均使用时长、课程主页的平均浏览时长、课程报名率分别进行方差分析，得到了以下三个结果：（1）常规推荐和个性化推荐对用户的日均使用时长在短时间内并没有明显影响；（2）常规推荐和个性化推荐均能显著提高用户在课程主页的浏览时间，且个性化推荐组的用户的浏览时长要高于常规推荐组的浏览时长；（3）常规推荐对用户的课程报名率没有显著影响，而个性化推荐能够明显提高用户的课程报名率。

综合分析这三个实验结论，研究认为，常规推荐和个性化推荐这两种推荐方法都能够成功吸引用户的兴趣，提高待推荐课程的曝光度。但推荐的课程是否能产生明显的宣传效果和学习效果，则要通过主页浏览时长和课程报名转化率来衡量。若在线学习平台想要持续发展，提高用户的报名转化率是重中之重，但转化率的高低实则是建立在课程内容是否适合用户的基础上。为了达成这个目标，提高课程曝光度、吸引用户注意力只是第一步，发现用户的兴趣点并提供最适合的课程才是关键。

通过本次算法的企业实践，不难发现个性化推荐算法的运用的确能够帮助用户降低检索成本、更高效地发现合适的资源，进而能够帮助企业提升用户体验，提高用户的认可度，培养忠实用户。因此个性化推荐算法的实现对企业运营成绩的提升具有不可忽视的促进作用，它将给在线学习带来长足的增长动力，是一个新的业务增长点。现阶段，线上音乐、在线购物等领域均已引入了推荐技术并逐渐发展成熟，享受到了推荐算法技术进步的红利。但在线学习领域中，企业对个性化推荐算法的运用仍旧较为欠缺，对推荐算法的成效心存疑虑。在此背景下，若企业能够率先引入个性化推荐技术并将其与自身业务结合，提供成熟的推荐服务，则将在个性化学习体验的竞争中占到先机，进一步强化自身的核心竞争力。

4.3.6 讨论

伴随着国家对电子商务和"互联网＋"的大力提倡，互联网相关业务作为这一时代的前沿产物，拥有着得天独厚的发展资源。在这样的大环境下，在线学习平台的发展前景越发光明。而新冠肺炎疫情期间，众多高校对线上教育的尝试则进一步促进了这一领域的蓬勃发展。越来越多的教育企业意识到了线上学习业务的商业价值和发展潜力，将这一业务纳入扩张蓝图中。

随着新用户的激增，用户需求的多样性越发突出。为了满足用户需求，提供更好的使用体验，丰富的学习资源如雨后春笋般在平台中涌现。但这些各有特色的学习资源让学习者应接不暇的同时却也疲于选择。数量众多的用户和庞杂繁复的资源反而隐隐拖累了平台的发展。因此，如何根据用户特点推荐适合他们的学习资源，成为制约线上学习平台业务发展的技术瓶颈之一。

目前，在线学习推荐的相关学术研究已经取得了一定的成果，但仍存在较大的进步空间，尤其是在学术研究与企业实践相结合的这一层面上。有许多优秀的推荐算法因为实现成本较高等原因，并不符合企业的实际需求，因而对企业而言应用价值较低。此外企业在多年的运营中摸索积累出了宝贵的实践经验，对用户需求、用户偏好、推荐功能的使用习惯等拥有更清晰的认知，这些经验非常值得我们学习借鉴。因此，本书旨在结合企业实践经验，提出一种改进的基于混合技术的推荐算法。

通过综合利用本体论、协同过滤算法、顺序模式挖掘等领域的相关知识，本书提出了一种新的基于混合技术的推荐方法。基于教育学等领域的相关研究成果，建立了全面且具有代表性的学习者本体模型和学习资源本体模型。本书利用本体概念相似度，将协同过滤推荐机制与本体领域知识进行结合，得到了学习者相似度以及学习者的评分预测。利用 PrefixSpan 算法对学习者的历史记录进行序列模式挖掘，结合目标学习者的学习记录结果得到了最终的推荐顺序。

经过真实的在线学习数据的验证，与三种经典的优秀算法进行对比，本算法拥有较低的平均绝对误差、较优的算法性能。在实验部分，融合了知识管理领域的相关知识与企业实践积累的宝贵经验，引入了多个算法测试指标，进行了多方面的算法性能测试。其中，特别引入了推荐排序分指标。根据企业实践经验，用户往往会对排列靠前的推荐资源给予更多的关注和期待。这一指标在企业的算法改进中较为重要，但在学术研究中尚未引起足够重视。此外，经过企业实践，亦证明了与没有推荐以及常规推荐相比，本推荐算法能够显著提高用户的课程主页的平均浏览时长和课程报名率，说明个性化推荐在课程资源曝光和用户的高效检索等方面具有非常明显的促进作用。

利用本体领域知识，本算法有效解决了常规推荐算法中的冷启动和评级稀疏问题，也再次证明了在线学习推荐领域中，利用本体进行知识表示的优势，亦体现了基于混合技术进行推荐的优势。此外，在算法设计中，多次借鉴了来源于企业的实践经验，如在本体建模时对属性的甄别选择、在预测评分时考虑用户对不同资源的评分倾向、在考核算法性能时重视资源的排序等。这些经验不仅可以帮助我们精简算法、提高效率，也使得算法更符合实际需求，在实践中更容易达到预期效果。这也再一次证明了产研结合的重要性。

但本书依旧存在一些不足之处。在计算本体相似度时，并未考虑不同特征的重要程度差异，例如学习风格特征和知识水平特征对学习者喜好的影响程度或不相同，或许学习风格对学习者的喜好有着更强烈的影响。因此该项研究仍需要结合更多的实践经验，通过真实数据来探究各属性对学习者喜好的影响程度。根据实际影响，在计算本体相似度时给各属性赋予不同的权重，才能更真实地反映学习情境。在协同过滤算法部分，最终的相似学习者的确定是通过评分相似性得到的。但当学习者数量众多时，仅使用评分相似性指标可能会带来排名并列的情况，影响最终选择的准确性。在协同过滤算法中，相似学习者的判定对推荐效果有着重要影响，因此，增加筛选指标有利于进一步保证推荐结果的准确性。

除上述问题之外，未来的研究也将继续加强对企业实践经验的学习运用，从而改进得到更加贴合企业和用户实际需求的推荐算法。例如许多企业在实践中发现，由于"幸存者偏差"等实际问题，评分并不能充分反映学习者的真实想法，而学习时长、暂停次数等隐性数据更能反馈学习者的真实学习状态。目前，很多在线学习平台会对一些关键"坑位"进行埋点，方便获取隐性数据，以便统计运营现状，预测用户行为。若在推荐算法中合理运用这些隐性数据，不仅能够帮助推荐算法更准确地判定资源与用户的适配性，同时也能帮助建立更真实全面的用户模型，保证推荐结果的准确性。

4.4 页面设置的影响分析

4.4.1 假设提出与模型构建

1. 课程类别

纯科学和应用科学有很大的区别。纯科学拥有可以帮助我们认识世界的理论角色，而应用科学则是根据其可以用来处理社会中实际问题的工具角色来分类的（Roll－Hansen，2017；Yaghmaie，2017）。参与者的动机在受试者之间有很大的不同。对人文和社科相关的课程更感兴趣的人将参与在线课程视为目标，而那些参加 STEM 课程的人更有可能只是为了获得学分或考试，并会在未来的学习或职业发展中获得有用的知识。随着当今社会对 STEM 技能越发重视，学习纯科学更有可能被认为对职业发展用处不大（Williams et al.，2018）。

因此，它们之间有巨大的差异。不同的课程类型可能需要不同的课程相关信息，如课程描述、团队教学等。

2. 课程描述

课程描述介绍了课程的基本信息，类似于一个平面广告，可以吸引用户参与该课程。内容的生动性是一种非常有效的吸引人的方式，也是许多研究者关注的问题。

尼斯贝特和罗斯（Nisbett & Ross，1980）将生动性定义为"情感上有趣的、具体的、发人深省的，并且在感官、时间或空间上接近的"。福廷和多拉基亚（Fortin & Dholakia，2005）发现，通过颜色、图形和动画增强信息的生动性比同等级别的交互性更有可能产生有益的效果。对于功能性产品的信息广告，生动的广告内容强烈影响视觉形象生动度高的个人，因为生动的广告比苍白的广告产生明显更有利的品牌态度（Fennis et al.，2012）。

因此，可以推断，生动的课程描述会很有吸引力。此外，应用科学可能更有吸引力。因此提出以下假设。

H1a 生动的课程描述会比不生动的课程描述更受欢迎。

H1b 应用科学将调节这种关系。

3. 单人教学与团队教学

在高等教育中，团队教学可以促进学生的学习，原因有三：（1）学生可以获得多元视角；（2）教师可以促进交流，从而提高学生的参与度；（3）教师可以提升对学生表现的评价或者反馈（Anderson & Speck，1998）。

哈格吉和阿卜杜拉希（Haghighi & Abdollahi，2014）对团队教学的有效性进行了研究，证明了团队教学和站内教学策略对伊朗学生的提升比只有一名教师授课更有效。卡利斯（Carless，2006）发现学生对团队教学的反应很大程度上是积极的，表现在生动有趣的课程上。以团队为基础的教学方法不仅可以允许综合活动的创建、应用和评估，还可以允许改进第二活动的机会（Caldas et al.，2020）。

因此，可以从这些研究中得出结论，学生可以通过团队教学课程学到比仅由一名教师提供的课程更多的东西。此外，教授应用科学课程的团队也可能会更受欢迎。因此提出以下假设。

H2a 由一个团队教授的课程将比由一个老师教授的课程有更高的参与度。

H2b 课程类别会调节这种关系。

4. 大学声望

当今的高等教育机构在全球化和新自由主义经济环境的推动下，在高度竞争的环境中运作，且公立大学正面临日益增长的全球竞争力（Bagley & Portnoi，2014）。这些组织正试图通过招募最优秀的学生、建立最牢固的商业关系和吸引校友的方式获得私人和公共财政援助（Miotto et al.，2020）。

然而，在参与或体验之前很难评估教育质量，声誉是质量的重要指标，可以指导学生选择和评估一所大学的好坏（Suomi et al.，2014）。大学的形象对其声誉有积极而重大的影响。它有利于提高大学的竞争地位，具有积极的形象和良好的声誉，这可以作为一个质量指标（Miotto et al.，2020）。如果机构希望在如此高度竞争的教育环境中拥有吸引和留住学生的良好能力，大学声誉对机构至关重要（Plewa et al.，2016）。

李和胡（Li & Hu，2019）发现，如果借款人毕业于 211 工程或一流大学，他们更有可能获得所需的贷款金额，并在融资期结束时获得更高的上市资金率。换而言之，大学的声誉与上市融资的可能性和比例正相关。此外，贷款人更愿意借钱给那些获得 211 工程大学授予学士学位的借款人。

随着全球对开放在线教育（Open Online Education，OOE）的关注，高等教育机构不得不重新考虑向公众提供教育的方式。OOE 面临许多挑战和机遇，机构声誉就是其中之一（Schophuizen et al.，2018）。感知的声誉、开放性、有用性、乐趣和满意度是持续使用 MOOCs 的预测因素（Alraimi et al.，2015）。

此外，声誉高的大学提供的课程将更受 MOOC 用户的欢迎。此外，国家高级课程认证是高质量的标志。此外，这些组织教授的应用科学将吸引更多的人。因此提出以下假设。

H3a 高声誉大学开设的课程会比低声誉大学有更高的参与度。

H3b 课程类别会调节这种关系。

5. 国家精品课程

在中国，教育部确定了 2017 年第一批国家精品课程（NSC），从 3000 多门课程中选择了 490 门课程。国家精品课程（National Superior Courses，NSC）由教育部认证，如果大学不在五年内完善、改进和更新课程，NSC 的称号将被取消。因此，国家精品课程是可靠性的标志。

如果信息的来源足够可靠和可信，他们将有更强的意愿投入时间和精力来了解信息（Sussman & Siegal，2003）。如果信息来自可以相信的地方，接收者将认为该信息是可信的（Chaiken，1980）。伊斯马吉洛娃等（Ismagilova et al.，2020）发现，来源可信度可以显著影响消费者行为，如购买意愿。此外，在线论坛上的信息过滤决策也受到环境可信度的影响，包括专家验证和社区验证，即使在有经验的知识寻求者中也是如此（Meservy et al.，2019）。可以推断，由于 NSC 的可靠性，它将吸引更多的参与者。如果这是一门应用科学课程，它将比那些没有应用科学的课程更受欢迎。因此提出以下假设。

H4a 有国家精品认证的课程页面会比没有的有更高的参与度。

H4b 课程类别会调节这种关系。

6. 视频简介

在 MOOCs 的课程页面，有图片或视频介绍。它更像是网络广告，可以是照片或视频。人脑对变化比对稳定状态更敏感（Gibson，2014）。李和李（Lee & Lee，2012）发现，人们观看网络视频广告有五个动机：社会互动、获得放松、获得信息、逃避现实和时间、娱乐。

其中，信息动机象征着对视频广告中有价值、可免费获取的信息的需求。在 MOOC 中，用户可以在上课前观看视频，但无法通过图片获取更多信息（Svobodova et al.，2018）。刘和陈（Liu & Chen，2019）发现人们相信他们可以通过观看视频内容获得免费内容。

因此，视频介绍会引起更多的关注，并导致更高的知名度。此外，应用科学课程将有比纯科学更多的视频参与者。因此提出以下假设。

H5a　有视频介绍的课程页面有更高的参与度。

H5b　课程类别将调节这种关系。

7. 开课次数

就像出版图书一样，课程开课次数是指课程开放给学生参与的次数。在中国，课程在平台上发布后，会在特定的时间开放给学生参与，可能是 3 个月，也就是课程需要完成的时间段。然后，课程将被关闭，没有参加的学生在课程重新开放之前不能参加课程。而且课程的次数并不是取决于课程的参与度，一段时间后，就会对学生重新开放。因此，理论上，课程对学生开放的次数越多，参与度越高。因此提出以下假设。

H6　课程时间将对参与产生重大影响。

8. 课程评分

有许多研究与评论评级和数量有关。不同的学者持有不同的观点。许多人认为负面评价会更有用，较低的评级会产生更显著的影响。研究发现，一星评论的效果大于五星评论（Chevalier & Mayzlin，2006），如果评论的身份被披露，负面评论被认为比正面评论更可信（Kusumasondjaja et al.，2012）。极负面的评价更有可能被消费者认为是有帮助的（Filieri et al.，2018）。对于酒店等有经验的商品而言，与极端评级相比，中等评级没有那么有用（Filieri et al.，2019）。然而，一些学者发现，与消极或温和的评论相比，积极的评论更有帮助（Liu & Park，2015）。

虽然有些人认为适度的评论和评级比极端的更有用。当所有的评级都是高或低时，适度的评级将是有帮助的（Yin D et al.，2016）。如果其他评论差异很大，突出一个不那么极端和积极的评论将比一个极端的评论更有效（Yi et al.，2019）。如果一篇评论具有较低的评论分数和中等长度的中性语境框架，它将被认为更有用（Eslami et al.，2018）。因此提出以下假设。

H7 用户评分对参与度会有很大影响。

4.4.2 方法与数据来源

选择中国大学 MOOCs 作为研究背景。MOOCs 是网易和高等教育出版社联合推出的在线教育平台。2014 年正式上线，承担教育部国家精品开放课程任务，向公众提供中国知名大学 MOOCs 课程。

想在 MOOCs 平台上学习一门课程的人应该首先决定是否参加这门课程。只有当他们单击"参与"按钮以便参与课程时，他们才能持续观看课程视频和阅读课程学习材料。人们所能参考的信息都是在课程网页上提供的信息，他们应该根据课程网页上的信息作出参与决定。

本书收集了截至 2020 年 3 月中国高校 713 个 MOOCs 课程网页。收集的信息包括参与者数量、课程描述、课程主题、教学模式、大学、显示类型介绍（图片或视频）以及是否是国家精品课程。

图 4.14 是网站上一个 MOOC 的示例。在课程页面的上半部分，视频图片显示在左侧，而课程相关信息在右侧，包括课程名称、NSC 标题（如果有）和参与人数。在页面的底部，左边有课程描述、右边有大学的名称和教师人数。学生不能浏览课程材料和内容，除非单击标有"立即参加"的按钮。

变量来自以下课程主页。

（1）因变量是课程受欢迎程度，即参与人数。数字越大，人气越高。

本章有四个关键的自变量，都是虚拟变量。

（2）课程描述：生动的描述就像一个有吸引力的广告，它可能会导致更高的知名度。

（3）团队教学：在我们的数据中，713 门课程中有 336 门是由多名教师组成的团队教授的。

（4）大学声誉：985 工程是中国政府实施的一项教育计划，旨在建设一批世界一流大学和一批国际知名的高水平研究型大学，包括 39 所顶尖大学。

985 工程于 1999 年正式启动，首先在北京大学和清华大学实施。之后，教育部 2011 年表示，985 工程不再有大学，985 工程大学将于 2017 年 9 月正式纳入

"双一流"世界一流大学和一流学科建设计划。因此，认为 985 工程大学声誉高，其他大学声誉低。

（5）NSC 标题：是一个虚拟变量，需要得到国家认可。

（6）视频介绍：在课程首页，有图片或视频展示。因此，它是一个虚拟变量。

图 4.14　MOOC 课程页面的截图

资料来源：https：//www.icourse163.org/course/BIT－268001？outVendor＝zw＿mooc＿pcsybzkcph＿&outVendor＝zw_mooc_pcsybzkcph_。

收集了 4 个科目的课程：物理、历史、计算机科学和教育教学。根据贝歇耳（1994）的观点，把物理和历史看作纯粹的科学，而其余的都是应用科学。变量的具体信息如表 4.10 所示。

表 4.10　　　　　　　　　　　　变量及定义

变量名称		缩写	定义
因变量	课程热度	POP	课程参与总人数
自变量	课程描述	CD	哑变量 1：生动课程描述；0：非生动课程描述
	团队教学	TT	哑变量 1：团队教学（人数>1）；0：单人教学

变量名称		缩写	定义
自变量	大学声誉	*UR*	哑变量1：985/211高校；0：普通大学
	国家精品	*NSC*	哑变量1：国家精品课程；0：一般课程
	视频简介	*VI*	哑变量1：视频简介；0：图片
	开课次数	*NOC*	开课次数
	评分	*RATING*	课程评分
调节变量	课程类别	*CA*	哑变量1：科学工程类；0：人文艺术类
控制变量	评论数量	*VOLUME*	课程评论总数量

4.4.3 基本统计分析

表4.11显示了数据的描述性统计。一门MOOC课程的参与者平均为8590人，总人数可以达到485591人，这是一个非常大的群体。此外，它的标准差达到23929，这表明课程受欢迎程度波动很大。生动的课程描述比例约为15.6%，意味着大多数课程描述缺乏吸引人的表达方式。应用科学课程的份额占样本数据的72.7%。因此，实用的课程更多。线上和线下教育的区别是：一半以上的课程是由一个团队而不是一个老师教授的。样本的大学声誉平均值为0.536，表明有一半的课程是由985或者211工程大学构建的。此外，只有23.6%的课程拥有国家精品课程的头衔，超过83%的课程在其课程主页上有视频介绍。

表4.11 变量的描述性统计

统计量	*POP*	*CD*	*CA*	*TT*	*UR*	*NSC*	*VI*
Max	485591	1	1	1	1	1	1
Min	21	0	0	0	0	0	0
Mean	8590	0.156	0.727	0.631	0.536	0.236	0.839
Median	3812	0	1	1	1	0	1
SD	23929	0.363	0.446	0.483	0.499	0.425	0.368
N	713	713	713	713	713	713	713

然后进行了相关性分析。从表4.12可以看出，课程描述的生动性与课程的

受欢迎程度呈正相关，可以初步支持 H1a。应用科学也显示出与支持 H1b 的受欢迎程度正相关。大学声誉与参与者的数量有很大关系，可以支持 H2b。NSC 的称号可以带来更高的人气。然而，课程是否由团队教授对受欢迎程度没有显著影响。视频介绍也没有显示任何效果。

表 4.12 　　　　　　　　　　变量的相关性分析

变量	POP	CD	CA	TT	UR	NSC	VI
POP	—						
CD	0.1643*	—					
AS	0.1115*	0.1159*	—				
TT	0.0310	-0.0486	0.0592	—			
UR	0.1100*	-0.0424	-0.1674*	-0.0647	—		
NSC	0.1595*	0.0259	0.0663	-0.0139	0.2186*	—	
VI	-0.0238	0.0726	-0.00390	0.0441	-0.1559*	-0.0620	—

注：$*p<0.05$，$**p<0.01$，$***p<0.001$。

此外，课程描述与应用科学之间存在正相关关系。这表明应用科学课程比纯科学具有更生动的课程描述，这可能是由学科特点造成的。纯科学旨在教会我们理解世界，应用科学帮助我们解决更贴近生活的实际问题。此外，应用科学与大学声誉之间存在显著的负相关关系。这可能是因为有许多应用科学课程不是来自985 工程大学。国家精品课程的头衔和大学声誉有很大关系。这种表象可能是由985 工程大学的优质课程比其他大学多这一事实所诱发的。

4.4.4 假设检验

为了进一步检验假设，运行 OLS 回归来讨论。由于因变量的波动性很大，对因变量进行了标准化：MOOCs 的参与者数量。研究模型为

$$\log POP = \beta_0 + \beta_1 CD + \beta_2 TT + \beta_3 UR + \beta_4 NSC + \beta_5 VI + \beta_6 CA + \beta_7 NOC$$
$$+ \beta_8 NOC_2 + \beta_9 RATING + \beta_{10} RATING_2 + \beta_{11}\log VOLUME + \varepsilon \quad （模型1）$$

$$\log POP = \beta_0 + \beta_1 CD + \beta_2 TT + \beta_3 UR + \beta_4 NSC + \beta_5 VI + \beta_6 CA + \beta_7 NOC$$
$$+ \beta_8 NOC_2 + \beta_9 RATING + \beta_{10} RATING_2 + \beta_{11}\log VOLUME$$
$$+ \beta_{12} CA * CD + \varepsilon \quad （模型2）$$

$$logPOP = \beta_0 + \beta_1 CD + \beta_2 TT + \beta_3 UR + \beta_4 NSC + \beta_5 VI + \beta_6 CA + \beta_7 NOC$$
$$+ \beta_8 NOC_2 + \beta_9 RATING + \beta_{10} RATING_2 + \beta_{11} logVOLUME$$
$$+ \beta_{13} CA * TT + \varepsilon \qquad （模型3）$$

$$logPOP = \beta_0 + \beta_1 CD + \beta_2 TT + \beta_3 UR + \beta_4 NSC + \beta_5 VI + \beta_6 CA + \beta_7 NOC$$
$$+ \beta_8 NOC_2 + \beta_9 RATING + \beta_{10} RATING_2 + \beta_{11} logVOLUME$$
$$+ \beta_{14} CA * UR + \varepsilon \qquad （模型4）$$

$$logPOP = \beta_0 + \beta_1 CD + \beta_2 TT + \beta_3 UR + \beta_4 NSC + \beta_5 VI + \beta_6 CA + \beta_7 NOC$$
$$+ \beta_8 NOC_2 + \beta_9 RATING + \beta_{10} RATING_2 + \beta_{11} logVOLUME$$
$$+ \beta_{15} CA * NSC + \varepsilon \qquad （模型5）$$

$$logPOP = \beta_0 + \beta_1 CD + \beta_2 TT + \beta_3 UR + \beta_4 NSC + \beta_5 VI + \beta_6 CA + \beta_7 NOC$$
$$+ \beta_8 NOC_2 + \beta_9 RATING + \beta_{10} RATING_2 + \beta_{11} logVOLUME$$
$$+ \beta_{16} CA * VI + \varepsilon \qquad （模型6）$$

4.4.5 回归分析结果

表4.13给出了回归结果。从结果中可以得到一些相当有趣的发现。

（1）团队教学、大学声誉和 NSC 的显著影响。团队教学（TT）、大学声誉（UR）和 NSC 头衔（NSC）都对一门课程的受欢迎程度有积极影响。团队教学、大学声誉和 NSC 系数对回归有显著影响。因此，支持 H2a、H3a、H4a。

（2）课程模式、视频介绍的影响不大。结果显示，课程描述和视频介绍的影响效果不显著。

（3）开课次数的 U 型效应和评分的倒 U 型效应。课程时间的 U 型效应（NOC）和倒 U 型评分（$RATING$）。$NOC（\beta = -0.309，p < 0.001）$，$NOC_2（\beta = 0.0109，p < 0.001）$，$RATING（\beta = 10.79，p < 0.001）$，$RATING_2（\beta = -1.282，p < 0.001）$ 的系数对回归具有显著性。NOC 的系数小于 0，NOC_2 的系数大于 0，代表 U 型效应。$RATING$ 的系数大于 0，$RATING_2$ 的系数小于 0，代表倒 U 型效应。

（4）课程类别的适调节效应。课程描述的效应不显著，但课程类别对课程描述与参与关系的适度效应显著，即交互效应系数（$CA \cdot CD$）显著。适度的效果也显示在图4.15中。然而，课程类别对团队教学、大学声誉、NSC 头衔、视频介绍和参与之间的关系的适度影响并不显著。

表 4. 13 回归结果

变量	模型 1	模型 2	模型 3	模型 4	模型 5	模型 6
CD	0. 108 (0. 0940)	− 0. 0948 (0. 123)	0. 111 (0. 0942)	0. 107 (0. 0943)	0. 107 (0. 0941)	0. 107 (0. 0940)
TT	0. 210 ** (0. 0699)	0. 200 ** (0. 0698)	0. 240 * (0. 0957)	0. 209 ** (0. 0700)	0. 209 ** (0. 0700)	0. 180 * (0. 0828)
UR	0. 400 *** (0. 0724)	0. 389 *** (0. 0722)	0. 401 *** (0. 0725)	0. 390 *** (0. 0991)	0. 399 *** (0. 0726)	0. 399 *** (0. 0725)
NSC	0. 934 *** (0. 104)	0. 925 *** (0. 104)	0. 935 *** (0. 104)	0. 934 *** (0. 104)	0. 911 *** (0. 151)	0. 933 *** (0. 104)
VI	0. 0492 (0. 0926)	0. 0567 (0. 0923)	0. 0483 (0. 0927)	0. 0491 (0. 0927)	0. 0485 (0. 0927)	0. 0116 (0. 108)
NOC	− 0. 309 *** (0. 0333)	− 0. 304 *** (0. 0332)	− 0. 308 *** (0. 0333)	− 0. 309 *** (0. 0334)	− 0. 309 *** (0. 0333)	− 0. 308 *** (0. 0333)
NOC_2	0. 0109 *** (0. 00187)	0. 0106 *** (0. 00187)	0. 0109 *** (0. 00188)	0. 0109 *** (0. 00188)	0. 0109 *** (0. 00188)	0. 0109 *** (0. 00187)
$\log VOLUME$	0. 551 *** (0. 0299)	0. 548 *** (0. 0298)	0. 550 *** (0. 0300)	0. 552 *** (0. 0300)	0. 552 *** (0. 0300)	0. 553 *** (0. 0300)
$RATING$	10. 79 *** (2. 884)	10. 58 *** (2. 874)	10. 81 *** (2. 886)	10. 82 *** (2. 893)	10. 82 *** (2. 889)	10. 61 *** (2. 898)
$RATING_2$	− 1. 282 *** (0. 325)	− 1. 259 *** (0. 324)	− 1. 284 *** (0. 325)	− 1. 285 *** (0. 326)	− 1. 285 *** (0. 326)	− 1. 262 *** (0. 327)
CA	0. 438 *** (0. 0776)	0. 372 *** (0. 0815)	0. 478 *** (0. 116)	0. 428 *** (0. 106)	0. 431 *** (0. 0842)	0. 391 *** (0. 105)
$CA * CD$		0. 480 * (0. 189)				
$CA * TT$			− 0. 0642 (0. 139)			
$CA * UR$				0. 0198 (0. 141)		

续表

变量	模型 1	模型 2	模型 3	模型 4	模型 5	模型 6
$CA*NSC$					0.0355 (0.165)	
$CA*VI$						0.0841 (0.126)
_cons	-16.26* (6.380)	-15.71* (6.357)	-16.31* (6.385)	-16.32* (6.397)	-16.32* (6.390)	-15.82* (6.417)
N	671	671	671	671	671	671
R^2	0.447	0.453	0.447	0.447	0.447	0.448
adj. R^2	0.438	0.443	0.437	0.437	0.437	0.437

注：括号中的值为标准误。 $*p<0.05$ ， $**p<0.01$ ， $***p<0.001$ 。

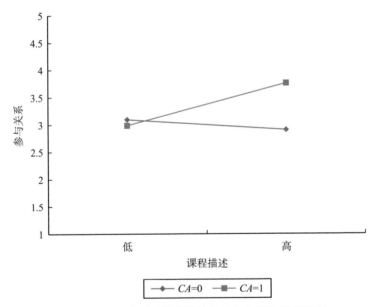

图 4.15 课程类别对课程描述与参与关系的调节效应

4.4.6 讨论

从结果可以看出，NSC 头衔相当重要，比大学声誉更重要，大学声誉比团队教学更重要，这意味着 NSC 头衔被学生广泛接受。从某种程度上来说，NSC 的称号是对课程的一种荣誉，有这个称号的课程会给学生一种课程是国家级优秀课程的印象。类似的哲学是带有大学声誉的成分，人们总是认为大学越有名，提供的课程就越好。对于团队教学，研究结果与先前的研究一致，证实了团队教学对学生反应的积极影响。学生对团队教学表现出更多的信任，更倾向于参与团队教学的过程。因此，可以推断学生更重视课程页面上代表课程质量的元素。人们对课程了解不多，只能通过课程页面提供的有限信息来评价课程。对于 MOOC 平台上这么多的课程，学生们显然更倾向于选择看似质量保证较高的课程。

由此不难理解，课程描述和视频介绍的效果并不显著。可以做一个比喻，NSC 的头衔和大学声誉更像酒店的高星级，团队教学就像员工多的企业，与人们认为员工多的企业会更强大是一致的，学生认为团队教学的课程会更强化。这些元素会给学生带来深刻的第一印象，吸引他们的大部分注意力。因此，课程描述和视频介绍对学生的影响不大，对参与没有意义。

课程时间和用户评分的影响相当有趣。从结果可以看出，课程次数有一个 U 型效应，也就是说有一个某个点，当课程时间的数量低于这个点值时，课程时间会对参与度产生负面影响，而当课程时间的数量高于这个点值时，课程时间会对参与度产生正面影响。可能是因为当课程在 MOOC 平台上发布的时候，就像一个新产品发布到市场上，用户不熟悉，只是观望。一段时间后会带来累积效应，用户会更愿意尝试和参与。对于用户评分的效果，呈现出倒 U 型的效果，也就是说相对于高分和低分，中分对用户的影响更大，这与成毅（2019）的观点是一致的。根据描述性分析的结果，用户评分的均值为 4.7，最低评分为 3.4，满分为 5 分，当然 4.7 的均值太高了，毫无疑问用户会对高评分习以为常。因此，高分评级不会对参与产生影响。然而，当看到 4.2 这样的中等分数时，他们会对这门课更加好奇。因此，中等分数对参与度的影响更大。

另一个相当有趣的结果是课程类别的调节效应。对国家精品课程、大学声誉、团队教学、视频介绍之间的关系没有调节效应。也就是说，这些关系不因课程类别而加强或削弱，这意味着无论课程属于文科还是属于理工科，人们都强调国家精品课程、大学声誉、团队教学的重要性。而同样的，不管课程类别是什么，人们都不在乎视频介绍，也就是说视频介绍对参与始终没有影响。然而，课程类别对课程描述和参与的关系有显著的调节作用。由图 4.16 可以看出，课程描述对艺术类课程的参与度没有显著影响，但课程描述对理工科课程的参与度有显著影响，这是非常令人着迷的。这意味着人们确实关注理工科课程的课程描述，理工科课程的课程描述越生动，人们受到的影响就越大；而人们似乎对艺术的课程描述并不关心。我们原本以为课程描述会对艺术组的课程参与有显著影响，因为艺术类的课程总是比理工类的课程更感性。但结果与假设相反。可能是因为学艺术课程的人总是更擅长操作单词和句子，导致他们对文本和单词更不敏感；相反，学理工科课程的人总是处在公式和方程这样的力学环境中，更容易被描述的文字和表达所打动和触动。

该研究结果为 MOOC 的研究作出了一些贡献。首先，这是一项探索课程网页元素如何影响 MOOC 环境中课程参与的基础机制的先锋研究。以往对 MOOC 领域的研究主要集中在 MOOC 的采用、MOOC 的延续、MOOC 的学习表现，或者 MOOC 学习过程中的学生行为，对学生课程参与的研究相当有限，但这也是 MOOC 蓬勃发展时代的一个相当重要的问题。因此，讨论了一个在 MOOC 文献中未被充分探索的现象。其次，本研究成功地说明了课程页面上所有元素的影响，这在以前的研究中没有得到解释。我们对国家精品课程称号、大学声誉和团队教学的显著效果进行了降序验证，并确认了无关紧要的课程描述和视频介绍。还论证了课程次数的复杂 U 型效应、用户评分的逆 U 型效应和课程类别的适度效应。这些发现引起了人们对网络元素的关注。最后，通过使用从课程页面收集的所有信息，对基于调查数据的先前文献作出了贡献，通过这些信息，分析可以更加客观。

本书为 MOOC 教师和 MOOC 平台提供了若干实践启示。学校和教师有必要投入更多的时间和精力来获得国家科学委员会的称号，提高学校的声誉。至于 NSC 的标题相当有限，大学声誉更是难上加难，超出了老师的能力范围，MOOC 平台设计者可以考虑网页上展示的一些其他类似 NSC 的标题。这也提醒 MOOC 设计者在页面上加入更多的元素，让学生获得更多的课程信息，更好地设计更多的元素来体现课程质量。

MOOC 环境下的课程参与是一个研究不足的领域，本章通过分析和验证网页元素的影响对其进行了初步研究。像所有类型的研究一样，有局限性，并为未来的研究提供了机会。本书只分析用户评分，不分析用户评论，因为用户评分多少代表了用户评论。此外，由于中国大学 MOOC 中网页的颜色、布局等视觉元素是固定的，我们不分析这些元素的影响。在未来的研究中，可以更详细地研究用户评论的内容等因素的影响。不同的视觉效果和布局效果也可以通过像眼睛跟踪实验这样的实验来研究。本书对前人的理论研究和实际管理都有一定的贡献。我们希望这项研究将进一步促进实证和分析研究，并希望更多的相关应用被付诸实践。

4.5　页面排名的影响分析

随着信息技术的飞速发展与广泛运用，生活和工作的方方面面都深受互联网的影响，时时处处都能感受到网络带来的各种便利。信息技术与教育领域的深度融合，也带来了学习观念、学习方法和学习模式的巨大转变，催生出 MOOC 这一新的教学模式。

自 2013 年以来，伴随"互联网＋教育"和 MOOC 的浪潮，我国也开始积极探索并启动了一系列关于开放教育在线资源的建设项目。2013 年教育部启动了"国家精品资源共享课"建设，关注推动国家精品课程转型升级，提升功能以提供更好的教学体验。2014 年，网易与高教社携手推出中国大学 MOOC，通过完整的在线教学模式来支持高等学校在线开放课程建设，实现学生、社会学习者的个性化学习。截至 2022 年 4 月，中国大学 MOOC 网站上显示已有 800 所合作院校。根据教育部官网上报道，我国上线慕课数量超过 5.2 万门，学习人数达 8 亿人次，在校生获得慕课学分人数 3.3 亿人次，慕课数量与学习规模位居世界第一。

MOOC 教学模式对我国的教育行业产生了深刻的影响，也为我国应对新冠肺炎疫情带来的负面影响作出了很大的贡献（徐晓飞等，2020）。我国也高度重视 MOOC 的发展，党的十九大报告中也将在线教育的发展提高到国家战略层面。而在 MOOC 的发展过程中，应用是关键，不光要加强课程建设，还要将其落实用好，从而利用 MOOC 资源更好地服务于学习者。随着技术的发展和《教育信息化 2.0 行动计划》的加快实施，MOOC 平台的建设逐渐完善、课程资源供给量逐年增加。然而，面对大量的学习资源，学习者势必会面临着信息过载的局面，继而不得不花费时间去进行课程的筛选来决定参与的课程。大量的信息会使得学习者变得迷茫和无所适从，而推荐系统作为一种促进决策的有效工具越来越受到重视（胡新明，2012）。豪伯尔和特里夫特（Häubl & Trifts，2000）认为推荐系统能在一定程度上帮助人们解决互联网信息过载的问题，改善他们的决策。具体来说，某一网站发出的各类广告邮件、广告短信、网站中的主动推荐页面、相关商品推荐、排行榜、特价商品、推荐星级、评价用户评论等都是由推荐系统提供的。目前 MOOC 平台的推荐方式主要是基于内容的推荐，包括编辑推荐、不同领域的课程推荐、排行榜推荐等形式（黄冉，2019）。

那么，推荐在 MOOC 领域的应用是否能够影响学习者选择课程？而这种影响又受到什么因素的调节呢？这是研究重点关注的两个问题。

目前，学术界对推荐代理的研究主要聚焦在推荐结果的形成过程，包括推荐算法的改善、推荐系统的性能评价和推荐技术在各领域的应用，从用户体验角度研究推荐对用户行为影响的研究非常少，对 MOOC 课程选择参与决策影响的研究几乎没有。因此，本书要针对 MOOC 平台的网络推荐对学习者的课程选择及评价进行研究，能够为其他学者提供数据和研究基础，弥补在这一方面缺乏研究的现状，为其他学者进行更深入的研究提供帮助。

此外，本书也能够为进一步建设 MOOC 平台提供建议，帮助 MOOC 平台为学习者提供更好的服务，让学习者能够更好地进行在线学习。对于 MOOC 平台建设者而言，了解推荐对学习者选择课程的影响机制是十分重要的。通过了解这种机制，MOOC 平台建设者能够更好地进行课程的推荐，帮助学习者更方便地获取优质学习资源。此外，对于推荐类型、推荐层次和课程生命周期调节效应的研究也能够让 MOOC 平台建设者更好地理解什么推荐类型更适合怎样的课程，充分发挥首页推荐的作用。

4.5.1 假设提出与模型构建

当今时代，随着信息量爆炸式地增长，推荐系统的应用越发广泛，极大地影响了消费者在网络上选择和观看的内容。例如，Netflix 大约 75% 的订阅者观看的内容是由推荐系统推荐的（Amatriain & Basilico, 2012）。目前，对于推荐系统的研究主要分为两个方面：一个是推荐系统算法和性能的改善提升；另一个则是其对消费者行为和决策的影响。

在推荐系统的性能方面，推荐系统已被广泛应用于电子商务、社交网络、新闻网站、视频音乐推荐等领域。聚焦于教育领域，推荐系统常被用于书籍推荐、论文推荐、学习资料推荐等方面。有许多学者运用不同的推荐方法构建了书籍推荐系统，包括基于内容的方法、基于协同过滤方法、基于图的混合推荐方法等（Huang et al., 2002；Mooney & Roy, 2000）。此外，米德尔顿等（Middleton et al., 2004）采用基于内容的推荐方法，设计了一种在线学术研究论文的推荐系统 Quickstep，以提高学者查找论文的效率。李等（Lee et al., 2020）采用了类似于 k - Nearest Neighbors（kNN）的惰性学习方法来估计目标用户的偏好，并应用基于协同过滤的推荐方法来构建推荐系统。苏雷夫等（Soulef et al., 2021）利用基于协同过滤和基于内容的混合推荐方法设计了一种学习资料推荐系统 NPR -

EL，以便为学习者提供个性化的学习材料。

在推荐系统的作用方面，根据相关现有研究，推荐系统能够减少消费者的搜索成本，提高消费者关注度，并增加其购买概率（Adomavicius & Tuzhilin, 2011; Ahn et al., 2020; Häubl & Trifts, 2000）。阿多马维齐斯等（Adomavicius et al., 2014）表示，消费者的喜好程度会受到推荐的显著影响。李与霍萨纳格（Lee & Hosanagar, 2019）认为基于购买的协作过滤算法显著提高了在线电影的浏览量和销量。此外，布亚德等（Bouayad et al., 2020）发现基于成本框架和时间压力，推荐系统可以显著降低医疗成本，但是推荐系统的作用也受到一系列因素影响。例如，在电子商务环境中，消费者对推荐系统的接受度会受到感知风险的调节（Spiekermann & Paraschiv, 2002）。此外，购买阶段、销售渠道、产品类型、感知有用性和易用性等也会影响推荐系统的有效性（Huang et al., 2017; Lee D et al., 2020; Lee & Hosanagar, 2019; Luan et al., 2018; Zhang & Bockstedt, 2020）。

MOOC 是通过互联网开放且不受限制的在线课程，由唐斯（Downes, 2008）首次引入。此后，越来越多的世界一流大学与 MOOC 提供商和服务提供商合作提供 MOOC 课程，MOOC 平台如雨后春笋大量出现，如美国的 Coursera、西班牙的 Miriada X、英国的 Future Learn、中国的中国大学 MOOC 等。随着 MOOC 的兴起，对其的研究也开始增加。然而，MOOC 的大多数研究都是针对学生的，通常与学习者的动机、保留和完成以及教学设计有关（Bonk et al., 2018）。例如，李等（Li et al., 2018）认为网络外部性能够极大地影响 MOOC 学习的持久性。戴德奥和拉帕（Dai Teo & Rappa, 2020）提出态度是影响学习者持续学习的主要因素。

通过对相关文献的回顾，可以发现，对推荐系统、MOOC 的研究都很丰富，但是少有对推荐系统和 MOOC 之间联系的研究。鉴于 MOOC 的发展趋势和推荐系统的作用，研究推荐系统如何影响学习者对 MOOC 课程的态度和选择是有意义的。由于评论评级能够作为消费者对产品评价的真实表达，研究认为 MOOC 课程的评论评级可以作为学习者对于课程态度的反映（Wang et al., 2018）。而课程参与人数与产品购买数相似，能够反映学习者选择的趋势。因此，选取课程参与人数、评价评级作为因变量，通过分析所获数据来衡量推荐系统对 MOOC 课程的影响。此外，鉴于推荐系统的作用受到一系列因素影响，选取推荐层次、推荐类型、课程生命周期作为调节变量。

首先，研究首页推荐对课程参与和评价的主要影响。在建立了这种关系之后，接着研究了推荐层次、推荐类型、课程生命周期的调节效应，并提出研究假设。

1. 首页推荐能够提高课程参与

许多心理学文献都认为，人类决策者处理信息的资源都是有限的（Payne et al.，1993）。在线学习的环境中，学习者较少受到课程信息可用性的限制，但他们仍然受到人类信息处理的认知限制。豪伯尔和默里（Häubl & Murray，2003）认为，由于人类大脑的信息处理能力有限，人们倾向于严重依赖推荐系统来减少作出决定所需的工作量。因此，学习者由于受到信息处理的限制，不可能完全了解 MOOC 平台上的课程，那么他们就会倾向于依赖推荐系统来减少搜寻课程的时间。豪伯尔和特里夫特（2000）也提出，消费者倾向于乐意依赖推荐代理向他们提出的产品建议。肖和本巴萨特（Xiao & Benbasat，2007）认为，在消费者的购买决策过程中，推荐算法会影响消费者的功能偏好、商品评价、筛选策略。在零售中，推荐系统也起到很大作用。以往研究表示，推荐系统能够提高在线电影、在线书籍、应用软件等的销售和下载（Carare，2012；Pathak et al.，2010）。李与霍萨纳格（2019）发现，一个产品的推荐链接会导致该产品及其推荐替代品的总销售额增加 11%。研究认为 MOOC 平台的首页推荐能够产生类似的作用，即促进学习者选择被推荐的课程，提高受推荐课程的参与数和评价。因此提出以下假设。

H8 首页推荐能够促进课程参与和评价。

2. 推荐层次的调节作用

注意是人们获得信息的先决条件，并且与其他的心理活动紧密相联。只有进入人们注意范围之内的事物才有可能被感知。有研究发现，消费者注意电视广告集中在前 3 秒，并且得到的信息量最大。此外，陈等（Chen et al.，2014）也表明在同一推荐形式下，推荐强度会正向影响推荐效果。卢瑞和梅森（Lurie & Mason，2007）研究发现，在不同的认知条件下，视觉信息会对产品销量存在影响。此外，邱等（Qiu et al.，2016）认为，由于信息级联效应，更高的用户评级提高了后续用户提供高评级的可能性。此外，基于以上理论，研究认为，学习者受到注意力和信息获取倾向的影响，会更愿意获取推荐中最容易得到的信息，即显示在推荐中更靠前的信息，所以页数靠后的课程信息比起页数靠前的课程信息更难被学习者直接发现。此外，课程排名越高，学习者的倾向度可能越高。因此，推荐对课程参与和评价的作用可能受到影响。因此提出以下假设。

H9 推荐页数对推荐促进课程参与和评价有调节作用，推荐页数越靠前，推荐的促进作用越显著。

3. 推荐类型的调节作用

塞内加和南特尔（Senecal & Nantel，2004）认为推荐信息来源会导致推荐类型差异。肖和本巴萨特（2007）也认为，由于每一种推荐系统都不完全相同，导致对顾客决策的影响有差异。此外，个性化的推荐对消费者网上产品选择比传统的推荐更具影响力。此外，戴和忠（2014）表示，不同推荐类型带来的图书阅读率明显有差异。赵青芳（2018）表示，人们很容易接受已经反映了其他消费者行为的推荐系统。黄和林（Whang & Im，2018）认为消费者对不同推荐系统的信任程度不同，从而导致推荐效果不同。目前，MOOC 平台的推荐形式分为编辑推荐（即网站人工推荐）和排行榜等。基于以上研究，本书认为不同的推荐类型会影响推荐对课程参与和评价的作用。而在排行榜中，热门排行榜和五星评价榜能够反映出其他学习者选择，即排名越高表示越受到其他学习者的喜爱，因此学习者会更信任这两个排行榜推荐，甚至可能引发羊群效应。因此提出以下假设。

H10 推荐类型对推荐促进课程参与和评价有调节作用，并且学习者会更倾向于热门排行榜和五星评价榜推荐。

4. 课程生命周期的调节作用

帕塔克等（Pathak et al.，2010）研究推荐系统对图书销售的影响发现，近因效应能够调节推荐效应，如果被推荐商品较新，那么推荐对图书购买决策的影响会更大，可能的原因是媒体的广泛报道和社论评论，最新的商品会有着较高的曝光和宣传。因此，消费者可能对最近公布的商品比较有感知。但是，产品生命周期可能也会使得推荐在后期的作用更大。马哈詹等（Mahajan et al.，1990）的研究发现，在产品生命周期的早期，进行购买的消费者大多数是"创新者"或者"专家"，而属于"跟随者"或"新手"类型的消费者，则倾向于在更晚的时候购买产品。由于"跟随者"或"新手"消费者缺乏对产品的了解，因此在课程选择时可能会更加依赖于推荐，因此推荐也可能在产品生命周期的晚期影响更大（Alba & Hutchinson，1987）。结合中国大学 MOOC 网站上课程的特性，即在开课前一段时间便上线，但是这时学生无法观看课程，随着开课时间的增长，学生能够观看到以前课程所发布的所有内容。也就是说，在开课早期，学生参与课程后获取的内容并不完善，而在开课后期时，学生参与课程能够获取到该门课程更多的内容。由于这种课程特性，研究认为学习者会倾向于在课程后期选择课程。综上所述，由于近因效应、学习者类型所产生的效应相反，又由于 MOOC 网站课程的特性对学习者的影响，研究认为课程生命周期能够影响首页推荐的作用，并且随着课程开课时间的增加，推荐作用也会增强。因此提出以下假设。

H11 课程的生命周期对推荐促进课程参与有调节作用，并且推荐在课程晚期的作用更大。

4.5.2 方法与数据来源

在这个数据集的基础上，构建基础 DID 模型为

$$\ln PN = \beta_0 + \beta_1 Treat + \beta_2 Time + \beta_3 DID + \varepsilon \qquad （模型7）$$

$$\ln PN = \beta_0 + \beta_1 Treat + \beta_2 Time + \beta_3 DID + \beta_4 CL + \beta_5 CT + \beta_6 CH$$
$$+ \beta_7 SL + \beta_8 TN + \varepsilon \qquad （模型8）$$

其中，PN 为因变量，表示课程的参与人数，取对数进行分析。$Time$ 为自变量，由于只能获取中国大学 MOOC 网站页面上存在的数据，无法预知课程什么时候会上排行榜，因此选取课程上榜的第一天为未被推荐的最后一天，即 $Time = 0$，并选取上榜的最后一天为被推荐的最后一天，即 $Time = 1$。DID 为 $Time$ 和 $Treat$ 的交乘项，其系数 β_3 反映了首页推荐影响课程参与人数的净效应，若 β_3 显著为正，则说明首页推荐促进了课程参与人数增加。为了排除其他可测变量对结果的影响，在模型 7 的基础上加入控制变量构造模型 8。由于首页推荐中存在不同推荐模块，且课程开课时间和上榜时间均有不同，这些因素可能都会对推荐作用产生影响。因此，结合页面上可获取的信息，选取以下变量作为控制变量：课程等级（Course Level）、开课次数（Course Times）、平均学时（Class Hour/per week）、学校等级（School Level）、授课老师人数（Teachers Number）。

此外，本书的调节变量为推荐层次（Page）、课程生命周期（Times）和推荐类型（Recommendation Type）。首先，为检验推荐类型对推荐作用的调节效应，用 $Type$ 表示不同的推荐类型，并设置相应的哑变量（$Type_1 =$ 热门排行榜，$Type_2 =$ 五星评价榜，$Type_3 =$ 新课排行榜，$Type_4 =$ 编辑推荐），并引入哑变量与 DID 的交乘项，构建模型为

$$\ln PN = \beta_0 + \beta_1 Treat + \beta_2 Time + \beta_3 DID + \beta_{4-6} Type_{2-4} + \beta_7 CL + \beta_8 CT$$
$$+ \beta_9 CH + \beta_{10} SL + \beta_{11} TN + \varepsilon \qquad （模型9）$$

$$\ln PN = \beta_0 + \beta_1 Treat + \beta_2 Time + \beta_3 DID + \beta_{4-6} Type_{2-4} + \beta_{7-9} Type_{2-4} DID$$
$$+ \beta_{10} CL + \beta_{11} CT + \beta_{12} CH + \beta_{13} SL + \beta_{14} TN + \varepsilon \qquad (模型 10)$$

模型 9 在模型 8 的基础上加入哑变量 $Type_{2-4}$，来检验推荐类型对课程参与人数的影响。而模型 10 则在模型 9 的基础上加入 DID 与 $Type_{2-4}$ 的交乘项来检验推荐类型对推荐影响课程参与的调节作用，其系数表示，相对于 $Type_1$（热门排行榜）而言，这一推荐对课程参与的效果更好还是更差。

同样地，为验证推荐层次对推荐效果的调节作用，利用三个排行榜的数据，构建哑变量 $Page_{1-5}$（脚标表示课程在推荐中所处的页面，页面位置取排行榜前 5 页），同时引入哑变量与 DID 的交乘项来构建模型为

$$\ln PN = \beta_0 + \beta_1 Treat + \beta_2 Time + \beta_3 DID + \beta_{4-7} Page_{2-5} + \beta_8 CL + \beta_9 CT$$
$$+ \beta_{10} CH + \beta_{11} SL + \beta_{12} TN + \varepsilon \qquad (模型 11)$$

$$\ln PN = \beta_0 + \beta_1 Treat + \beta_2 Time + \beta_3 DID + \beta_{4-7} Page_{2-5} + \beta_{8-11} Page_{2-5} DID$$
$$+ \beta_{12} CL + \beta_{13} CT + \beta_{14} CH + \beta_{15} SL + \beta_{16} TN + \varepsilon \qquad (模型 12)$$

模型 11 在模型 8 的基础上加入哑变量 $Page_{2-5}$ 来检验推荐层次对课程参与的影响。模型 12 则在模型 11 的基础上引入 $Page_{2-5}$ 与 DID 的交乘项，以此来检验推荐层次对推荐作用的调节效应，其系数表示相对第 1 页而言，这一页的推荐效果更好还是更差。

为验证课程生命周期对推荐效果的调节作用，又构建模型为

$$\ln PN = \beta_0 + \beta_1 Treat + \beta_2 Time + \beta_3 DID + \beta_4 LC + \beta_5 CL + \beta_6 CT + \beta_7 CH$$
$$+ \beta_8 SL + \beta_9 TN + \varepsilon \qquad (模型 13)$$

$$\ln PN = \beta_0 + \beta_1 Treat + \beta_2 Time + \beta_3 DID + \beta_4 LC + \beta_5 LC * DID + \beta_6 CL$$
$$+ \beta_7 CT + \beta_8 CH + \beta_9 SL + \beta_{10} TN + \varepsilon \qquad (模型 14)$$

其中，LC（Life Cycle）表示课程的生命周期，即课程进行到第几周。通过引入课程生命周期构建了模型 13，并在此基础上加入课程生命周期与 DID 的交乘项来检验课程生命周期对推荐作用的调节效应。

为了从经验上解决上述研究问题，从中国大学 MOOC 网站获得数据。各所大学能够决定自己所提供的课程，所以同种课程可能被多所高校所提供。这为观察一对相同的课程提供了一个方便的设置，其中一个进行首页推荐，而另一个不进行首页推荐。因此，可以构建一个非推荐课程的"控制组"来用于识别。通常，每门课程都有一个独立的网页，显示课程信息，如课程名称、开课时间、课程参与人数、课程评价和评分、课程类型、课程水平、开课次数、学时安排、开课学校。我们利用八爪鱼进行了网页数据的爬取。记录出现在中国大学 MOOC 首

页编辑推荐、排行榜的课程，对于同一天的推荐课程，手动确定一些数量的相似类型但不推荐的课程。数据抓取将每天进行，以浏览所有记录课程的网页（包括推荐和非推荐课程），以收集所有可观察到的课程信息。总体而言，最终的数据集共 19925 个观测值，处理后留下 5904 个观测值，收集时间为 2020 年 11 月至 2021 年 3 月。

4.5.3　基本统计分析

表 4.14 和表 4.15 显示了所有模型变量的描述性统计和相关性分析。从表 4.14 可以看出，课程是否国家精品的均值为 0.238，表示样本中国家精品课程较少。课程开课次数差异较大，最大值为 27，最小值为 1。此外，开课时间最长的课程已经开课 52 周，最短的刚开课 1 周，平均开课时长为 10 周左右。从表 4.15 可知，课程参与人数与推荐类型负相关。推荐类型是一个设置的虚拟变量，其中热门排行榜 = 0，五星评价榜 = 1，新课排行榜 = 2，编辑推荐 = 3。因此可以看出，热门排行榜可能对课程参与的推荐效果最好，而编辑推荐的推荐效果最差。此外，课程参与人数与所有控制变量均显著正向相关。具体而言，学习者更喜欢课程水平和学校水平越高、开课次数越多的课程，这可能是因为这些因素使得学习者对课程的感知价值提高了。总而言之，所有的控制变量与课程参与均显著相关，这也意味着选择的控制变量是十分有必要的。

表 4.14　　　　　　　　　　变量的描述性统计

变量	描述	Mean	SD	Min	Max
Time	是否被推荐	0.5	0.500	0	1
ln*PN*（Participant Number）	ln 参与人数	7.495	1.612	0	13.301
RT（Recommendation Type）	推荐类型	1.683	0.902	0	3
Page	推荐层次	3.426	1.445	1	5
CL（Course Level）	是否国家精品	0.238	0.426	0	1
CT（Course Times）	开课次数	4.115	3.426	1	27
CH（Class Hours/per week）	平均学时每周	3.095	2.062	0	54
SL（School Level）	是否双一流	0.668	0.470	0	1
TN（Teachers Number）	授课老师人数	2.242	0.923	1	3
LC（Life Cycle）	课程生命周期	10.351	11.795	1	52

表 4.15   变量的相关性分析

变量	lnPN	RT	Page	CL	CT	CH	SL	TN	LC
lnPN	—								
RT	−0.369 ***	—							
Page	0.003	−0.048 ***	—						
CL	0.323 ***	−0.174 ***	−0.042 **	—					
CT	0.258 ***	−0.191 ***	−0.050 **	0.738 ***	—				
CH	0.031 *	−0.034 *	−0.027	0.089 ***	0.152 ***	—			
SL	0.143 ***	−0.012	−0.040 **	0.159 ***	0.124 ***	0.009	—		
TN	0.118 ***	−0.119 ***	0.047 **	0.087 ***	0.074 ***	0.055 ***	−0.084 ***	—	
LC	0.381 ***	−0.104 ***	0.084 ***	−0.110 ***	−0.163 ***	−0.015	−0.031 *	0.017	—

注：$*p<0.1$，$**p<0.05$，$***p<0.01$。

4.5.4 假设检验

1. 无模型分析

描述性统计之后，进行了无模型分析来检验推荐对课程参与的影响。首先，选取被推荐天数相同的课程来比较控制组与处理组之间的变化趋势。在被推荐课程中，上榜 8 天的课程相对较多，因此选取上榜 8 天的课程进行比较，结果如图 4.16 所示。纵坐标为课程参与人数，横坐标为课程上榜的第几天。Treat 和 Control 分别表示受到推荐的课程组和相应的未被推荐的课程组。可以看出，与控制组相比，处理组的图像更加倾斜，意味着处理组的课程参与人数增加得更快，初步证明首页推荐对课程参与有促进作用，即首页推荐能够增加课程的参与人数。

此外，运用 T 检验对控制组和实验组上榜前后的课程参与人数进行分析，结果如表 4.16 所示。可以看出，总推荐结果显示上榜前后，控制组和实验组的课程参与人数差异正向显著，其中编辑推荐、热门排行榜、新课排行榜的结果均正向显著，这表明受推荐课程的参与人数增加量显著高于没有被推荐课程的参与人数增加量。因此，T 检验也得出与课程参与数趋势检验相同的结果，即首页推荐能够正向影响课程的参与人数。

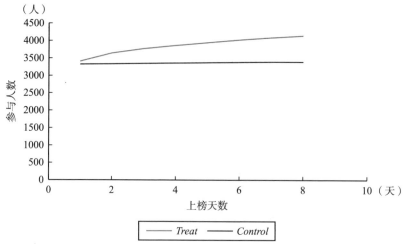

图 4.16 上榜 8 天课程参与数对比

表 4.16　　　　　　　　　　　无模型检验

推荐类型	处理条件	lnPN		
		Before	After	After − Before
编辑推荐	Control	7.436	7.457	0.021
	Treat	6.026	6.789	0.763 ***
	Treat − Control	− 1.410 ***	− 0.668 ***	0.742 ***
热门排行榜	Control	7.769	7.846	0.077
	Treat	9.335	9.701	0.366 **
	Treat − Control	1.566 ***	1.855 ***	0.289 **
五星评价榜	Control	7.698	7.612	− 0.086
	Treat	8.518	8.601	0.083
	Treat − Control	0.82 ***	0.989 ***	0.169
新课排行榜	Control	7.360	7.430	0.07
	Treat	6.547	7.008	0.461 ***
	Treat − Control	− 0.813 ***	− 0.422 ***	0.391 ***
总表	Control	7.502	7.530	0.028
	Treat	7.266	7.680	0.414 ***
	Treat − Control	− 0.236 ***	0.15 **	0.386 ***

注：$*p < 0.1$，$**p < 0.05$，$***p < 0.01$。

2. 主效应分析

通过无模型分析，初步验证了首页推荐与课程参与人数显著正相关，接下来利用双重差分方法检验首页推荐对课程参与的影响。表 4.17 报告了双重差分模型的估计结果，*DID* 反映了首页推荐影响课程参与的净效应。模型 7 为未加控制变量的主效应模型，总推荐 *DID* 系数（0.401）正向显著（$p < 0.01$），其中编辑推荐、热门排行榜和新课排行榜的 *DID* 系数分别为 0.757、0.293 和 0.413，均为正向显著，这进一步说明首页推荐有助于增加课程参与人数。模型 8 在模型 7 的基础上加入控制变量，总表的 *DID* 系数（0.407）仍然正向显著（$p < 0.01$），而编辑推荐、热门排行榜、新课排行榜、五星评价榜的 *DID* 的系数也均正向显著，这说明在考虑其他课程参与影响因素的情况下，依然证明首页推荐能提高课程参与人数。综上所述，首页推荐能显著提高课程的参与人数，支持 H8。

3. 调节效应

首先，分析推荐类型的调节作用。对比表 4.17 几个不同推荐的结果来看，模型 8 中编辑推荐和新课排行榜的 *DID* 系数分别为 0.771 和 0.430，在 1% 水平上显著，热门排行榜和五星评价榜的 *DID* 系数分别为 0.262 和 0.199，在 10% 水平上显著。这些结果初步说明了不同推荐的推荐效果是有所差异的。通过已构建的模型 9 和模型 10 来检验推荐类型的调节作用，以热门推荐榜、五星评价榜、新课排行榜、编辑推荐的顺序，分别构建哑变量 $Type_{1-4}$。结果如表 4.18 所示。在模型 9 中，*DID* 系数（0.358）正向显著（$p < 0.01$），哑变量 $Type_2$、$Type_3$、$Type_4$ 系数（$\beta_4 = -0.278$，$\beta_5 = -1.273$，$\beta_6 = -1.008$）均负向显著，这表示不同推荐类型会对课程参与产生影响。在模型 10 中，*DID* 的系数（1.251）仍然正向显著（$p < 0.01$），但是哑变量 $Type_{2-4}$ 与 *DID* 的交乘项系数（$\beta_7 = -0.577$，$\beta_8 = -1.239$，$\beta_9 = -1.180$）也负向显著（$p < 0.01$），这意味着推荐类型的确对首页推荐影响课程参与人数有调节作用，其中热门排行榜推荐效果最好，五星排行榜次之，编辑推荐第三，新课排行榜最差，因此支持 H10。出现这样的结果可能是学习者注意力和信任度的原因。在中国大学 MOOC 的页面排版上，编辑推荐位于页面上方，热门排行榜位于页面左侧。根据浏览网页的 "F" 阅读模式，人们的视线主要集中在页面上方和左侧，因此热门排行榜和编辑推荐受到的注意力应该最多。由于编辑推荐是一种普适性的推荐，没有针对性的差异，而热门排行榜和五星评价榜推荐是一种相对权威性的推荐，同时能够反映他人对课程的选择，

知识管理视角下高质量本科在线课程研究

表 4.17　DID 模型主效应

lnPN	编辑推荐 模型7	编辑推荐 模型8	热门排行榜 模型7	热门排行榜 模型8	新课排行榜 模型7	新课排行榜 模型8	五星评价榜 模型7	五星评价榜 模型8	总表 模型7	总表 模型8
Treat	-1.326*** (0.184)	-1.126*** (0.199)	1.617*** (0.192)	1.420*** (0.202)	-0.748*** (0.113)	-0.916*** (0.108)	0.847*** (0.138)	0.641*** (0.133)	-0.186** (0.085)	-0.387*** (0.081)
Time	0.005 (0.080)	-0.010 (0.080)	0.082 (0.102)	0.092 (0.103)	0.048 (0.044)	0.031 (0.046)	-0.092 (0.107)	-0.115 (0.103)	0.013 (0.039)	-0.0002 (0.040)
DID	0.757*** (0.099)	0.771** (0.099)	0.293** (0.135)	0.262* (0.135)	0.413*** (0.047)	0.430*** (0.049)	0.176 (0.112)	0.199* (0.108)	0.401*** (0.046)	0.407*** (0.047)
CL		-0.637** (0.235)		0.625** (0.288)		1.120*** (0.175)		0.661*** (0.202)		1.022*** (0.131)
CT		-1.642*** (0.506)		-0.016 (0.036)		-0.006 (0.021)		0.038 (0.028)		0.035** (0.016)
CH		3.296*** (0.954)		-0.061 (0.062)		-0.008 (0.010)		-0.066* (0.034)		-0.013* (0.011)
SL		-1.148*** (0.424)		0.372** (0.159)		0.489*** (0.115)		0.423*** (0.133)		0.372*** (0.081)
TN		0.015 (0.083)		0.084 (0.087)		0.154*** (0.058)		0.139 (0.086)		0.215*** (0.041)

注：括号中的值为标准误，*p<0.1，**p<0.05，***p<0.01。

可能会因此引发羊群效应，吸引更多学习者，因此学习者可能更倾向于这两个排行榜推荐。综上所述，热门排行榜受到两种因素叠加的正向效应，因此推荐效果会最好，而编辑推荐和五星评价榜的效果则可能受到上述两个因素的综合效果调节，可能是由于羊群效应对学习者的影响比注意力的影响更大，因此五星评价榜的推荐效果比编辑推荐更好。新课排行榜位于网页页面下方中央，获得的学习者注意力可能相对较弱，同时也不能反映其他学习者的行为，因此推荐作用最弱。

表 4.18 推荐类型的调节效应

$\ln PN$	总表	
	模型 9	模型 10
$Treat$	-0.235*** (0.078)	-0.227*** (0.079)
$Time$	0.007 (0.036)	0.007 (0.036)
DID	0.358*** (0.041)	1.251*** (0.125)
$Type_2$	-0.278** (0.116)	-0.132 (0.126)
$Type_3$	-1.273*** (0.108)	-0.959*** (0.116)
$Type_4$	-1.008*** (0.139)	-0.745*** (0.146)
$Type_2 DID$		-0.577*** (0.149)
$Type_3 DID$		-1.239*** (0.139)
$Type_4 DID$		-1.180*** (0.208)
CL	1.017*** (0.120)	0.986*** (0.119)
CT	0.003 (0.015)	0.003 (0.014)

续表

lnPN	总表	
	模型 9	模型 10
CH	−0.006 (0.011)	−0.006 (0.011)
SL	0.345 *** (0.079)	0.359 *** (0.078)
TN	0.148 *** (0.042)	0.143 *** (0.041)

注：括号中的值为标准误，$*p<0.1$，$**p<0.05$，$***p<0.01$。

其次，通过模型 11 和模型 12 来检验推荐层次的调节作用，$Page$ 表示课程在推荐中所处的页面位置，页面位置取排行榜前 5 页，分别设置哑变量 $Page_{1-5}$，并构建与 DID 的交乘项，结果如表 4.19 所示。在模型 12 中，仅在新课排行榜中，$Page_{2-5}$ 与 DID 的交乘项系数（$\beta_8 = -0.378$，$\beta_9 = -0.400$，$\beta_{10} = -0.462$，$\beta_{11} = -0.918$）均为负向显著（$p<0.05$），并且页面越靠后，系数越小，这表示页面越靠后，推荐作用比第 1 页越差，表示只有新课排行榜受到推荐层次的调节作用，当推荐层次越靠后，推荐作用越小。而热门排行榜和五星排行榜中，交乘项系数均不显著，这可能是由于在热门排行榜和五星评价榜中，学习者受到羊群效应的影响，忽视了其他因素，因此导致推荐层次对调节效应不显著。而新课排行榜不受到羊群效应的影响，学习者会关注到其他页面上的因素，因此当页面也靠后时，学习者的注意就下降得更明显，因此对课程推荐的作用也逐渐减弱。因此，部分支持 H9。

表 4.19　　　　　　　　　　　推荐层次的调节效应

lnPN	热门排行榜		新课排行榜		五星评价榜		总表	
	模型 11	模型 12	模型 11	模型 12	模型 11	模型 12	模型 11	模型 12
Treat	1.460 *** (0.201)	1.466 *** (0.202)	−0.896 *** (0.105)	−0.897 *** (0.105)	0.644 *** (0.133)	0.647 *** (0.133)	−0.186 ** (0.088)	−0.184 ** (0.088)
Time	0.075 (0.102)	0.081 (0.103)	−0.041 (0.051)	−0.021 (0.052)	−0.112 (0.103)	−0.113 (0.103)	0.017 (0.043)	−0.009 (0.043)

lnPN	热门排行榜		新课排行榜		五星评价榜		总表	
	模型 11	模型 12	模型 11	模型 12	模型 11	模型 12	模型 11	模型 12
DID	0.267* (0.136)	0.931 (0.587)	0.428*** (0.052)	0.815*** (0.114)	0.197* (0.109)	−0.132 (0.302)	0.335*** (0.047)	0.327 (0.118)
$Page_2$	−1.091** (0.463)	−0.898* (0.533)	−0.325*** (0.111)	−0.214 (0.133)	0.060 (0.232)	0.026 (0.281)	−0.237** (0.104)	−0.175 (0.122)
$Page_3$	−1.081** (0.477)	−0.838 (0.543)	−0.761*** (0.118)	−0.644*** (0.138)	0.0005 (0.216)	0.102 (0.256)	−0.525*** (0108)	−0.499*** (0.125)
$Page_4$	−1.361*** (0.456)	−1.101** (0.519)	−0.897*** (0.127)	−0.765*** (0.146)	−0.028 (0.193)	−0.128 (0.223)	−0.318*** (0.106)	−0.346*** (0.119)
$Page_5$	−1.313*** (0.458)	−1.170** (0.524)	−0.799*** (0.122)	−0.578*** (0.137)	0.219 (0.185)	0.139 (0.210)	−0.040 (0.099)	−0.095 (0.106)
$PageDID_2$		−0.720 (0.681)		−0.378** (0.179)		0.227 (0.391)		−0.232 (0.181)
$PageDID_3$		−0.935 (0.663)		−0.400** (0.190)		−0.158 (0.380)		−0.261 (0.190)
$PageDID_4$		−0.963 (0.608)		−0.462** (0.232)		0.487 (0.335)		0.107 (0.189)
$PageDID_5$		−0.532 (0.594)		−0.918*** (0.223)		0.414 (0.317)		0.230 (0.173)
CL	0.582** (0.288)	0.582** (0.289)	1.118*** (0.168)	1.125*** (0.167)	0.661*** (0.208)	0.662*** (0.207)	1.034*** (0.137)	1.026*** (0.137)
CT	−0.024 (0.034)	−0.027 (0.033)	−0.018 (0.020)	−0.019 (0.020)	0.037 (0.029)	0.034 (0.029)	0.015 (0.018)	0.014 (0.018)
CH	−0.036 (0.059)	−0.030 (0.059)	−0.011 (0.009)	−0.011 (0.009)	−0.061* (0.034)	−0.060* (0.034)	−0.018 (0.011)	−0.017 (0.011)
SL	0.329** (0.159)	0.327** (0.160)	0.418*** (0.110)	0.418*** (0.109)	0.414*** (0.133)	0.413*** (0.133)	0.441*** (0.089)	0.446** (0.089)
TN	0.083 (0.085)	0.094 (0.085)	0.172*** (0.056)	0.171*** (0.055)	0.140 (0.087)	0.136 (0.087)	0.221*** (0.047)	0.221*** (0.047)

注：括号中的值为标准误，$*p<0.1$，$**p<0.05$，$***p<0.01$。

最后，通过模型 13 和模型 14 来检验课程生命周期的调节效应，结果如表 4.20 所示。在模型 13 中，编辑推荐、热门排行榜、新课排行榜、五星评价榜的课程

表 4.20 　课程生命周期的调节效应

$\ln PN$	编辑推荐		热门排行榜		新课排行榜		五星评价榜		总表	
	模型 13	模型 14	模型 13	模型 14	模型 13	模型 14	模型 13	模型 14	模型 13	模型 14
$Treat$	-0.405* (0.206)	-0.434 (0.208)	1.597 (0.161)	1.584*** (0.164)	-0.183 (0.127)	-0.185 (0.127)	0.760*** (0.125)	0.768*** (0.126)	0.295*** (0.080)	0.251*** (0.081)
$Time$	0.033 (0.116)	0.032 (0.115)	0.070 (0.094)	0.071 (0.094)	0.039 (0.042)	0.039 (0.042)	-0.109 (0.092)	-0.108 (0.092)	0.009 (0.037)	0.008 (0.037)
DID	0.667*** (0.145)	0.306 (0.189)	0.249** (0.114)	0.097 (0.158)	0.377*** (0.046)	-1.859*** (0.688)	0.149 (0.096)	0.363* (0.215)	0.339*** (0.043)	0.098* (0.057)
LC	0.064*** (0.007)	0.062*** (0.007)	0.054*** (0.008)	0.052*** (0.009)	0.052*** (0.004)	0.052*** (0.004)	0.040*** (0.007)	0.043*** (0.007)	0.065*** (0.003)	0.061*** (0.003)
$LC*DID$		0.098*** (0.029)		0.017 (0.012)		1.151*** (0.353)		-0.016 (0.014)		0.044*** (0.007)
CL	0.702** (0.343)	0.682** (0.341)	0.521** (0.230)	0.541** (0.230)	1.007*** (0.163)	1.008*** (0.163)	0.577*** (0.191)	0.571*** (0.191)	0.876*** (0.118)	0.885*** (0.117)
CT	0.090** (0.039)	0.093** (0.039)	0.039 (0.032)	0.037 (0.032)	0.028 (0.021)	0.028 (0.021)	0.056** (0.028)	0.056** (0.028)	0.072*** (0.016)	0.069*** (0.016)
CH	-0.060 (0.045)	-0.065 (0.045)	-0.071 (0.057)	-0.073 (0.057)	-0.003 (0.009)	-0.004 (0.009)	-0.058 (0.036)	-0.057 (0.037)	-0.013 (0.010)	-0.014 (0.010)
SL	0.055 (0.132)	0.047 (0.131)	0.291* (0.148)	0.286* (0.148)	0.474*** (0.107)	0.471*** (0.105)	0.376*** (0.131)	0.375*** (0.130)	0.340*** (0.072)	0.341*** (0.072)
TN	0.019 (0.070)	0.013 (0.070)	0.071 (0.077)	0.074 (0.077)	0.149*** (0.053)	0.152*** (0.053)	0.122 (0.082)	0.124 (0.082)	0.175*** (0.037)	0.166*** (0.036)

注：括号中的值为标准误。　*$p<0.1$，**$p<0.05$，***$p<0.01$。

生命周期系数分别为 0.064、0.054、0.052、0.040，均正向显著（$p < 0.1$），意味着课程生命周期会影响课程参与。模型 14 中，编辑推荐和新课排行榜课程时间周期与 *DID* 的交乘项分别为 0.098 和 1.151，均正向显著（$p < 0.01$），而热门排行榜和五星评价榜的交乘项系数分别为 0.017 和 -0.016，结果均不显著。这表明编辑推荐和新课排行榜的推荐效果显著受到课程生命周期的调节，并且随着开课时间的增加，课程参与受到的推荐作用更大。而热门排行榜和五星评价榜则不受到这种调节效应的影响。因此，部分支持 H11。数据结果表明，刚开课的课程更适合上热门排行榜和五星评价榜，而开课时间较长的课程更适合编辑推荐和新课排行榜，推荐效果会更好。

为检验结果的稳健性，进行了证伪性检验。通过改变时间窗口，选取了每门课程的被推荐的中间天数作为第一天，即 *Time* = 0，选取被推荐的最后一天作为最后一天，即 *Time* = 1 再重新进行双重差分研究，所得结果如表 4.21 所示。可以发现，模型 7 和模型 8 中，总推荐的 *DID* 系数（0.183）仍然正向显著（$p < 0.01$），其中编辑推荐、新课排行榜和五星评价榜的 *DID* 系数也仍然正向显著，再次支持 H8，即首页推荐能够正向影响课程参与。但是相较于表 4.17 中的 *DID* 系数结果来看，总推荐（0.407→0.183）、编辑推荐（0.771→0.313）、新课排行榜（0.430→0.185）、五星评价榜（0.199→0.187）的 *DID* 系数均相应地变小了，这表明推荐中部分时间段的推荐作用要比总时间段的推荐效果要弱。因此，研究结果成功通过了证伪性检验，验证了稳健性。

4.5.5 讨论

本研究基于 *DID* 分析，探讨了首页推荐对课程参与的影响，首页推荐具体分为编辑推荐、热门排行榜、新课排行榜、五星评价榜四个部分。本书还探讨了推荐类型、推荐层次及课程生命周期对首页推荐影响课程参与的调节作用。

根据数据分析的结果，首页推荐能够对课程参与有显著促进作用，该结果也与推荐在其他领域中的作用相类似，表明推荐的确在不同领域中都能够对产品产生促进作用。此外，该结果也表明，首页推荐对 MOOC 学习者的确能够产生影响，促使他们选择被推荐的课程，因此为了帮助学习者获得更好的学习资源，MOOC 网站建设者应谨慎考虑首页推荐的课程，确保被推荐课程是高质量的、能够为学习者提供有效帮助。

表 4.21　稳健性检验（改变时间窗口）

lnPN	编辑推荐 模型7	编辑推荐 模型8	热门排行榜 模型7	热门排行榜 模型8	新课排行榜 模型7	新课排行榜 模型8	五星评价榜 模型7	五星评价榜 模型8	总表 模型7	总表 模型8
Treat	-0.854*** (0.164)	-0.841*** (0.163)	1.913*** (0.178)	1.652*** (0.192)	-0.513*** (0.111)	-0.618*** (0.108)	0.826*** (0.139)	0.663*** (0.133)	0.038 (0.082)	-0.119 (0.078)
Time	-0.048 (0.070)	-0.049 (0.071)	0.009 (0.066)	-0.001 (0.068)	0.018 (0.032)	0.011 (0.033)	-0.203* (0.105)	-0.196* (0.102)	-0.044 (0.032)	-0.050 (0.031)
DID	0.311*** (0.072)	0.313*** (0.073)	-0.003 (0.092)	0.003 (0.094)	0.178*** (0.033)	0.185*** (0.035)	0.197* (0.108)	0.187* (0.105)	0.182*** (0.034)	0.183*** (0.033)
CL		0.774** (0.374)		0.693** (0.310)		1.141*** (0.175)		0.753*** (0.202)		1.075*** (0.130)
CT		0.073** (0.038)		-0.015 (0.036)		0.0008 (0.022)		0.042 (0.028)		0.031* (0.016)
CH		0.017 (0.063)		-0.117 (0.076)		-0.006 (0.012)		-0.048 (0.035)		-0.030* (0.017)
SL		-0.170 (0.325)		0.438 (0.396)		0.072 (0.152)		-0.084 (0.359)		0.337** (0.131)
TN		0.006 (0.081)		0.098 (0.089)		0.128** (0.059)		0.108 (0.089)		0.181*** (0.042)

注：括号中的值为标准误，*$p<0.1$，**$p<0.05$，***$p<0.01$。

同时，对推荐类型调节效应的研究说明，推荐类型的确对推荐作用有影响。具体而言，热门排行榜推荐效果最好，五星排行榜次之，编辑推荐第三，新课排行榜最差。这可以用信息级联效应、观察学习理论来解释。热门排行榜和五星评价榜能够反映他人的选择，因此可能引发观察学习。学习者通过观察他人的行为来作出自己的选择，进一步引发了信息级联效应，即认为他人的选择提供的信息比自己从其他途径所获取的信息更可靠，作出与他人相同的选择，因此热门排行榜和五星评价榜的推荐效果会强于编辑推荐。帕克等（Park et al.，2019）的研究也表示信息级联效应会增强推荐对软件下载的作用。此外，出现在编辑推荐和新课排行榜之间的差异可以用网页阅读倾向来解释。根据尼尔森诺曼集团（Nielsen Norman Group）的眼动研究得出的网页阅读 F 模式，即人们浏览网页时的阅读模式会类似于"F"型，注意力集中在左部和上部，因此位于网页上部的编辑推荐受到的注意力是最强的，其推荐效果也会更显著。而王丹（2016）和李轶（2018）的研究也都表示位于网页左侧和上部的广告效果最好，这可能在课程推荐上产生了相似的效果。综上分析，编辑推荐的推荐效果会比新课排行榜的推荐效果更好。

在推荐层次的调节效应研究中，推荐层次的确对推荐作用产生了负向影响。对新课排行榜而言，推荐层次会影响其推荐效果，随着推荐页面逐渐靠后，推荐的效果逐渐减弱。该结果的原因可能是推荐页面越靠后，学习者需要单击翻页的次数越多，这会消耗学习者的耐心与兴趣。此外，推荐页面越靠后，也意味着课程在排行榜的排名越低，学习者可能更倾向关注排行榜排名较高的课程，因此推荐层次越靠后，推荐对课程参与的促进作用就越小了。对于热门排行榜、五星评价榜而言，推荐层次对推荐作用的调节效应则不显著。这可能是由于热门排行榜和五星评价榜受到学习者的注意更多导致的，从前述推荐类型的结果分析中也能发现，热门排行榜和五星评价榜对课程参与的推荐作用更强，所以也可能是学习者更多地关注弥补了需要翻页所导致的耐心流失问题。此外，由于选取了排行榜前 5 页作为研究的对象，而三个排行榜都均有 10 页，所以这也可能是上述发现的一个原因，后续其他研究也可以通过增加推荐层次的选取来继续探究其影响。

此外，课程生命周期的调节效应也得到了验证。课程生命周期对编辑推荐和新课排行榜的调节效应正向显著，表明随着开课时间的增长，编辑推荐和新课排行榜对课程参与的推荐作用增强。这可能是学习者类型中，"跟随者"和"新手"的人数更多，因此更倾向于在课程后期进行课程参与。此外，也可能是中国大学 MOOC 网站的课程特性，导致了学习者更想要在开课后期参与课程，因为这时参与课程能够获得更全面的课程内容。而对于热门排行榜和五星评价榜而言，课程生命周期的调节效应则不显著。这可能是由于这两个排行榜更多地反映了其他学习者的选择，因此产生的羊群效应使得学习者对于课程其他信息缺乏关注，使得课程生命周期失去了调节效应。

研究成果有以下贡献。

第一，尝试在 MOOC 领域对课程推荐进行实证研究。以往文献要么侧重于电子商务、在线新闻、线上应用商店领域（Bastian et al.，2019；Lin et al.，2019；Park et al.，2019）；要么侧重于推荐算法或机制（Huang et al.，2002；Middleton et al.，2004；Soulef et al.，2021）；在 MOOC 方面探究推荐作用仍然存在很大的研究空白。研究通过弥补这一空白对以往文献作出了贡献。

第二，首页推荐将提高课程参与，这与推荐在其他领域的效果相似。此外，还通过对不同推荐类型和课程生命周期这两个重要因素进行分析来进一步作出贡献，这些因素将调节首页推荐的效果。尤其是针对中国 MOOC 网站课程的特性，课程生命周期的调节作用变得十分重要，对四个推荐产生了两种不同的影响。

第三，研究结果也为网站建设者提供了帮助。学习者对课程的选择会受到首页推荐的正向影响，而这也为 MOOC 网站的建设者提供了有效的建议。当网站想要为学生提供更好的帮助时，可以选择在首页推荐上登上最优质的课程，这样能够让更多学习者参与到这些课程中，更方便快捷地获得更好的教育资源。此外，由于课程生命周期和推荐类型的调节作用，为了学习者能够获得最好的课程，网站建设者可以将最优质的新课放入热门排行榜和五星排行榜，而开课时间长一些的课程则放入编辑推荐和新课排行榜中，这样能够更好地发挥各个推荐的作用，更好地帮助学习者进行课程选择和学习。

虽然研究强调了几个显著的发现和贡献，但是仍然存在一些局限性。首先，数据和实证分析仅基于中国 MOOC 网站，因此，研究成果可能无法应用于所有其他 MOOC 学习平台。其次，无法预测课程上榜前的趋势，因此分析可能在平行性趋势方面受到影响。我们试图在不同层面上来解决该问题，排除替代解释，并进行了稳健性检查，以得出严格的研究结果。

该研究可以在未来的研究中以多种方式扩展。首先，实证分析是基于中国大学 MOOC 网站的观察数据集，因此在研究问题方面受到限制，这些问题可以根据数据集的可用性进行研究。未来的研究可以通过收集更多 MOOC 网站的数据，来检验结果的适用性。其次，由于数据的限制，无法观察日常课程参与，以进一步研究首页推荐如何影响课程参与。因此，未来的研究可以考虑调查该问题，以便更好地理解首页推荐的作用。

第 5 章　显性隐性知识层面影响要素作用机制分析

5.1　引　言

随着科技的进步和对灵活学习环境的需求的增长，线上教学越来越普及化，尤其是 2020 年，受到新冠肺炎疫情的影响，线上教学迅速发展（Wang J et al.，2020）。线上教育的优点在于能为学生提供即时即地的教育资源，不用受到地理或时间的限制。并且，随着线上教育的发展，各种各样的教学平台层出不穷、蓬勃发展，各所高校也在线上平台上传各式各样的课程，为学生提供高质量的学习资源。

然而，在线上教学在高速发展的同时，也暴露出一些问题，其中非常关键的一个就是线上教学的质量问题。在线上教学中，学生参与度低、课程完成率低、学习效率低，随之半途而废，这样的情况普遍存在。因此，尽管线上教学平台为学生提供了随时的、免费的、高质量的学习机会，其使用率也较低。解决这个问题的关键在于提高学生线上学习的绩效和增强学生的持续学习意愿。

学习的绩效就是指学生学习后取得的成绩，而持续学习意愿是指学生完成当前课程并开展下一课程的意愿。除了学习绩效和持续学习意愿这两个因素以外，用户之间的相互推荐也是提高教学质量和平台资源利用率的一个关键所在。在凯恩等（Kane et al.，2020）的研究中，用户间的互动效应通过加强讨论交流从而促进了学习和行为改变。

从目前对线上教学环境下学生的持续学习意愿的研究来看，研究的主要都是学生个人的特征和体验（徐光和刘鲁川，2017）、教学平台的功能性（杨根福，2015）、视频内容的互动性（Jung & Lee，2018）、学生的满意度和期望值

（朱珂，2017）等方面，鲜有提及视频本身的特征对学生的影响。但视频本身的特征是否会产生一定的影响呢？为了研究该问题，选取了两个视频特征：一是在视频中使用比喻修辞，二是在视频中使用动态板书的形式。

比喻作为课堂教学中最常使用的语言表达方法（张勇，2013）。它不仅是一种修辞手法，也是一种认知方式（李如密和刘云珍，2009）。在教学中使用比喻，可以化繁为简、化无形为有形、化抽象为具体，巧妙化解教学难题，促进学生思维能力（刘忠英，2015）。比喻能够更加清晰地解释概念，从而促进学生对思想的组织（方培琴，2001）。研究也已经证实，隐喻在教授生物学、化学、数学和计算机领域有着显著的促进效果（Bazzini，2001；Paris & Glynn，2004；Pérez-Marín et al.，2020；Thomas & McRobbie，2001）。

动态板书从视频的角度出发是视频字幕的呈现形式，从教学的角度出发则是在模拟线下上课的形式。在过去的研究中，学者更多地关注视频呈现形式的一个大的方向，如使用动画、手绘视频进行教学（Chen & Thomas，2020；Maredia et al.，2018）。而在对旁白式教学视频的研究中，研究者也关注过字幕的作用（Tarchi et al.，2021）。

比喻在线下教学中已被证实对教学效果有促进作用，动态字幕在视频教学中也有一定影响，那么，是否可以认为比喻和动态板书也会对线上教学产生一定的影响？从这个研究问题出发，本书从比喻修辞和动态板书入手，引入解释水平理论中的心理距离和沉浸感作为中介变量，探讨比喻和动态板书对学习绩效、持续学习意愿和推荐意愿的影响。

5.2　文　献　综　述

5.2.1　解释度水平理论

解释水平理论（construal level theory，CLT）解释了个体的思维和行为会受到心理距离的影响（Trope & Liberman，2003）。人们倾向于用抽象的话语去解释心理距离较远的事物，而倾向于用具体的话语去解释心理距离较近的事物（Trope et al.，2007）。例如，当人们谈及一个一年后的计划时，在描述上会比较宏观，而对于明天的计划，人们甚至能清楚地说出几点要做的事。这种识解水平和心理距离的影响是双向的：高识解水平（抽象的、泛指的）会使个体感到心理距离上的遥远，心理距离上遥远的事物个体趋向于用高识解水平的语言去描述；低识解水平（具体的、针对性的）会使个体感到心理距离上的接近，心理距离上接近的事物个体趋向于用低识解水平的语言去描述（Trope & Liberman，2010）。

现有研究已经证明，通过操控识解水平可以影响个体的决策。由于识解水平和心理距离之间的双向影响，通常来说，个体面对心理距离较远的事物，往往会优先考虑可取性（为什么做），而面对心理距离较近的事物，往往优先考虑可行性（怎么做）（Darke et al.，2016）。这个发现已经被运用在了广告营销上。金等（Kim et al.，2007）提出，电视上的视频广告会着重描述产品的性能、作用，通过描述产品能给消费者带来的价值进而促进消费者的购买；而那些超市和便利店里的广告则会着重强调产品的即时可获得性，强调这个产品是消费者马上可以拥有的。

心理距离和物理距离不同，心理距离是个体根据自己的感觉去衡量得出的自身和一个事件或事物之间的距离。心理距离由四个主要的距离构成：时间距离、空间距离、社交距离和假设距离（Trope et al.，2007）。时间距离和自身与事件之间的时间维度差有关，如事件发生在过去、现在、即将发生的未来、还是非常遥远的未来，自身和时间之间的时间维度差越大，时间距离就越远。空间距离指的是个体自身和事件之间的物理距离，如事件发生在 3 千米以内，还是附近的城市，或是在另一半球的某个国家。社交距离指事件是否和我自身相关，这种与自身的相关性可以理解为这件事是否会发生在我身上、是否和我有情感联系。假设距离则是事件发生的可能性和可想象程度。

从学者们的研究可以看出，心理距离影响的作用范围很广。布雷夫斯和施拉姆（Breves & Schramm，2021）将心理距离和气候变化这一问题联系起来，用心理距离来解释环境问题的抽象风险性；班达拉等（Bandara et al.，2018）探讨了心理距离和隐私悖论的关系。学者们对心理距离的研究更多集中在消费者研究和营销策略上，包括消费者决策行为、定价策略、广告设计等（Kim et al.，2007；Septianto et al.，2021；Tan & Wang，2021）。除了消费行为和营销策略以外，由于近两年网络的迅速发展，学者也开始关注心理距离在社交媒体、线上平台中起到的中介作用，如时间距离和空间距离如何影响消费者的在线评价，心理距离对Facebook上广告效果的影响，视频直播中心理距离如何影响网购行为等（Huang et al.，2016；Sung et al.，2020；Wang et al.，2018）。

综上所述，心理距离是完全适用于线上视频环境的，且心理距离反映的是个体的心理状态，因此，使用心理距离来衡量学生观看线上教学视频的感受是完全合理的。

沉浸感被定义为个体通过通信媒介体验到的自己在某个环境中的存在（Steuer，1992）。考虑到沉浸感的概念和空间距离类似，但又有明显的不同：沉浸感强调用户是否感觉自己处于某种环境中，而不是在其直接的物理环境中（Biocca，1997），而空间距离强调的是物理距离上的接近。因此，本书在中介变量中加入了沉浸感。

5.2.2　网络结构作用

基于贝克和肖尔（Baek & Shore，2020）的研究，感知网络收益可以增加学生在 MOOCs 中学习的持续意向，大的论坛规模将导致 MOOCs 论坛规模中每个学生的贡献更大。因此，可以将网络效应引入 MOOCs 的持续行为研究中。更具体地说，我们研究了课程网络规模、课程网络多样性和紧密联系这三个网络变量的影响。网络规模已被证实对 MOOCs 中的知识贡献行为有影响（Baek & Shore，2020）。同样，如果用户注册了更多的课程，他们在 MOOCs 上花费的时间会比那些参与较少课程的人预期的要多。网络的多样性可以给用户带来更多的利益，从而在开发性创新中获得更好的表现（Wen et al.，2021）。因此很可能，在 MOOCs 中，注册更多学科课程的用户将从平台中受益更多，并可能获得更好的学习成绩，这些会促使他们继续使用平台。廖等（Liao Van Nguyen et al.，2020）也验证了强关系对网络游戏用户忠诚度的积极影响。因此，选取上述三个网络变量来研究它们对 MOOCs 中持续行为的影响。

同时将社会学习和社会曝光纳入研究。由班杜拉和华特士（Bandura & Walters，1977）提出的社会学习理论揭示人们在社会变革中的认知协调、规范适应、决策如银行投资和个体学习会影响人类行为。社会曝光与社会学习有相似的作用。个人对他人的社会接触也有类似社会学习的效果，它可以影响工作绩效、对体重偏差的认知和转发行为（Akşin et al.，2021；Hu et al.，2018；Stewart & Ogden，2021）。研究将采用社会学习理论来探索网络学习平台中的行为。因此，在研究中加入了这两种因素来探索它们的调节作用。

5.3 教学方法比喻与板书的作用过程分析

5.3.1 假设提出与模型构建

1. 比喻的影响

在对比喻的研究中，拉考夫和约翰逊（Lakoff & Johnson，1980）提出了概念比喻这一概念，认为比喻可以把一个具体的、熟悉的源域映射到一个抽象的、陌生的目标域，从而使个体以可感知的概念去描述或理解抽象、无形的概念，如日常思维、个人性格。从概念比喻的角度来说，比喻中包含了个人感受和个人经验。所以，教师使用的比喻，在某种程度上是他们个人经历、智慧、思想的体现（Clandinin & Connelly，1988）。比喻具有可以让他人看见并意识到叙述者情感经历的力量，当教师使用比喻进行教学时，他们不仅是在讲述课程内容，也是在通过比喻去传达他们的人生经历和个人思想，这就增强了师生间思想的交流（Carter，1990；Craig，2018）。而当教学从传统教室转移到线上时，师生间的直接交流受到了限制，但通过运用教学方法，如比喻，则从另一方向促进了师生间的交流互动，建立起师生间的情感联系。因此提出以下假设。

H1a 在线上教学视频中使用比喻有助于缩短学生和视频的社交距离。

同时由于比喻促进了师生间的交流互动，增加了学生的互动感，这种互动进而增强学生的参与感、专注度。当学生投入在视频教学中，他们可能会认为他们身处在视频中的环境里。这里涉及了两种不同的感知，一是沉浸感，指的是学生认为自己处于上课的状态并处于课堂的氛围中，另一个则是学生感知到的自身和教师之间的物理距离，这是两个不同的概念。因此提出以下假设。

H1b 在线上教学视频中使用比喻有助于增加学生的沉浸感。

H1c 在线上教学视频中使用比喻有助于缩短学生和视频的空间距离。

此外，互动感可以让学生感觉自己是在和视频进行一种双向的交流。越多的交流，越能让学生忽略这是一个录播视频，因为一般来说，交流是一种实时的运动，即交流能让学生忽略视频和他自身存在的时间不对等。因此提出以下假设。

H1d 在线上教学视频中使用比喻有助于缩短学生和视频的时间距离。

概念隐喻认为比喻把概念从抽象模糊的、遥远的域转移到具体熟悉的、接近的域（Lakoff et al., 1999）。这与 CLT 的观点是一致的。高识解水平（抽象的、泛指的）会使个体感到遥远，低识解水平（具体的、针对性的）会使个体感到接近（Trope & Liberman, 2010）。比喻通过化繁为简、化抽象为具体，将抽象的、遥远的转化为具体的接近的。这不仅说明比喻把模糊抽象的概念变得生动形象、易于理解，也从整体上肯定了比喻是可以缩短个体和认知对象间的心理距离的。因此提出以下假设。

H1e 线上教学视频中使用比喻有助于使内容更容易被学生想象。

2. 动态板书的影响

动态板书本质是一种实时字幕，且与一般的实时字幕不同。随着教学讲解的推进，动态板书呈现出教学中的重点摘要和一些促进学生理解的图示。这种实时的变化，是对真实课堂教学的一种模拟，在某种程度上减弱了学生感知到的时间不对等。因此提出以下假设。

H2a 在线上教学视频中使用动态板书有助于缩短学生和视频的时间距离。

动态板书把现实教室中的黑板搬到了显示屏上，通过对真实场景的模拟，给学生营造出课堂的氛围，甚至将他们带入真实课堂的环境。同时，与没有动态板书的教学视频相比，动态板书在画面中有连续的运动，而普通的 PPT 旁白视频中只有幻灯片转换的部分移动。感知注意力的观点认为，吸引注意力的不一定是运动，而是一个新的认知对象的出现（Yantis & Hillstrom, 1994）。将该观点应用于教学视频，则意味着一个拥有着更多新感知对象的视频，如使用了动态板书的视频，能更有效地吸引学生注意力，从而使他们拥有更高的学习参与度，更加沉浸在教学中（Chen & Thomas, 2020）。因此提出以下假设。

H2b 在线上教学视频中使用动态板书有助于提高学生的沉浸感。

H2c 在线上教学视频中使用动态板书有助于缩短学生和视频的空间距离。

使用动态板书进行讲解和使用 PPT 画面的另一个不同之处在于，动态板书是一步步地、循序渐进地把讲解内容呈现在画面中，这中间给予了学生更多的思考时间，让他们的思维随着板书的变化运动，而板书也是教师思考过程的体现，所以在某种程度上，动态板书增加了学生和教师的思想交流。因此提出以下假设。

H2d 在线上教学视频中使用动态板书有助于缩短学生和视频的社交距离。

此外，根据认知负荷的观点，动态板书呈现的重点摘要促进有效理解，因为摘要可以帮助学生将注意力集中在核心思想上，减少不必要的认知资源投入（Kulgemeyer & Riese，2018）。因此提出以下假设。

H2e 在线上教学视频中使用动态板书有助于使内容更容易被学生想象。

3. 心理距离的影响

根据 CLT，个体面对心理距离较远的事物，往往会优先考虑可取性（为什么做），而面对实力距离较近的事物，往往优先考虑可行性（怎么做）（Darke et al.，2016）。对于线上教学视频来说，如果学生感觉自己和视频内容是非常遥远的，他们会去关注观看这个视频可以为他们带来的收益，考虑观看这个视频能否使他们获得他们所期望的知识、能否使他们的成绩得到提升。然而，随着识解水平降低带来的心理距离的缩短，学生对可取性的关注将逐渐被转移到可行性上，即他们会倾向于考虑这个教学视频是不是易于获得且可随时观看的。而线上教学较之于传统授课最大的优势就在于其便利性，不需要出门，只要通过电子设备就能实现随时随地的学习。综上，心理距离的缩短可以使得学生更多地去考虑、去关注线上教学的优势，从而他们会更容易接受、也更加乐于去学习这个线上教学视频，也会更加乐意去推荐这个视频。

此外，在对 CLT 的研究中，也有学者专门对媒体进行了研究。媒体用户能够更专注、更快速地处理那些近距离的、具体的对象（Rogers et al.，1977；Van't Riet et al.，2018）。也就是说，心理距离的缩短和专注度、理解速度之间存在正比的关系。当心理距离缩短时，学生在观看视频时也就能够做到更专注地学习、更快地理解，从而使他们个人的学习体验得到改善、个人学习成绩得到提升。而学习体验差、学习效果差是线上教学存在的重要问题，也是使得学生半途而废的重要原因。所以，当这个问题得到了一定的改善，相应地，学生可能会更乐于去继续学习他们的线上教学视频。

同时，已经提到过心理距离中有四个最常用也是最关键的距离：空间距离、时间距离、社交距离和假设距离，对于这四个距离，学者也分别作出过论述。

如果人们认为这件事存在于一个较为遥远的时间点，那么这件事带来的收益或危害就会被低估，即对价值的认知会随之减少；反之，时间距离的缩短可能会使得学生对预期收益做出更高的评价，从而影响到学生的持续学习意愿。另外，已有研究证明，说服性信息与受众越相关，说服力越强（Breves，2020；Parks et al.，2014；Petty & Cacioppo，1986）。教学，本质上也是一种说服，在教师将知识传输给学生的过程中，最首要的就是让学生认可、相信教师输送的观点。所以，如果学生能感受到这个教学视频针对的对象是他本人，这个视频和他是相关的，那么会更容易接受视频的内容。特洛普和利伯曼（Trope & Liberman，2003）也曾提出，心理距离中的空间距离、时间距离、社交距离、假设距离是相互关联的，其中一个存在的特性，在另一个上也有很大的可能性。

综上，可以发现学者们对四个距离的分别论述和对心理距离的综合论述是一致的。这四个距离的缩短能够使学生更专注、更轻松地理解教师讲解的内容，从而改善学习体验，提高学生的预期收益和实际学习成绩，最终增强学生的学习意愿。而在这样的情况下，学生往往也会更加愿意去向他人推荐这个教学视频。因此提出以下假设。

H3a 心理距离的缩短有助于提高学生的学习绩效。

H3b 心理距离的缩短有助于增强学生的学习意愿。

H3c 心理距离的缩短有助于增强学生的推荐倾向。

4. 沉浸感的影响

沉浸感的增强意味着学生更加专注于视频教学中，把更多的注意力聚集在视频讲解的内容上，从而提升了学生的学习效率、加快了学生的理解速度、提高了学生的成绩，最终增强了学生的学习意愿。而在这样的情况下，学生往往也会更加愿意去向他人推荐这个教学视频。因此提出以下假设。

H4a 沉浸感的增加有助于提高学生的学习绩效。

H4b 沉浸感的增加有助于增强学生的学习意愿。

H4c 沉浸感的增加有助于增强学生的推荐意愿。

5.3.2 方法与数据来源

本书关注比喻与动态板书的影响作用，因此采用 2（有形象比喻 VS 无形象比喻）×2（有动态板书 VS 无动态板书）的组间设计。采用"梯度下降"这一教学视频，由于梯度下降概念较为抽象，具有一定难度，单独只是概念解释常难以理解，因此较适合应用于比喻效果研究。而且，梯度下降的解释涉及数学公式，数学公式也较适用于动态板书。由于控制语音、语速等要素，文章的原始视频完全依照中国大学 MOOC 中的一段梯度下降的解释视频模式由教师进行重新录制，教师记录下中国大学 MOOC 视频中的讲解文字、解释顺序，按照中国大学 MOOC

模式进行重新录制。基于该视频，根据有无比喻和动态板书，教师同时录制了另外三个视频，每个视频为 10 ~ 15 分钟时长，如图 5.1 所示。

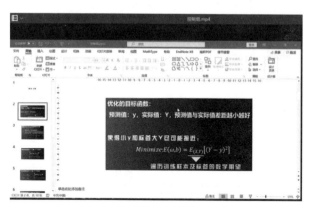

（a）无比喻无动态板书视频画面截图

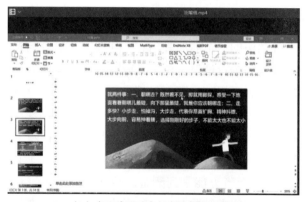

（b）有比喻无动态板书视频画面截图

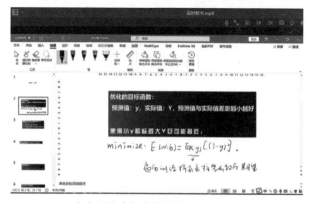

（c）无比喻有动态板书视频画面截图

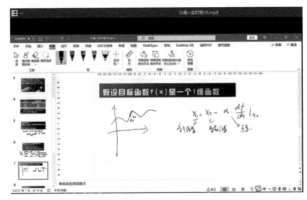

（d）有比喻有动态板书视频画面截图

图 5.1　实验截图

1. 实验过程

首先邀请了 12 名学生到学院专业实验室进行现场预实验，被试在隔音实验室中随机观看四个视频中的一个后回答问卷，问卷回收后会与进行被试访谈并根据反馈对实验问卷及视频进行调整。由于学院专业的实验室封闭性、隔音性都非常好，而平时学生在线观看视频学习一般都自行在自己电脑上观看，周边环境不似实验室环境般安静，因此，在现场预实验后，又在在线实验平台上发布视频与问卷，在平台上招收 32 名被试，实验参与人员将随机观看四个视频中的一种而后回答问卷，再次进行预实验，为保障实验效果问卷中添加了只有认真观看视频答题后信度分在 80 分以上者方能拿到酬金的说明。最后，进行正式实验，共发放邀请 236 名被试，根据问卷答题时长，问卷内设置的甄别题项等，最终得到有效实验问卷 193 份，如表 5.1 所示。

表 5.1　　　　　　　　　各组数据统计

动态板书	比喻	
	无	有
无	43（A 组）	54（B 组）
有	44（C 组）	52（D 组）

在随机分组所获取的最终有效问答中，有 43 名被试观看的是无比喻无动态板书的视频，44 名观看的是无比喻有动态板书视的频，54 名观看的是有比喻无

动态板书视频，52 名观看的是有比喻有动态板书的视频。被试观看完视频后将回答时间距离感、空间距离感、社交距离感、可想象性、沉浸感、推荐倾向、学习绩效，以及继续学习倾向相关的问题。

2. 度量

采用如表 5.2 所示的度量，采用 Likert 量表 1 ~ 7 进行打分，分数越高表示越赞同，越低则表示越不赞同。

表 5.2　　　　　　　　　　　　　　　　度量

潜变量	题项	来源
空间距离	观看视频过程中，感觉我和上课的老师在同一个物理空间（同一间）教室里	米尔等（Mir et al.，2016）
社交距离	观看视频过程中，感觉视频可以带来互动感	王等（Wang Y et al.，2020）
	观看视频过程中，我能够集中精力观看视频	
时间距离	感觉是在对我直接上直播课	特洛普和利伯曼（2010）
可想象性	我能够想象出梯度下降算法的算法过程	舒尔茨等（Schuetz et al.，2020）
	我能够想象出梯度下降算法中数据的更新过程	
	我脑海中能够呈现出梯度下降算法的计算过程画面	
沉浸感	观看视频过程中，我感觉我个人处于上课的状态中	布雷肯等（Bracken et al.，2014）
	观看视频过程中，我感觉我在上课的环境中	
学习绩效	我觉得我理解了梯度下降的算法过程	宋和黄（Sung & Hwang，2013）
	我觉得我理解了视频中所解释梯度的内涵	
	我觉得我理解了视频中所解释的学习率的内涵	
推荐倾向	我会从正面去评价这个视频	韩等（Han et al.，2019）
	如果我的朋友想要学习这个知识点，我会推荐这个视频	
	如果我的朋友想要学习这个知识点，我会劝说朋友和同学看这个视频	
持续学习倾向	如果我在想要学习某方面的知识（内容不限）时，恰巧看了这个机器学习的视频之后，会想继续学习该系列视频	塔姆等（Tam et al.，2020）
	如果我想要学习机器学习这方面的知识，看了这个视频，会继续学习该系列视频	

控制变量及背景变量：由于学习受兴趣和知识难度影响，因此，同时调研"您认为视频的难度""请问您对该视频所讲述的这类型内容感兴趣吗"，同样以 Likert 量表 1~7 分打分。此外，被试人员的年龄、性别背景也在问卷调研中进行。

操作检验：由于请参与人员观看视频，对于比喻，调研中添加问题"请问您认为视频有通过比喻去进行解释吗"，回答人员对其进行 1~7 分选择，如果非常赞同则选 7 分，非常不赞同则选 1 分。

5.3.3 假设检验

1. 随机化检验与混淆分析

为保障四组被试人员只是在实验所操控的四种情形下不同，而在人口统计元素上包括性别年龄是随机的，进行了两个检验。Pearson Chi - Square test 结果显示四组在性别上没有显著差异 $\chi^2(3, N = 193) = 1.922$，$p = 0.589$。单因素方差分析检验结果显示，四组在年龄上同样没有显著差异，$F(3, 193) = 0.874$，$p = 0.456$，方差一致性分析同样显示年龄对方差一致性上没有影响，$p = 0.874$。因此，不存在由于人口统计因素而产生可能的混淆效应。接下来，年龄和性别将不再进入协变量的控制分析之中。

2. 控制检验

实验参与人员会对视频的比喻进行 1~7 分的评分选择，其中有比喻组即 B 和 D 两组共 96 人，剩下的无比喻的 A 和 C 两组共 97 人。共根据单因素方差分析结果显示，有比喻组的对比喻评价的评分（$n = 106$，$Mean = 1.52$，$SD = 0.76$）明显高于无比喻组（$n = 87$，$Mean = 6.54$，$SD = 0.706$），组间差异显著（$p = 0.0003$）。四组对比分析中，A 组（$n = 43$，$Mean = 1.51$，$SD = 0.768$），B 组（$n = 54$，$Mean = 6.52$，$SD = 0.693$），C 组（$n = 44$，$Mean = 1.52$，$SD = 0.762$），D 组（$n = 52$，$Mean = 6.56$，$SD = 0.725$）。根据 Tukey's HSD 两两对比的显著性检验结果显示，B 组和 D 组在比喻评价上没有显著差异（$p = 0.993$，$CI[-0.41, 0.33]$），B 组与 A 组（$p = 0.000$，$CI[4.61, 5.38]$）以及 B 组和 C 组（$p = 0.000$，$CI[4.62, 5.40]$）都有显著性差异，A 组和 C 组没有显著性差异（$p = 1.000$，$CI[-0.42, 0.40]$）。根据结果可以看出，视频中设置的比喻差异控制合理，控制效果良好。

3. 视频特征对心理距离和沉浸的影响分析

总体来看，如表 5.3 所示，不同视频形式对空间距离感、时间距离感、社交距离感、可想象性和沉浸性的影响是显著的。

表 5.3 影响分析

潜变量	方差	F	显著性水平
空间距离感	38.093	13.497	0.000
时间距离感	24.055	8.404	0.000
社交距离感	33.741	13.307	0.000
可想象性	24.447	10.703	0.000
沉浸感	13.920	5.791	0.001

各组平均得分如表 5.4 所示。

表 5.4 各组平均得分

潜变量	视频形式	均值	标准误	95% 置信区间	
				下限	上限
空间距离感（得分越高表示越在同一空间内）	比喻	4.704	0.229	4.253	5.155
	比喻＋动态板书	5.058	0.233	4.598	5.517
	动态板书	3.636	0.253	3.137	4.136
	控制组	3.140	0.256	2.634	3.645
时间距离感（分值越高表示越在同一时间内）	比喻	4.944	0.230	4.490	5.399
	比喻＋动态板书	5.288	0.235	4.826	5.751
	动态板书	4.023	0.255	3.520	4.526
	控制组	3.814	0.258	3.305	4.323
社交距离感（分值越高表示越亲近）	比喻	4.667	0.217	4.239	5.094
	比喻＋动态板书	4.952	0.221	4.516	5.388
	动态板书	3.409	0.240	2.936	3.883
	控制组	3.326	0.243	2.847	3.805

续表

潜变量	视频形式	均值	标准误	95%置信区间	
				下限	上限
可想象性	比喻	4.895	0.206	4.489	5.301
	比喻+动态板书	5.474	0.210	5.061	5.888
	动态板书	4.356	0.228	3.907	4.806
	控制组	3.798	0.230	3.344	4.253
沉浸感	比喻	5.130	0.211	4.713	5.546
	比喻+动态板书	5.567	0.215	5.143	5.991
	动态板书	4.568	0.234	4.107	5.029
	控制组	4.384	0.236	3.917	4.850

根据方差分析，利用 Turkey HSD 两两比较，可以得出比喻和比喻+动态板书两种视频对学生的物理距离感的影响没有显著差异（$p=0.699$，$CI[-1.2$，$0.49]$），控制组和无比喻+动态板书组对学生的物理距离感的影响没有显著差异（$p=0.514$，$CI[-0.44$，$1.43]$）。而比喻组和控制组对学生的物理距离感的影响有显著差异（$p=0.000$，$CI[0.67$，$2.45]$），比喻组和动态板书组对学生的物理距离感的影响有显著差异（$p=0.011$，$CI[0.18$，$0.95]$）。而比喻+动态板书组和控制组对学生的物理距离感的影响有显著差异（$p=0.000$，$CI[1.02$，$2.82]$），比喻+动态板书组和动态板书组对学生的物理距离感的影响有显著差异（$p=0.000$，$CI[0.53$，$2.31]$）。可以得出，动态板书对物理距离感没有显著影响，比喻对物理距离感有显著影响，使用比喻会拉近物理距离感。

比喻和比喻+动态板书两视频对学生的时间距离感的影响没有显著差异（$p=0.722$，$CI[-1.2$，$0.51]$），控制组和无比喻动态板书组对学生的时间距离感的影响没有显著差异（$p=0.939$，$CI[-0.73$，$1.15]$）。而比喻组和控制组对学生的时间距离感的影响有显著差异（$p=0.007$，$CI[0.23$，$2.03]$），比喻组和动态板书组对学生的时间距离感的影响有显著差异（$p=0.039$，$CI[0.03$，$1.81]$）。而比喻+动态板书组和控制组对学生的时间距离感的影响有显著差异（$p=0.000$，$CI[0.57$，$2.38]$），比喻+动态板书组和动态板书组对学生的时间距离感的影响有显著差异（$p=0.002$，$CI[0.37$，$2.16]$）。可以得出，动态板书对时间距离感没有显著影响，比喻对时间距离感有显著影响，使用比喻会拉近时间距离感。

比喻和比喻 + 动态板书两视频对学生的社交距离感的影响没有显著差异（p = 0.793，CI[− 1.087，0.517]），控制组和无比喻动态板书组对学生的社交距离感的影响没有显著差异（p = 0.995，CI[− 0.802，0.969]）。而比喻组和控制组对学生的社交距离感的影响有显著差异（p = 0.000，CI[0.498，2.185]），比喻组和动态板书组对学生的社交距离感的影响有显著差异（p = 0.001，CI[0.419，2.096]）。而比喻 + 动态板书组和控制组对学生的社交距离感的影响有显著差异（p = 0.000，CI[0.776，2.477]），比喻 + 动态板书组和动态板书组对学生的社交距离感的影响有显著差异（p = 0.000，CI[0.697，2.388]）。可以得出，动态板书对社交距离感没有显著影响，比喻对社交距离感有显著影响，使用比喻会拉近社交距离感。

对于可想象性，比喻组和比喻 + 动态板书组没有显著差异（p = 0.202，CI[− 1.3404，0.1818]），比喻和动态板书组中没有显著差异（p = .298，CI[− .2566，1.3346]），这三组与控制组有显著差异（p = 0.003，CI[0.2959，1.8973]）。可以得出，比喻和动态板书都对可想象性有帮助。

比喻和比喻 + 动态板书两视频对学生的沉浸感的影响没有显著差异（p = 0.468，CI[− 1.2185，0.3431]），控制组和无比喻动态板书组对学生的沉浸感的影响没有显著差异（p = 0.945，CI[− 0.6773，1.0462]）。而比喻组和控制组对学生的沉浸感的影响有显著差异（p = 0.09，CI[− 0.0755，1.5673]），比喻组和动态板书组对学生的沉浸感的影响没有显著差异（p = 0.285，CI[− 0.2547，1.3776]）。而比喻 + 动态板书组和控制组对学生的沉浸感的影响有显著差异（p = 0.002，CI[0.3553，2.0119]），比喻 + 动态板书组和动态板书组对学生的沉浸感的影响有显著差异（p = 0.010，CI[0.1759，1.8223]）。可以得出，动态板书对沉浸感没有显著影响，比喻对沉浸感有显著影响，而尤其值得注意的是，比喻 + 动态板书对沉浸感的影响是最大的，因此同时使用比喻和动态板书效果最好，最能使学生沉浸到听课之中。

4. 心理中介要素对推荐倾向、持续学习倾向，以及学习绩效的影响检验

对于空间距离感、时间距离感、社交距离感、可想象性和沉浸性对推荐倾向、持续学习倾向，以及学习绩效的影响，采用线性回归进行检验。回归中，VIF 值为 1.472 ~ 3.616，说明各变量间没有共线性，总体回归分析结果如表 5.5 所示。

表5.5 回归分析结果

潜变量		学习绩效		持续学习倾向		推荐倾向	
		标准化系数	p 值	标准化系数	p 值	标准化系数	p 值
自变量	时间距离	− 0.071	0.269	0.006	0.924	0.061	0.415
	空间距离	− 0.061	0.323	0.019	0.777	0.101	0.170
	社交距离	0.266 ***	0.001	0.368 ***	0.000	0.528 ***	0.000
	可想象性	0.582 ***	0.000	0.050	0.382	0.115 *	0.069
	沉浸感	0.046	0.528	0.082	0.214	0.222 ***	0.003
控制变量	难度	− 0.133 ***	0.007	0.066	0.142	0.041	0.409
	兴趣	0.073	0.152	0.502 ***	0.000	0.103 **	0.046

根据表5.5，可以得到一些有趣的结果。学习绩效影响中，时间距离、空间距离，以及兴趣都不对学习绩效有显著影响，社交距离、可想象性和难度对学习绩效有显著影响。持续学习影响中，时间距离、空间距离、可想象性、沉浸感、难度都不对持续学习有显著影响，仅社交距离和兴趣对持续学习倾向有显著影响。推荐倾向中，时间距离、空间距离、难度都不对推荐倾向有显著影响，社交距离、可想象性、沉浸感和兴趣会对推荐倾向有显著影响。

5. 中介作用检验

对于空间距离感、时间距离感、社交距离感、可想象性和沉浸性的中介作用，利用 PROCESS 插件通过 Bootstrap 进行中介效应分析。根据回归分析表5.5 的结果，将对有显著影响的自变量进一步进行中介效应分析。

对学习绩效的影响中，只有社交距离和可想象性有显著影响，而动态板书对社交距离没有显著影响，因此，仅分析社交距离和可想象性在比喻对学习绩效影响的中介作用，以及可想象性在动态板书对学习绩效影响的中介作用。比喻通过社交距离为中介到学习绩效的影响关系中，社交距离的间接效应显著（indirect effect = 0.7742，CI[0.4870，1.1202]）。比喻通过可想象性为中介到学习绩效的影响关系中，可想象性的间接效应显著（indirect effect = 0.8020，CI[0.4824，1.1399]）。动态板书通过可想象性为中介对学习绩效的影响中，可想象性中介效应不显著（indirect effect = 0.4198，CI[0.0788，0.7647]）。因此，比喻通过社交距离到持续学习倾向的中介效应显著，动态板书通过社交距离到学习绩效的中介效应不显著，通过可想象性到学习绩效的中介效应显著。

对持续学习倾向的影响中，只有社交距离有显著影响，而动态板书对社交距离没有显著影响，因此，仅分析社交距离在比喻对持续学习倾向影响中的中介作用。根据检验结果，社交距离的间接效应显著（indirect effect = 1.1789，$CI[0.7805, 1.6128]$）。因此，比喻通过社交距离到持续学习倾向的中介效应显著，动态板书通过社交距离到持续学习倾向的中介效应不显著。

对推荐倾向的影响中，只有社交距离、可想象性和沉浸感三个变量有影响，而动态板书仅对可想象性有显著影响，因此只分析三个变量在比喻对推荐倾向影响的中介作用，以及可想象性在动态板书对推荐倾向影响的中介作用。比喻通过社交距离为中介到推荐倾向的影响关系中，社交距离的间接效应显著（indirect effect = 1.1995，$CI[0.8038, 1.6108]$）。比喻通过可想象性为中介到推荐倾向的影响关系中，可想象性的间接效应显著（indirect effect = 0.5310，$CI[0.2871, 0.8231]$）。比喻通过沉浸感为中介到推荐倾向的影响关系中，沉浸感的间接效应显著（indirect effect = 0.6504，$CI[0.3087, 0.9943]$）。动态板书通过可想象性为中介到推荐倾向的影响关系中，可想象性的间接效应显著（indirect effect = 0.2897，$CI[0.0451, 0.5453]$）。

6. 结构方程模型验证

（1）信度和效度分析。所用的潜变量各项因子得分、信度相关结果如表5.6所示。可以看到，各潜变量结果良好。

表5.6 信度分析

潜变量	量项	因子得分	均值	方差	CA	CR	AVE
社交距离	SD_1	0.893	3.5851	1.9349	0.8315	0.8386	0.7237
	SD_2	0.799					
可想象性	HD_1	0.897	4.2153	1.7306	0.9303	0.9316	0.8201
	HD_2	0.909					
	HD_3	0.909					
沉浸感	IM_1	0.882	4.5446	1.7049	0.8796	0.8799	0.7856
	IM_2	0.890					

续表

潜变量	量项	因子得分	均值	方差	CA	CR	AVE
学习绩效	LP_1	0.836	4.1944	1.6844	0.9139	0.9176	0.7881
	LP_2	0.908					
	LP_3	0.915					
继续学习倾向	CN_1	0.857	3.8313	2.0022	0.8868	0.8870	0.7970
	CN_2	0.930					
推荐倾向	RI_1	0.819	4.1218	1.8754	0.9342	0.9456	0.8552
	RI_2	0.952					
	RI_3	0.969					

注：CA = Cronbach's alpha；CR = Composite reliability；AVE = Average variance extracted。

潜变量之间的相关系数如表 5.7 所示，其中对角线上的值为 AVE 的方根，可以看到，对角线的值均大于相关系数，即区分效度满足要求。

表 5.7 潜变量相关系数

潜变量	1	2	3	4	5	6
社交距离	0.8507					
可想象性	0.625	0.9056				
沉浸感	0.786	0.681	0.8863			
学习绩效	0.623	0.728	0.619	0.8877		
继续学习倾向	0.750	0.603	0.707	0.608	0.8927	
推荐倾向	0.746	0.495	0.747	0.552	0.698	0.9248

根据 Harman's single factor test 检验共同方法偏差，所得到的第一个因子所解释的方差解释率为 34.7%，因此，满足共同方差。由于所用到的潜变量相对较少，因此仅用该方法进行共同方法检验。

（2）路径系数。路径系数关系如表 5.8 所示，可以看到与 5.2 节结果一致。

表 5.8   路径系数

路径	路径系数	p 值
比喻→物理距离感	0.405 ***	0.000
动态板书→物理距离感	0.114	0.178
比喻→时间距离感	0.334 ***	0.000
动态板书→时间距离感	0.079	0.238
比喻→社交距离感	0.412 ***	0.000
动态板书→社交距离感	0.063	0.372
比喻→可想象性	0.355 ***	0.000
动态板书→可想象性	0.177 ***	0.009
比喻→沉浸感	0.282 ***	0.000
动态板书→沉浸感	0.106	0.147
物理距离感→学习绩效	− 0.084	0.198
时间距离感→学习绩效	− 0.109	0.129
社交距离感→学习绩效	0.358 ***	0.000
可想象性→学习绩效	0.670 ***	0.000
沉浸感→学习绩效	0.078	0.138
知识难度→学习绩效	− 0.135 ***	0.007
兴趣→学习绩效	0.078	0.124
物理距离感→持续学习倾向	0.025	0.614
时间距离感→持续学习倾向	0.014	0.776
社交距离感→持续学习倾向	0.480 ***	0.000
可想象性→持续学习倾向	0.057	0.272
沉浸感→持续学习倾向	0.034	0.117
知识难度→持续学习倾向	0.084	0.105
兴趣→持续学习倾向	0.652 ***	0.000
物理距离感→推荐倾向	0.049	0.206
时间距离感→推荐倾向	0.099	0.165
社交距离感→推荐倾向	0.584 ***	0.000
可想象性→推荐倾向	0.163 ***	0.004
沉浸感→推荐倾向	0.285 ***	0.000
知识难度→推荐倾向	0.037	0.492
兴趣→推荐倾向	0.159 ***	0.003

5.3.4　讨论

研究探讨了线上教学视频特征对学生心理反应、学习绩效、持续学习意愿和推荐倾向的影响。探讨了两种特定类型的视频特征：比喻修辞和动态板书的使用。比喻分为使用比喻和不使用，动态板书分为使用动态板书和纯 PPT 画面。

根据数据分析的结果，比喻修辞的使用对物理距离感、时间距离感、社交距离感、可想象性和沉浸感都有显著影响，使用比喻会拉近物理距离感、时间距离感、社交距离感，增强可想性和沉浸感。一方面，该结论再次证实了识解水平和心理距离之间的双向影响关系，通过对语言进行操控确实可以控制事件和个体之间的心理距离。另一方面，也说明了比喻修辞在语言描述的魅力并不会受到形式的影响，比喻在解释一些抽象的、复杂的理论的时候确实能够做到化繁为简、化抽象为具体，在线上教学中也是非常有效的教学工具。

同时，对动态板书的研究说明，动态板书的使用仅对可想象性有显著影响，使用动态板书可以增加可想象性。因为通过板书的形式，教师的言语被　步步地具体化在屏幕上，学生省略了在脑内将文字转化成图像的这一步。另外有趣的是，尽管动态板书对沉浸感没有显著影响，但在四组视频中，比喻 + 动态板书对沉浸感的影响是最大的，这说明了尽管单独使用动态板书的效果并不显著，但是在和比喻配合使用的情况下，有显著的效果，可以将动态板书作为一种辅助工具。

在对学习绩效的影响中，社交距离的拉近、可想象性的增加可以提高学生的学习绩效；在对持续学习的影响中，社交距离的拉近可以增强学生的持续学习意愿；在对推荐倾向的影响中，社交距离的拉近、可想象性的增加、沉浸感的增强可以增加学生推荐倾向。可以看出，社交距离的拉近对学生的学习绩效、持续学习意愿、推荐倾向都有着显著的推动作用，增强与学生之间的互动感以及教师和学生之间的情感联系，是提高视频效果最有效的方法，因为缺乏互动、缺少师生交流本就是线上教学自身的一大缺点。而可想象性则和学生的理解程度有着直接联系，可想象性的增加意味着学生更快更好地理解教学内容，学习绩效和推荐倾向随之提高。而沉浸感则和学生的专注度紧密相关，一些线上教学的视频的致命问题在于不能抓住学生的注意力，学生在观看视频的过程中会不自觉地走神，因此，一个更加有吸引力的视频理所应当的会更容易被推荐。而时间距离和空间距离对于学习效果都没有显著影响，原因可能在于，经过了新冠肺炎疫情，大部分的学生已经习惯了线上教学这一形式，他们对于空间距离、时间距离已经并不敏感了，因此时间距离和空间距离就不再产生显著影响。但时间距离和空间距离的感知可能也和身处的环境有一些关联，本研究并没有对此进行控制，这还需要更多的研究。

此外，通过心理反应的中介模型也得到了检验。比喻通过社交距离到持续学习倾向的中介效应显著，动态板书通过可想象性到学习绩效的中介效应显著，比喻通过社交距离到持续学习倾向的中介效应显著，比喻通过社交距离、可想象性、和沉浸感到推荐倾向的中介效应显著，动态板书通过可想象性到推荐倾向的中介效应显著。这说明社交距离和可想象性可能是关乎学生线上学习效果最关键的因素，也是提高线上学习资源利用率的关键。

虽然网络上已经有了大量的学习平台和学习资源，但是它们的利用率并不高。在线上教学视频中使用比喻和动态板书，并不需要额外的技术和工具，但能够通过心理效应对学生的学习绩效、持续学习意愿和推荐倾向产生有效的影响。

从比喻修辞和动态板书入手，CLT 和沉浸感作为中介变量，探讨比喻和动态板书对学习绩效、持续学习意愿和推荐意愿的影响。通过实验，线上教学视频使用比喻，有可能通过拉近物理距离感、时间距离感、社交距离感，增强可想象性和沉浸感来提高学习绩效、增加持续学习意愿和推荐倾向。如果视频使用动态板书，则能进一步增强可想象性和沉浸感，从而增加推荐倾向。在理论上，拓展了 CLT 的研究适用范围和领域，从新的角度去研究线上教育技术。在现实中，研究结果对于线上教学平台和线上教学视频的制作者而言，有具体实际的指导意义。

5.4 课程网络结构的影响分析

5.4.1 假设提出与模型构建

1. 课程网络规模

网络规模指的是构成网络的参与者数量（Burt，2000）。在本书中，课程网络规模是指 MOOCs 用户已经学习的课程数量。艾哈迈德（Ahmed，2021）证实，与较小网络中的人相比，更广泛的社交网络中的人更有可能分享深度干货。贝克和肖尔（2020）研究了论坛规模对 MOOCs 中知识贡献的影响。他们发现，在更大规模的论坛中，用户会各自贡献更多的内容，回复或其他对话帖子的数量更大。类似于本书的课程规模，如果用户注册了更多的课程，将比那些参与较少课程的人花费更多的时间在 MOOCs 上。因此提出以下假设。

H5 课程规模将对 MOOCs 中的持续行为产生积极影响。

2. 课程网络多样性

网络知识多样性是指网络中有多少知识元素（Huang & Chen，2010）。伯特（Burt，2004）发现，在多样化和资源丰富的网络中，人们可以更好地获得许多好处，如信息、社会影响和社会认可，可以进一步转化为财务回报（Burt，2004）。陈（Chen W，2015）研究了网络多样性与国家文化资本的关系，发现网络多样性对文化知识有正向影响。此外，只要网络技术多样性跨越三位数的技术类别，网络多样性就能提高公司的开发性创新（Wen et al.，2021）。因此，在线学习中，注册更多种类课程的用户将从他们的课程网络中受益更多，并可能获得更好的学习成绩，这也将促使他们继续使用该平台。在 MOOC 中，将课程多样性视为用户已经学习的类别数量，课程多样性程度高的用户在 MOOC 中的学习时间会更长。因此提出以下假设。

H6 课程多样性可以积极影响 MOOCs 中的持续行为。

3. 课程强联系

强弱关系理论是由格拉诺维特（Granovetter，1973）提出的，它指的是由时间、情感等发展起来的人际关系。这已被广泛应用于社交网络，以识别网络的融合和相互依赖（Teng，2015）。王等（Wang et al.，2017）研究了半导体公司的知识溢出，证明了强关系可用于监测共享技术的发展。梅拉梅德和辛普森（Melamed & Simpson，2016）采用了关系社会学的观点，发现强联系改善了动态网络中的合作。张等（Zhang et al.，2018）研究了强关系的强度如何调节新产品生产中的意见领导和敏感性。结果显示，意见领袖对来自关系密切的同伴的信息更敏感。廖等（2020）分析了社交网络与网络游戏忠诚度之间的关系，发现网络融合和相互依赖（ties）对用户的网络游戏忠诚度有积极影响。因此，我们试图用课程强联系的数量（怎么判断强联系）来表示用户课程网络的趋同性。研究认为课程的紧密联系一定会影响在线学习中的持续行为。因此提出以下假设。

H7 课程强联系会积极影响 MOOCs 中的持续行为。

4. 社会学习

社会学习是指个体依赖于社会互动的学习过程，它可能是由人们在社会变革中的认知协调和规范适应所诱导的（Wang et al.，2021）。并且已经证明，社会学习可以激励人们采用新产品和新技术（Mobius & Rosenblat，2014）。扎哈罗夫和邦达连科（Zakharov & Bondarenko，2021）进行了一项实验，研究社会地位和社会学习之间的关系。他们发现，如果个人地位低，社会学习能力更强，而那些主观社会地位高的人不太可能关注同龄人，更重视私人信息，然后作出决定。最重要的是，来自不同社会环境的个体之间的社会学习可能不同，他们也可能有不同的行为。

因此，在线学习时，用户可能有不同的认知和社会地位，从而导致不同层次的社会学习行为。我们认为这些因素会对课程网络和 MOOCs 中的持续行为之间的关系产生调节作用。因此提出以下假设。

H8a 在 MOOCs 中，社会学习能够积极调节课程网络规模与持续行为之间的关系。

H8b 社会学习能积极调节 MOOCs 课程网络多样性与持续行为之间的关系。

H8c 在 MOOCs 中，社会学习可以积极调节课程强联系和持续行为之间的关系。

5. 社会曝光

社会曝光可以出现在人群层面和个人层面，后者指的是接触某些正常化信仰或社交网络的人，如朋友和同事。斯图尔特和奥格登（Stewart & Ogden，2021）的研究表明，如果人们相信越瘦越健康，并与瘦的人有更多的关系，他们就会有更高的体重偏见。科恩等（Cohen et al.，2021）做了一个实验，研究社会曝光如何介导条件和使用虚拟现实设备体验之间的联系。结果显示，如果参与者观看了其他反应的视频，他们的移情关怀和面部同步将在使用该设备期间得到增强。

总的来说，当接触到具有相同规范化信念或使用经验的用户时，人们可能会有更强的意愿使用相同的平台。同样，在线学习中，如果学生接触到来自同一平台的更多用户，他们可能会认为该平台是一个有用的学习工具，并持续使用它。

因此，我们认为社会曝光可以积极调节课程网络与继续行为的关系，并提出以下假设。

H9a 在 MOOCs 中，社会曝光可以积极调节课程网络规模和继续行为之间的关系。

H9b 社会曝光能够积极调节课程网络多样性和 MOOCs 中的持续行为之间的关系。

H9c 社交曝光可以积极调节 MOOCs 中课程强联系和持续行为之间的关系。

5.4.2 方法与数据来源

数据于 2020 年 4 月在中国大学 MOOC（https：//www.icourse163.org）收集，该网站提供大量免费在线课程供任何人注册。截至 2022 年 4 月，中国上线慕课数量超过 5.2 万门，学习人数达 8 亿人次。因此，MOOCs 适合作为研究。我们收集了 2235 名用户的信息，包括他们的 ID 信息、在 MOOCs 的学习时长、65080 门课程（他们已经在 MOOCs 上注册）信息等。图 5.3 是一个 MOOCs 用户的信息截图。从样本中移除了 16 个没有注册任何课程的人，并计算了这个样本中有多少不同的课程。最后，有效样本总数为 2190 个，共有 4136 种课程。

图 5.2 MOOCs 用户的屏幕截图

5.4.3 变量设置与模型

本研究的分析将通过表5.9所示的变量来检验假设。

表5.9 <center>变量描述</center>

变量类型	变量名称	变量简写	变量定义
因变量	持续行为	CB_i	用户 i 花在 MOOCs 上的时间
自变量	课程网络规模	CNS_i	用户 i 在 MOOCs 中注册的课程数量
	课程网络多样性	CND_i	用户 i 在 MOOCs 中注册的课程类别数量
	课程强联系	CST_i	用户 i 在 MOOCs 中注册的课程强联系数量
调节变量	社会学习	SL_i	用户 i 在 MOOCs 中的关注数量
	社会曝光	SE_i	用户 i 在 MOOCs 中的粉丝数量
控制变量	获赞数	$LIKE_i$	用户 i 在 MOOCs 中收到的点赞数量
	讨论数	DIS_i	用户 i 在 MOOCs 中发布的讨论数量
	证书数	CES_i	用户 i 在 MOOCs 中获得的证书数量

1. 因变量

因变量 MOOCs 中的持续行为是通过用户的学习持续时间来衡量的。我们收集了用户在 MOOCs 中学习了多长时间。因此，因变量是用户花在 MOOCs 上的时间，即用户花在 MOOCs 上的分钟数。

2. 自变量

（1）课程网络规模。课程网络规模由用户在 MOOCs 中注册的课程数量来衡量，课程网络规模被定义为 CNS_i，即用户 i 在 MOOCs 中注册的课程数量。

（2）课程网络多样性。将课程网络多样性视为用户在 MOOCs 中学习的课程类别数量。根据清华大学和北京大学本科教育的课程分类，将4136门课程分为81类。课程样本涵盖的学科广泛，包括纯科学（如数学、物理和化学）、应用科学（如工程、建筑和计算机）、艺术（如美术、音乐和设计）和语言（如中文、英文和日文）。因此，将 CND_i 定义为用户 i 的课程网络多样性，指的是用户 i 参与 MOOCs 的课程类别数量。

（3）课程强联系。在社交网络中，强关系指拥有亲密的家庭、朋友或同事圈子的人。在研究中，课程紧密联系是指在整个样本中与其他课程有紧密联系的课程。因此，选择了在整个课程网络中拥有的课程强联系用户的数量，定义为 CST_i。

为了选择联系紧密的课程，采用了 Apriori 算法，借助 Python 3.7.4 挖掘课程之间的关系。换句话说，每个用户都可以被视为包含许多课程的 MOOCs 中的一个订单。总共有 2190 个样本，包括 65080 门课程。Apriori 算法是最经典的算法之一，可以用来寻找订单之间的关联规则。通过这种算法，可以找到高频率的项目集。这些项目，即课程，被定义为整个网络中的紧密联系。在 4136 门课程中，总共有 66 门课程联系紧密。因此，CST_i 是在 MOOCs 中注册的用户联系紧密的课程数量。

3. 调节变量

在 MOOCs 中，用户可以跟随其他人。根据社会学习的定义，把用户的跟随者作为社会学习的衡量标准。所以社交学习是 SL_i，它是由用户在 MOOCs 中关注的其他用户数量来衡量的。

同样，MOOCs 中的用户也可能有追随者。这些追随者可以查看用户的 ID、学习时长和课程信息。因此，将追随者的数量视为社交曝光，即 SE_i，即在 MOOCs 中拥有的关注者用户数量。

4. 控制变量

除了那些课程网络变量和版主，还考虑了几个控制变量。具体来说，喜欢、讨论和证书也可能影响用户的继续行为。MOOCs 中的用户可以发布讨论，这些帖子可能会得到其他用户的喜欢。因此，将 $LIKE_i$ 定义为收到的用户点赞数，DIS_i 是在 MOOCs 中发布的用户讨论数。此外，MOOCs 中的用户在完成课程后可以获得证书。因此，CES_i 被定义为用户在 MOOCs 中获得的证书数量。

为了检验假设，开发了四个模型来探索这些因素如何影响 MOOCs 中的持续行为。由于因变量（CB）为 5~56998 分钟，因此对其取对数以缩小 CB 的范围。选择普通最小二乘（OLS）回归来建模 CB 以研究其与一组自变量的关系。模型 1 包括自变量和控制变量，模型 2 增加了两个调节变量，模型 3 和模型 4 分别增加了自变量与社会学习和社会曝光之间的交互作用。模型 1~模型 4 分别为

$$\log CB = \beta_0 + \beta_1 CNS + \beta_2 CND + \beta_3 CST + \beta_4 LIKES + \beta_5 DIS$$
$$+ \beta_6 CES + \varepsilon \tag{模型1}$$

$$\log CB = \beta_0 + \beta_1 CNS + \beta_2 CND + \beta_3 CST + \beta_4 LIKES + \beta_5 DIS$$
$$+ \beta_6 CES + \beta_7 SL + \beta_8 SE + \varepsilon \qquad (\text{模型 2})$$

$$\log CB = \beta_0 + \beta_1 CNS + \beta_2 CND + \beta_3 CST + \beta_4 LIKES + \beta_5 DIS$$
$$+ \beta_6 CES + \beta_7 SL + \beta_8 SE + \beta_9 CNS*SL + \beta_{10} CND*SL$$
$$+ \beta_{11} CST*SL + \varepsilon \qquad (\text{模型 3})$$

$$\log CB = \beta_0 + \beta_1 CNS + \beta_2 CND + \beta_3 CST + \beta_4 LIKES + \beta_5 DIS$$
$$+ \beta_6 CES + \beta_7 SL + \beta_8 SE + \beta_{12} CNS*SL + \beta_{13} CND*SE$$
$$+ \beta_{14} CST*SE + \varepsilon \qquad (\text{模型 4})$$

5.4.4 基本统计分析

在进行回归之前，先检查这些变量的描述性统计，如表 5.10 所示。所有变量的标准偏差都大于它们的平均值。因此，可以确认数据差距相当大。学习时长（CB）为 5～56998 分钟，平均为 3024 分钟。在样本中，用户已经注册了大约 28 门课程，包括 7 个类别，平均有 12 门课程有很强的联系。此外，关注数和粉丝数的平均人数不到 1，这意味着大多数用户没有关注任何人或被其他人关注，这是合理的，因为 MOOCs 是一个社交互动较少的在线学习平台。控制变量方面，用户平均收到 8 个赞左右，发布 13 条讨论。此外，证书的数量为 0～106，这意味着样本具有低水平的证书数量。

表 5.10　　　　　　　　　　变量的描述性统计

统计量	CB	CNS	CND	CST	SL	SE	LIKE	DIS	CES
最大值	56998	997	70	124	52	19	4297	3194	106
最小值	5	1	1	1	0	0	0	0	0
平均值	3024	28.24	6.785	11.96	0.518	0.100	8.082	13.31	0.811
方差	3597	50.11	6.537	12.76	2.002	0.672	99.13	77.83	3.529
样本总数	2190	2190	2190	2190	2190	2190	2190	2190	2190

注：CB 表示持续行为，SL 表示社会学习，SE 表示社会曝光，$LIKE$ 表示喜欢，DIS 表示讨论，CES 表示证书，CNS 表示课程网络规模，CND 表示课程网络多样性，CST 表示课程强联系。

除了描述性分析，还进行了变量的相关分析，结果如表 5.11 所示。所有变量均与持续行为呈正相关。具体而言，课程网络规模、课程网络多样性和课程强联系与持续行为正相关。至于调节因子，社会学习和社会曝光也与因变量相关。控制变量与持续行为也有显著的正相关。

表 5.11　　　　　　　　　　　　变量的相关性分析

变量	CB	CNS	CND	CST	SL	SE	LIKE	DIS	CES
CB	1								
CNS	0.311*	1							
CND	0.385*	0.838*	1						
CST	0.254*	0.766*	0.697*	1					
SL	0.257*	0.193*	0.207*	0.204*	1				
SE	0.282*	0.085*	0.095*	0.068*	0.503*	1			
LIKE	0.384*	0.135*	0.139*	0.031	0.099*	0.351*	1		
DIS	0.437*	0.168*	0.197*	0.052*	0.120*	0.376*	0.941*	1	
CES	0.447*	0.201*	0.259*	0.104*	0.185*	0.352*	0.696*	0.813*	1

注：括号中的值为标准误。* $p < 0.05$，** $p < 0.01$，*** $p < 0.001$。
CB 表示持续行为，SL 表示社会学习，SE 表示社会曝光，LIKE 表示喜欢，DIS 表示讨论，CES 表示证书，CNS 表示课程网络规模，CND 表示课程网络多样性，CST 表示课程强联系。

5.4.5　结果

为了进一步检验假设，通过 Stata 12.0 进行 OLS 回归分析，结果显示在表 5.12 中。模型 1 是基线回归结果，模型 2 考虑了三个主要的自变量、调节变量和控制变量，模型 3 和模型 4 相应地增加了调节因子和自变量的交互作用。在逐步增加变量后，R^2 变大，AIC 和 BIC 变小。此外，还计算了回归模型中所有变量的 VIF 值来检验多重共线性。除了两个控制变量，即喜欢和讨论，所有的 VIF 值都不超过 10，在（1，5）内（Lin，2008）。此外，控制变量的多重共线性不会影响自变量，如课程网络变量。因此，回归不会受到影响，结果是有效的。

首先，课程网络规模、课程网络多样性和课程紧密联系三种模式的主要效应都显著。具体而言，网络规模对 MOOCs 中的持续行为有显著的负面影响，这与 H5（$\beta = -0.00387$；模型 2 中 $p < 0.001$）相反。这表明，与课程较少的用户相比，参与课程较多的用户在 MOOCs 上花费的时间较少。课程网络多样性对继续行为有正向影响（$\beta = 0.0592$；模型 2 中 $p < 0.001$）支持 H6。如果用户注册了更多类别的课程，将在 MOOCs 上花费更多的时间。课程强联系对继续行为也有积

极影响（$\beta=0.0123$；模型 2 中 $p<0.001$）支持 H7。这表明，如果用户在自己的课程网络中有更强的联系，与联系不太强的用户相比，他们将更持续地使用 MOOCs。

其次，调节效应在一定程度上是显著的。对于社会学习而言，它不仅对继续行为有积极的影响（$\beta=0.159$；模型 3 中 $p<0.001$）也负调节了课程网络多样性和持续行为之间的关系（$\beta=-0.0084$；模型 3 中 $p<0.01$）与 H8b 相反，对网络规模和强联系没有影响。因此，不支持 H8a、H8b 和 H8c。此外，社会曝光可以减弱 MOOCs 课程网络规模与持续行为之间的负相关关系（$\beta=-0.00886$；模型 4 中 $p<0.001$）支持 H9a。社会曝光还能显著加强课程网络多样性与因变量的关系（$\beta=0.0344$；模型 4 中 $p<0.01$）支持 H9b。因为调节效果不显著，所以不支持 H9c。

最后，对于控制变量，模型结果表明获得较少喜欢的用户（$\beta=-0.00197$；模型 2 中 $p<0.01$）或发布更多讨论（$\beta=0.00289$；模型 2 中 $p<0.01$）或获得更多证书（$\beta=0.0227$；模型 2 中 $p<0.05$）将花费更多时间在 MOOCs 上。因此，这些因素会导致他们除了喜欢以外的持续行为。

表 5.12　　　　　　回归分析结果

变量	模型 1 logCB	模型 2 logCB	模型 3 logCB	模型 4 logCB
CNS	-0.00392 *** (0.000817)	-0.00387 *** (0.000813)	-0.00411 *** (0.00104)	-0.00337 *** (0.000817)
CND	0.0599 *** (0.00573)	0.0592 *** (0.00571)	0.0629 *** (0.00615)	0.0558 *** (0.00575)
CST	0.0133 *** (0.00245)	0.0123 *** (0.00245)	0.0135 *** (0.00285)	0.0121 *** (0.00247)
LIKE	-0.00190 ** (0.000628)	-0.00197 ** (0.000625)	-0.00224 *** (0.000624)	-0.000808 (0.000699)
DIS	0.00290 ** (0.000985)	0.00289 ** (0.000984)	0.00332 *** (0.000981)	0.00338 *** (0.000990)
CES	0.0290 ** (0.0103)	0.0227 * (0.0103)	0.0222 * (0.0103)	0.0198 (0.0103)

续表

变量	模型 1	模型 2	模型 3	模型 4
	$\log CB$	$\log CB$	$\log CB$	$\log CB$
SL		0.0330 ** (0.0117)	0.159 *** (0.0283)	0.0450 *** (0.0127)
SE		0.0757 * (0.0364)	0.0490 (0.0380)	0.0754 (0.0837)
$CNS * SL$			0.000623 (0.000361)	
$CND * SL$			-0.00840 ** (0.00273)	
$CST * SL$			-0.00118 (0.000939)	
$CNS * SE$				-0.00886 *** (0.00235)
$CND * SE$				0.0344 ** (0.0111)
$CST * SE$				0.00875 (0.00525)
_cons	7.043 *** (0.0330)	7.039 *** (0.0328)	6.985 *** (0.0351)	7.028 *** (0.0329)
N	2190	2190	2190	2190
R^2	0.182	0.191	0.202	0.204
adj. R^2	0.180	0.188	0.198	0.200
AIC	5862.26	5842.293	5817.723	5812.997
BIC	5902.10	5893.518	5886.023	5881.297

注：括号中的值为标准误。 $*p < 0.05$ ， $**p < 0.01$ ， $***p < 0.001$ 。
CB 表示持续行为， SL 表示社会学习， SE 表示社会曝光， $LIKE$ 表示喜欢， DIS 表示讨论， CES 表示证书， CNS 表示课程网络规模， CND 表示课程网络多样性， CST 表示课程强联系。

5.4.6 讨论

通过实证研究检验了课程网络如何通过社会学习和社会曝光的调节效应影响

用户在 MOOCs 中的持续行为。调查用户的课程网络规模、课程网络多样性和强联系是否能激励他们持续使用 MOOCs，社交学习和接触是否能加强或削弱这种关系。实证研究有以下发现。就网络效应而言，课程网络规模与持续行为负相关，课程网络的多样性和课程间的紧密联系能正向促进持续行为。换而言之，如果被研究用户的课程规模较小，涵盖的学科较多，中心化程度较高，那么 MOOCs 中的学习行为会比注册课程较多、多样性和中心化程度较低的用户更加持续。此外，社会学习会消极地削弱这两个变量之间的积极关系。社会曝光不仅降低了课程网络规模的负面效应，也增强了课程网络多样性的正面效应。

借鉴在线服务中的网络效应，对社交学习和接触的适度效应下的 MOOCs 中的持续行为进行了新的探索和理解，作出了几项重要的理论贡献。

首先，引入网络效应来分析 MOOCs 中的持续学习行为。研究结果证实了网络效应也存在于 MOOCs 中，这与楚和曼昌达（Chu & Manchanda，2015）对电子商务的研究、曾等（Tseng et al.，2018）对移动服务的研究和潘等（Pan et al.，2020）对口碑营销的研究一致。课程网络可以极大地影响持续行为。

令人惊讶的是，课程网络规模对行为有负面影响，这与贝克和肖尔（2020）在 MOOCs 论坛和艾哈迈德（2021）在社交网络中的研究不一致。一方面，根据民等（Min et al.，2020）的研究，如果有足够的公共知识可用性，小型 R&D 网络在技术开发方面比大型网络更有效，即小规模的课程网络将导致 MOOCs 中更连续的行为。另一方面，这种现象可能是由 MOOCs 在线学习环境的特点所导致的。在 MOOCs 中，课程大多是免费的，用户不需要付费。因此，与线下学习相比，注册一门课程没有付出财务成本；相反，他们需要花时间和精力在课程上来完成学习。它更像是提高电子商务购物中的购买转化率问题，在购物车中添加商品没有成本，但购买需要资金。因此，存在购物车放弃行为，是指用户将物品留在购物车中而不完成购买的行为（Huang et al.，2018）。据估计，70% 的在线购物者已经放弃了在线购物车中的商品（Neumann et al.，2014）。同样，在线学习中，参与者可能会参加许多课程，但可能不会选择学习这些课程。这将导致规模越大，学习者花在 MOOCs 上的时间就越少。

课程网络多样性对 MOOCs 中的持续行为有积极影响，这与伯特（2004）以及文等（Wen et al.，2021）的研究结果一致。如果 MOOCs 中的用户已经注册了各种课程，他们将比那些学习较少种类课程的用户更持续地使用该平台。结合课程网络规模的结果，可以得出数量有负向影响，而多样性有正向影响的结论。换句话说，用户参与了许多主要属于同一学科的课程，不会导致 MOOCs 中的持续行为。然而，多样性在提高行为方面确实很重要。课程紧密联系可以反映用户课程网络的紧密程度，也可以积极强化用户的持续行为。这一发现与廖等（2020）的研究一致，他们发现强关系可以导致更高的忠诚度。因此，如果课程在用户网络中更相关，他们将继续使用 MOOCs。这可以解释为用户有特定的学习目标，MOOCs 可以同时满足需求。因此，他们将专注于与线下教育相似的高度相关的课程。比如学生不仅要学习专业相关的课程，还要学习一些基础课程，从而加强对专业的理解。当 MOOCs 中的用户注册了紧密度较高的课程后，会持续使用平台。

其次，社会学习和接触主要出现在社会交往中的个体之间。基于莫比斯和罗森布拉特（Mobius & Rosenblat，2014）以及扎哈罗夫和邦达连科（2021）的研究，将其应用于在线学习环境。实践证明，这两种因素都能调节网络课程与学生持续行为之间的关系。

社会学习和社会曝光都会削弱课程网络多样性与持续行为之间的关系，但其作用远远小于网络多样性的积极作用。这可能是由 MOOCs 和其他在线服务之间的差异引起的。根据莫比斯和罗森布拉特（2014）的观点，社会学习可以激励人们采用新产品和新技术。因此，用户可能会受周围人影响而使用 MOOCs，但持续行为没有动机。阿克申等（Akşin et al.，2021）证实，社会接触可以导致团队工作中更好的表现。然而，与线下学习相比，在线学习环境限制了在同一课程中向其他合作伙伴学习的机会。因此，这种接触可能不会像我们的研究那样在 MOOCs 中起作用。

一方面，MOOCs 是一个代替社交网络的私人学习平台，在使用 MOOCs 时，社会学习和社会曝光的影响会有所不同。关注了很多人的用户，他们的目的可能与关注较少的用户不同。在 MOOCs 中，主要的学习方法是参与课程，而不是向其他用户学习。那些拥有大量追随者的用户可能无法达到预期结果，并将导致负面的调节效果。另一方面，当一个人被跟踪时，追随者可以看到他的所有信息，如身份信息、课程信息和学习持续时间。这可能会导致一种被察觉的感觉，从而导致负面的缓和效应。总的来说，与其他社交媒体相比，用户只希望通过在线学习获得知识，而不是社会认可。然而，虽然小的适度效应不会导致行为的巨大变化，但它可能会随着 MOOCs 中用户之间的社交互动的增加而增长。

此外，社会曝光会强化课程网络规模和延续行为的负面效应。这意味着，如果用户注册了多门课程，同时拥有更多的关注者，那么持续行为将会增加。这与之前的讨论是一致的。更多的追随者意味着有更多的潜在发现。因此，由于追随者的压力，用户可能会有动力更多地学习。

最后，研究将持续意图扩展到了 MOOCs 中的持续行为。由于人类行为难以监测，近年来的研究大多以调查的方式关注持续意图，从 MOOCs 收集数据并进行实证研究。此外，还加入了网络效应和社会学习与社会曝光来解释 MOOCs 中的持续行为。

该结果突出了用户的课程网络和社会学习与曝光对 MOOC 中持续行为的影响，并指导 MOOC 的管理和设计以激励持续学习。研究结果可以为 MOOCs 平台开发人员和教师解决高辍学率问题提供几种可行的策略。

首先，用户的课程网络可以成为 MOOCs 中持续行为的关键预测因素。中国 MOOCs 与 800 所大学合作，网站（https：//www.icourse163.org）展示了 16 个"国家精品"栏目。每个专栏都有几个更具体的学科。比如计算机栏目有 13 个子栏目，没有涵盖计算机的所有科目，只收录了主干和热门课程，如大数据与人工智能、Python、计算机编程等。换句话说，MOOCs 的课程结构需要进一步改进。根据研究结果，无论用户注册了多少门课程，多样性和封闭性对持续学习行为的影响都要大得多。因此，MOOCs 开发人员可以将专栏扩展到更详细的学科，并提供更多不同的课程。对于主要和热门科目，可以提供更多相关的基础课程，保证用户可以选择不同种类的课程，同时可以在该平台学习相关课程。这种方法可以增加用户参与多门课程的机会，在 MOOCs 中进行系统学习。因此更有可能在 MOOCs 中持续学习。

其次，社交学习和接触的调节效应可以表明在线学习环境中的社交功能与其他在线服务不同。这意味着 MOOCs 开发者需要仔细考虑平台的社交设计。研究发现，社交学习和接触主要对课程网络和持续行为的影响产生负向调节。因此，与其他在线服务不同，社交可能会导致意想不到的结果；相反，学习者可能会更加关注隐私，因为学习充满了竞争。随着 MOOCs 中社交网络的增长，MOOCs 平台可以考虑隐私设置。例如，可以询问用户的隐私偏好和社交意图。用户可以决定其信息是否可以被看到，或者是否可以被其他人跟踪。这种个性化设置不仅保护了社交学习和接触水平较低的用户的利益，而且如果 MOOCs 计划增加社交能力，还会增强那些更喜欢这两种设置的用户的需求。

最后，控制变量也有几个含义。讨论和证书的数量可以作为 MOOCs 中持续学习行为的指标。这两者可以在一定程度上揭示用户在课程中的努力。讨论和证书更多意味着更多的沉没成本，这将导致更多的持续学习。因此，MOOCs 可以鼓励用户讨论或获得证书。对于讨论形式，MOOCs 导师可以采取奖励行动，通过增加奖励或分数等方式激励学生在论坛发帖。至于证书，用户需要支付大约 100 元才能获得一个。获得证书的人在平台上花费了财务成本，并表示愿意在 MOOCs 上投入时间、精力和金钱。因此，MOOCs 平台可以通过推广或其他激励方式，采取措施留住那些忠实的客户。

总之，研究发现表明，更多样和相关的课程网络意味着在 MOOCs 中更持续的行为。通过增加用户的选择，有利于课程网络的完善。此外，为了削弱社交学习和曝光的负面适度效应，需要个性化的隐私设置。

实证研究通过考察网络效应，从课程网络规模、多样性和课程强联系以及社会学习和社会曝光的调节效应等方面丰富了在线学习文献中的持续行为。研究发现，那些课程网络规模更小、多样性程度更高、联系更紧密的人会更持续地使用 MOOCs。此外，社会学习和接触主要对上述联系产生负面影响。我们期望本研究将为 MOOCs 平台开发人员和教师提供实际的启示和策略。尽管有贡献，研究有几个局限性。首先，尽管网络效应已被纳入研究，但更多的探索可能需要更多的网络变量，如网络中心性等。其次，考察了社会学习和接触的调节效应，其他调节变量需要在未来探索。最后，研究依赖于经验数据，因此模型中可能不考虑其他控制变量。

5.5 课程质量要素的影响分析

基于奥利弗（Oliver，1980）的期望—确认理论，巴塔赫基（Bhattacherjee，2001）提出了期望确认模型（expectation confirmation model，ECM）来评估使用信息系统的意图和采用后确认之间的联系。在信息系统领域，它已被广泛用于研究持续意图。该模型表明，技术用户在考虑继续使用决策时，会对体验技术前后进行认知比较（Dai Teo & Rappa，2020）。

ECM 模型广泛应用于信息系统。戴等（Dai Teo et al.，2020）在 ECM 中增加了一个新的变量"态度"，并考察了它如何影响在线学习中的持续意图；古普塔等（Gupta et al.，2020）将采用前预期与 ECM 相结合，并验证了前者也可以推动期望确认。

心流理论起源于奇克申米哈伊（Csikszentmihalyi M，2014），可以描述消费者完全迷失在某些活动中的状态。许多研究都将心流视为在线学习环境中的使用体验。例如，赵等（Zhao et al.，2020a）发现技术环境可以影响学生的虚拟体验：在 MOOCs 学习期间的心流体验。卢等（Lu et al.，2019a）将 ECM 和心流结合起来，发现这些可以导致更高的持续使用 MOOCs 的倾向。因此，本章还将采用 ECM 和心流理论来研究 MOOCs 的持续使用意图。

任务技术匹配描述了任务和技术特征与用户绩效之间的关系（Wu & Chen，2017）。该理论被广泛应用于信息系统（Aljukhadar et al.，2014）。吴和陈（Wu & Chen，2017）将任务技术匹配（task technology fit，TTF）引入 MOOCs 语境中，并验证了 TTF 对学生感知有用性和感知易用性有积极影响。然而，很少有文献探讨哪些因素会影响 MOOCs 中的 TTF。

在 MOOCs 环境中，与其他信息系统相比，有许多课程和平台特性。因此，本书将尝试探索课程和教学相关信息如何影响用户的 TTF。

为了解决 MOOCs 高辍学率问题，研究者进行了大量的探索。一些研究关注外部因素，如课程、平台等。达汗和阿科云鲁（Dağhan & Akkoyunlu，2016）将信息系统相关模型结合在一起，发现信息、系统和服务质量可以让用户坚持在线学习。邢等（Xing et al.，2019）探讨了课程设计要素的影响，如课程时长、作业和小测验。霍恩和艾尔赛德（Hone & El Said，2016）发现课程内容能高度影响学生的学习意图。赵等（2020a）研究了技术环境，包括交互性、媒体丰富性和社会性对持续意向的影响。李等（Li B et al.，2018）研究发现网络利益感可以增强学生的学习动机，引导他们持续在 MOOCs 中学习。

此外，一些研究关注个体的内在因素。元认知是指人们掌握的关于他们的认知和内部状态的信息，可以有利于学生在网络学习中使用情感体验，即兴趣、喜欢和享受，并提高持续使用的意图（Tsai et al.，2018）。此外，戴等（2020）验证了感知 MOOCs 表现（对技术表现的评价）和习惯可以提高学生的满意度并导致更高的意向，好奇心和学习态度会影响持续使用 MOOCs 的意向。上述两个变量对 MOOCs 的持续使用都有显著影响。

此外，一些研究结合了环境因素和内部状态。吴和陈（2017）验证了任务技术匹配、MOOCs 特征和个体的社会动机对 MOOCs 的持续意向有正向影响。

总之，大多数研究都与环境因素和内部因素有关。然而，还需要更多的研究来探索质量维度。虽然有人研究服务质量、信息质量、系统质量和课程质量，但将教学质量和平台质量结合起来的文献很少。大多数研究主要集中在对质量的一个感知上，如课程层面或平台层面。例如，大多数研究主要集中在识别会影响质量的因素，或者可以认为是质量维度或质量对持续意图的影响和感知有效性（Dağhan & Akkoyunlu，2016；Xing，2019）。然而，很少有文献基于信息系统相关模型或理论来探讨这些效应，如期望确认模型、任务技术匹配和心流理论。在网络学习环境下，更多的信息系统相关模式应该适应这种背景。因此，本书旨在考察两个质量维度的影响：基于教学的质量和基于 ECM、TTF 和心流理论的平台质量。

5.5.1 假设提出与模型构建

1. 教学质量

许多研究表明，质量对确认有显著影响，如服务和系统质量（Park，2020）。此外，根据 TTF 模型，技术和任务的特点都会影响任务—技术的匹配（Wu & Chen，2017）。因此，将调查课程资源、教学方法和技术、适当的工作量和同理心是否能反映 MOOCs 的教学质量。鉴于这些维度与某一课程不对应，很难评估其价值，不会考虑这些维度会对感知价值产生影响。因此，我们认为这些将进一步影响确认和 TTF。

2. 课程资源

崔和郑（Choi & Jeong，2019）采用 ANP 方法来检验影响电子学习系统质量的因素的相对权重。他们发现信息质量集群是最重要的，包括课程内容、科目和项目。由此推断，在线学习需要大量的课程资源来开发在线课程，并引导学生进行更高的确认。根据 TTF 模型，技术和任务的特点都会影响任务—技术的契合度。在研究中，课程资源可以看作课程中的任务特征。因此，课程资源可以影响TTF 和确认，提出以下假设。

H10a 课程资源对用户的 TTF 有积极影响。

H10b 课程资源对用户确认有积极影响。

3. 教学方法和技术

穆罕默德等（Muhammad et al.，2020）通过以往文献确定了相关的课程质量因素，并通过调查证明了课程呈现的多样性对用户感知质量的重要性。梅加马德里等（Mejía – Madrid et al.，2020）探索了如何在在线环境中评估质量，并提取了三个组成部分，即人、教学方法和技术。人是指学生、教师和学习管理系统的管理者。教学方法和技术由教学设计、学习管理系统和帮助用户解决问题的服务台三部分组成。因此，可以得出结论，教学方法和技术可以用来反映在线课程的质量。许多研究表明，质量会加强确认，也可能是影响 TTF 的技术特征（Wu & Chen，2017）。因此提出以下假设。

H11a 教学方法和技术对用户的 TTF 有积极影响。

H11b 教学方法和技术对用户确认有积极影响。

4. 适当的工作量

肖等（Xiao et al.，2019）将在线课程与离线课程进行了比较，发现在评估工具上，两者相似。在线课程有相似类型的评估工具，即选择题测试、讨论、陈述和论文探索评估。因此，在线课程的工作量是否合适可能仍然很重要。此外，他们发现 MOOCs 对公众开放，但是慕课评估在资格验证和评估高阶实践能力方面存在不足。因此，他们不得不降低工作量或标准。瓦希德等（Waheed et al.，2016）将课程质量分为五个维度，即内在的、情境的、代表性的、可获得的和可操作的知识质量。在情境维度上，他们发现适量的数据是非常必要的。同样，它也可能是影响 TTF 的技术特征（Wu & Chen，2017）。因此，适当的工作量可以影响 TTF 和确认。因此提出以下假设。

H12a 合适的工作量对用户的 TTF 有积极影响。

H12b 合适的工作量对用户确认有积极影响。

5. 同理心

乔鲁等（Chourou et al.，2021）指出，同理心在心理学上可以分为两类，即气质性同理心和情境性同理心。前者是指个体想象和体验他人感受或体验的倾向。在本书中，我们关注的是情境性同理心，它是指教师在教学情境中的情境性同理心。研究发现，位于同理心更高的国家的公司将拥有更好的企业社会责任（CSR）绩效、环境绩效和社会绩效。我们采用了乌多等（Udo et al.，2011）提出的教师同理心来评估 MOOCs 的教学质量。他们探讨了质量对学生网络学习感知质量影响的三个维度，即服务质量、信息质量和系统质量。研究结果表明，教师的同理心（服务质量的一种结构）对用户感知的网络学习质量有积极影响。此外，同理心可以被认为是平台的特征。因此，同理心也能影响 TTF 和确认，提出以下假设。

H13a 同理心对用户的 TTF 有积极影响。

H13b 同理心对用户的确认有积极影响。

6. 平台质量

王等（Wang Changlin et al.，2020）考察了整体服务质量对中国电子政务用户感知价值的影响，发现服务质量对用户的电子政务感知价值有显著的正向影响。达汗和阿科云鲁（2016）对在线环境下的持续意向进行了建模，并得出基于平台的服务质量对意向有积极影响的结论。服务质量也能增加消费者的确认（Fu et al.，2018；Park，2020）。由于 TTF 指的是任务与技术的匹配，此处三个维度描述的是系统的特性，并没有对应的任务。因此，不会假设这些因素会影响用户的任务技术匹配；相反，将尝试探索基于平台的服务质量对学习者对 MOOCs 的确认和感知价值的影响。

7. 个性化

个性化可以描述为提供者创造的定制程度（Cho & Menor，2010；Ho & Lin，2010；Menezes et al.，2016；Swaid & Wigand，2009）。奢侈品市场客户服务的个性化对客户忠诚度有显著影响（Kim & Kim，2020）。因此，我们认为个性化也会影响用户在 MOOCs 中的确认。

感知价值在中国移动政务服务中个性化与用户持续意向的关系起到重要作用（Wang Changlin et al.，2020）。更具体地说，他们证明了个性化能够反映移动政务服务的相对优势，能够适应个人的个人需求。它可以积极影响用户对服务的感知价值。因此提出以下假设。

H14a 个性化会对用户的确认产生重大影响。

H14b 个性化可以对用户对 MOOCs 的感知价值产生重大影响。

8. 交互性

交互性可以描述为用户在系统中注册创建或修改表单和内容的程度。在 MOOCs 中，学生可以注册课程，也可以退出课程。在线学习中的感知交互可以作为在线学习采用的前因（Panigrahi et al.，2018；Ros et al.，2015）。因此，它可以影响消费者对 MOOCs 的确认。赵等（2020a）还研究了技术环境如何影响用户的虚拟体验。他们发现交互性可以积极地增强用户在线学习的临场感。李和尚（Li & Shang，2020）发现，互动对用户的电子政务服务感知价值有积极影响。因此提出以下假设。

H15a 交互会对用户的确认产生重大影响。

H15b 交互可以对用户对 MOOCs 的感知价值产生显著影响。

9. 便利性

便利性是指使用服务和导航多样性和可用性的难易程度（Cho & Menor, 2010; Ho & Lin, 2010; Menezes et al., 2016）。服务便利对人们在低成本健身中心的感知价值有积极影响（García – Fernández et al., 2018）。杰巴拉贾克提和山卡尔（Jebarajakirthy & Shankar, 2021）探讨了便利性如何影响在线手机银行的采用。他们从访问便利性和搜索便利性等六个维度对便利性进行了测量，结果表明，便利性可以极大地提高用户对应用的感知价值。MOOCs 类似于线上手机银行，比线下平台有很多便利。

此外，暗示服务速度和可用性的便利性（包含在服务质量结构中）可以显著加强在线学习中的确认（Dağhan & Akkoyunlu, 2016）。因此提出以下假设。

H16a 便利性会对用户的确认产生重大影响。

H16b 便利性可以对用户对 MOOCs 的感知价值产生显著影响。

10. TTF、确认和感知价值

TTF 可以在很大程度上提高个人在线学习中的感知易用性和感知有用性（Rai & Selnes, 2019; Wu & Chen, 2017）。此外，它将积极影响新技术和知识管理系统的利用（El Said, 2015; Howard & Rose, 2019）。因此，我们认为这种契合也将增加用户在线学习中的感知价值，并导致更高的持续学习意愿。

许和林（Hsu & Lin, 2015a）探索了什么会影响消费者对付费移动应用的购买意愿，他们发现确认会增加应用的感知价值。此外，在网络电视中，确认会影响消费者的感知利益，进而增加感知价值（Lin T – C et al., 2012）。因此提出以下假设。

H17a TTF 可以对用户的感知价值产生显著影响。

H17b 确认可以对用户对 MOOCs 的感知价值产生重大影响。

11. 确认、满意度和心流

卡里罗等（Carillo et al., 2017）认为，ECM 在信息系统的持续使用中已得到广泛认可。本研究同意巴塔赫吉（2001）的 ECM 观点，即用户的确认会影响他们对系统的满意度。许多研究表明，确认对满意度有积极的影响（Dağhan & Akkoyunlu, 2016; Dai Teo & Rappa, 2020）。确认可以影响使用体验流程。卢等

（2019a）在 MOOCs 情境中采用了 ECM 和心流理论，他们发现确认可以影响使用体验，心流可以提高学生对 MOOCs 的满意度。因此提出以下假设。

H18a 确认对 MOOCs 中的用户满意度有积极影响。

H18b 确认对 MOOCs 中的心流有积极影响。

H18c 心流对 MOOCs 的满意度有积极影响。

12. TTF、满意度、感知价值和信任

可汗等（Khan et al., 2018）研究了 TTF、社会动机和自我决定如何影响 MOOCs 的使用倾向和行为。他们发现，TTF 将积极增加使用 MOOCs 的意愿。此外，TTF 将提高个人的绩效预期，并将导致更多的人采用手机银行（Zhao & Bao, 2020；Zhou & Yao - Bin, 2009）。因此，我们认为在 MOOCs 中，TTF 还可以提高用户的信任度，并导致更高的持续使用意愿。

满意度可以预测消费者的信任度，这对发展良好的客户关系非常有用（Rasheed & Abadi, 2014）。此外，消费者的满意度可以积极影响他们对企业的信任（Islam et al., 2021）。因此，在线学习中，我们推断用户的满意度可以在很大程度上增加对 MOOCs 的信任。

夏尔马和克莱因（Sharma & Klein, 2020）观察到消费者在线团购中的感知价值和感知信任之间存在强有力的正向关系。较高的感知价值可以加强信任，进而使他们有意向参与团购活动。感知价值可以极大地增强人们对电子旅游服务的信任（Masri et al., 2020）。在线课程类似于电子旅游，因为个人可以在购买后评估服务。因此，假设这种关系也存在于 MOOCs 中，并提出以下假设。

H19a TTF 与对 MOOCs 的信任呈正相关。

H19b 满意度与对 MOOCs 的信任呈正相关。

H19c 感知价值与对 MOOCs 的信任呈正相关。

13. 感知价值与持续使用倾向

王等（Wang Changlin et al., 2020）研究了移动政务服务中感知价值、感知价值和持续意向的主要前因之间的关系，结果表明感知价值可以解释约 53% 的持续使用服务的意愿。在电子学习系统中，感知价值和持续意图之间也存在正相关关系（Dağhan & Akkoyunlu, 2016）。因此提出以下假设。

H20 感知价值能够正向影响用户在 MOOCs 中的持续意向。

14. 信任与持续使用倾向

信任是继续使用在线学习系统的前提（Hashim，2015；Hsu & Lin，2015b；Panigrahi et al.，2018，2018；Zhao et al.，2012，2012）。它可以使用户持续使用 Airbnb 服务、电子旅游服务和移动商务（Marinković et al.，2020；Masri et al.，2020；Wang Y et al.，2020）。邓和袁（Deng & Yuan，2020）观察到，信任可以增强用户对虚拟品牌社区的持续参与。因此提出以下假设。

H21 信任可以正向影响用户在 MOOCs 中的持续意向。

15. 满意度和持续使用倾向

许多研究表明，满意度可以使人们继续使用服务。胡和张（Hu & Zhang，2016）验证了个人满意度可以使他们持续使用移动图书阅读应用。塔姆等（Tam et al.，2020）采用了扩展的 ECM，并发现满意度有助于移动应用的持续使用。满意度可以导致用户持续使用共享自行车（Shao et al.，2020）。

总之，满意度在导致许多服务的持续使用意图方面发挥着重要作用，如社交网站、移动健康领域、移动通信和残疾人智能设备使用（Cho & Lee，2020；Kim et al.，2019；Seol et al.，2016；Wang W – T et al.，2019）。在线学习中，满意度也能显著影响学生的继续使用意向（Dağhan & Akkoyunlu，2016；Dai Teo & Rappa，2020；Seol et al.，2016）。因此提出以下假设。

H22 满意度与 MOOC 继续意向呈正相关。

5.5.2 方法与数据来源

本章通过在线调查对研究模型进行了实证检验。我们主要关注在线学习平台。以中国大学 MOOCs 为例，邀请了至少用过一次中国大学 MOOCs 的学生（http：//www.icourse163.org）。中国大学 MOOCs 是 2014 年正式上线的在线教育平台。截至 2022 年 4 月，中国大学 MOOC 平台具有 800 所合作高校，仅安卓应用商店上的下载量就有 3.1 亿次。此外，还有 70 多个合作机构。因此，MOOCs 适用于这项研究。

测量项目是从最近的相关文献中选择和开发的（见表 5.13）。为了适合中国大学的 MOOCs，稍微修改了一些项目。所有的测量都采用了七点李克特式量表，范围从"强烈不同意"到"强烈同意"。

表 5.13 变量及测量量表

变量	测量项	来源
课程资源	我认为 MOOCs 中有丰富的学习材料	萨达夫等（Sadaf et al., 2019）
	我认为 MOOCs 中有足够的练习	
	我觉得 MOOCs 里面有全面的教材	
教学方法与技术	我认为 MOOCs 采用多样化的教学方法	阿里扎德等（Alizadeh et al., 2019）
	我认为 MOOCs 使用了多种教学方法	
	我认为 MOOCs 使用了多种技术	
适当工作量	我认为 MOOCs 作业量适中	陈等（Chen et al., 2009）
	我认为 MOOCs 的教学内容量适中，我能理解所有的信息	
	我认为 MOOCs 难度适中	
个性化	MOOCs 可以提供符合我个人需求的课程或服务	金和宋（Kim & Son, 2009）
	MOOCs 可以提供符合我个人喜好的课程或服务	
	MOOCs 可以提供符合我个人风格的课程或服务	
交互性	MOOC 系统提供的工具允许我修改系统中存在的内容	赵等（Zhao et al., 2020b）；安尼迈什等（Animesh et al., 2011）
	MOOC 系统提供的工具允许我创建任何我想要的内容	
	MOOC 系统允许我改变或影响环境的外观	
便利性	与传统的线下学习相比，使用 MOOCs 将更容易获得课程服务	约翰逊等（Johnson et al., 2018）
	使用 MOOCs 比传统的线下学习更方便	
	在 MOOCs 平台上，操作非常简单	
共情性	老师真诚地关心学生	乌多等（Udo et al., 2011）
	教师理解学生的个人需求	
	教师鼓励并激励学生尽最大努力	
任务技术匹配	MOOCs 适合我学习的要求	吴和陈（Wu & Chen, 2017）
	使用 MOOCs 符合我的教育实践	
	MOOCs 适合帮我完成线上课程	
感知价值	相比我需要投入的精力，使用在线学习环境对我是有利的	达汗和阿科云鲁（Daǧhan & Akkoyunlu, 2016）
	比起我需要花费的时间，使用在线学习环境对我来说是值得的	
	总的来说，在线学习环境的使用给了我很大的价值	

变量	测量项	来源
信任	总的来说，我非常信任 MOOCs	鲍尔等（Ball et al.，2004）
	我信任 MOOCs 发送给我的内容和信息	
	我认为 MOOCs 提供的内容和信息是真实可靠的	
期望确认	我使用 MOOCs 的体验比我预想的要好	卢 等（Lu et al.，2019b）
	MOOCs 提供的服务水平比我预想的要好	
	总的来说，我对 MOOCs 的大部分期望都得到了证实	
心流	当我使用 MOOCs 时，我没有被周围环境的干扰分散注意力	
	当我使用 MOOCs 时，我没有感到沮丧或放弃	
	当我使用 MOOCs 时，我专注于 MOOCs，而忽略了我周围发生的事情	
满意度	我对 MOOCs 很满意	
	我喜欢通过 MOOCs 的学习体验	
	总的来说，我对 MOOCs 的体验是积极的	
持续倾向	我打算以后继续用 MOOCs	
	我打算以后用 MOOCs	
	我会继续使用 MOOCs	

在研究中有 14 个结构，它们是用多项目知觉量表测量的。课程资源由萨达夫等（Sadaf et al.，2019）开发的三个项目衡量，教学方法和技术由阿里扎德等（Alizadeh et al.，2019）改编的三个项目衡量，适当的工作量由陈等（Chen et al.，2009）的三个项目衡量。通过金和宋（Kim & Son，2009）的三个项目来衡量个性化，这些项目被稍微修改以适应 MOOCs 的环境。采用赵等（Zhao et al.，2020a）和安尼迈什等（Animesh et al.，2011）的三个项目来测量交互作用。便利性由约翰逊等（Johnson et al.，2018）的三个项目来衡量，并且也进行了轻微修改以适应 MOOCs 环境。选择了乌多（2011）的三个项目来衡量同理心。通过吴和陈（2017）的三个项目测量了 TTF。感知价值由达汗和阿科云鲁（2016）的三个项目来衡量。对鲍尔等（Ball et al.，2004）提出的三个项目进行了选择和修改来衡量信任。通过卢等（Lu et al.，2019a）提出的项目来测量确认、心流、满意度和持续意向。

5.5.3 基本统计分析

数据收集是通过在 https：//www.wjx.cn/进行的在线调查。我们向至少使用过一次 MOOCs 的学生分发了问卷。该问卷于 2020 年 7 月开始至 9 月结束，持续 3 个月。总共得到了 604 个答卷，其中 49 个从未使用过 MOOCs。因此，总共得到了 555 个有效答案。

表 5.14 显示了样本的人口统计信息。总体而言，61.6% 的受访者为女性，38.4% 为男性。大多数年龄为 18～25 岁（69.9%）；15.9% 年龄为 26～30 岁；4.3% 小于 18 岁，9.9% 大于 30 岁。大多数参与者是本科生（56.8%）和研究生（31%）。大多数参与者是学生（64.7%）。20.5% 使用 MOOCs 的时间不到 6 个月；43.2% 已使用半年至一年；27% 使用了 1～3 年，9.2% 使用了 3 年以上。使用频率方面，26.1% 的用户每月使用 MOOCs 少于两次；45.9% 的人每月使用 MOOCs 为 2～5 次，27.9% 的人每月使用次数超过 5 次。我们还询问了参与者在 6 个月内完成了多少门课程：56.4% 完成了 1～2 门课程；26.1% 完成了 3～4 门课程；7.6% 完成了 5 门以上的课程，只有 9.9% 的受访者在过去六个月内没有完成课程。

表 5.14 受访者的人口统计

变量	种类	频率	比率/（%）
性别	女	342	61.6
	男	213	38.4
年龄（岁）	<18	24	4.3
	18～25	388	69.9
	26～30	88	15.9
	31～40	38	6.8
	41～50	13	2.3
	50 以上	4	0.8
教育程度	专科及以下	60	10.8
	本科	325	56.8
	硕士	172	31
	博士及以上	8	1.4

变量	种类	频率	比率/(%)
职业	学生	359	64.7
	上班族	196	35.3
MOOCs 使用时长	少于六个月	114	20.5
	六个月至一年	240	43.2
	1~3 年	150	27
	3 年以上	51	9.2
MOOCs 每月使用频率	少于两次	145	26.1
	2~5 次	255	45.9
	6~10 次	114	20.5
	大于 10 次	41	7.4
最近六个月完成的 MOOCs 课程数量	0	55	9.9
	1~2	313	56.4
	3~4	145	26.1
	>5	42	7.6

5.5.4 假设检验

分两步处理数据。首先，使用 Smart PLS 3.0 测试了测量模型的信度和效度。然后，在结构方程建模中对模型拟合和路径建模进行了测试。

对模型进行了信度和效度检验。如表 5.15 所示，应用 Cronbach' α 和综合可靠性（CR）来评估可靠性。所有结构的 Cronbach' α 值为 0.829~0.918，超过福内尔和拉克尔（Fornell & Larcker，1981）推荐的阈值为 0.7。CR 值均高于 0.8，也超过了 0.7。综上，该模型具有较高的结构可靠性。

我们采用提取的平均方差来衡量收敛的有效性。AVE 为 0.747~0.859，高于福内尔（1981）推荐的阈值 0.5。因子负荷范围从 0.849~0.936，并且都是显著的（$p=0.05$）。因此，该模型具有较高的收敛有效性。

Fornell - Larcker 标准被用于判别结构的区分效度：每个潜在结构的 AVE 的平方根应该超过它与其他潜在结构的相关性。如表 5.15 所示，AVE 值的所有平方根值都大于结构间相关性的其他值。在此基础上，证明了判别有效性。

表 5.15　　　　　　　　　　　测量模型统计

指标		因子负荷	α	CR	AVE
CR	CR – 1	0.871	0.871	0.921	0.795
	CR – 2	0.898			
	CR – 3	0.905			
TMT	TMT – 1	0.916	0.886	0.930	0.815
	TMT – 2	0.901			
	TMT – 3	0.891			
AW	AW – 1	0.856	0.829	0.898	0.746
	AW – 2	0.850			
	AW – 3	0.884			
EMP	EMP – 1	0.934	0.915	0.947	0.855
	EMP – 2	0.921			
	EMP – 3	0.920			
INT	INT – 1	0.885	0.831	0.899	0.747
	INT – 2	0.856			
	INT – 3	0.852			
PER	PER – 1	0.913	0.889	0.931	0.818
	PER – 2	0.880			
	PER – 3	0.921			
CONV	CONV – 1	0.878	0.835	0.901	0.753
	CONV – 2	0.849			
	CONV – 3	0.876			
TTF	TTF – 1	0.898	0.882	0.927	0.810
	TTF – 2	0.895			
	TTF – 3	0.906			
CONF	CONF – 1	0.922	0.891	0.932	0.821
	CONF – 2	0.895			
	CONF – 3	0.900			
FLOW	FLOW – 1	0.903	0.855	0.912	0.775
	FLOW – 2	0.865			
	FLOW – 3	0.873			

续表

指标		因子负荷	α	CR	AVE
SAT	SAT - 1	0.922			
	SAT - 2	0.886	0.895	0.935	0.827
	SAT - 3	0.920			
PV	PV - 1	0.918			
	PV - 2	0.875	0.888	0.930	0.817
	PV - 3	0.918			
TRUST	TRUST - 1	0.897			
	TRUST - 2	0.891	0.887	0.930	0.816
	TRUST - 3	0.921			
CI	CI - 1	0.925			
	CI - 2	0.918	0.918	0.948	0.859
	CI - 3	0.936			

注：CR 表示课程资源，TMT 表示教学方法与技术，AW 表示合适的工作量，EMP 表示共情，INT 表示互动，PER 表示个性化，conv 表示便利，TTF 表示任务 - 技术契合，CONF 表示确认，FLOW 表示心流，SAT 表示满足，PV 表示感知价值，TURST 表示信任，CI 表示持续意向。

在验证了测量模型的可靠性和有效性之后，通过标准化的均方根残差（SRMR）来评估模型拟合。SRMR 可以表示经验和模型隐含的（理论）相关矩阵之间的差异，这是偏最小二乘法的拟合优度度量（Hair et al.，2014）。模型的 SRMR 为 0.063，低于胡和本特勒（Hu & Bentler，1999）推荐的阈值 0.08。因此，结构模型有很好的拟合。

在评估模型拟合后，通过自举程序对 5000 个样本进行了研究假设的显著性检验。结果如表 5.16 所示。除了课程资源和确认（H10b）、互动和感知价值（H15b）两个假设外，所有假设都得到了证实。这意味着课程资源对用户对 MOOCs 的确认没有影响，互动也不会影响他们对 MOOC 的感知价值。

表 5.16　假设检验结果

假设	关系	Original Sample（O）	t Statistics（|O/STDEV|）	p 值	结果
H10a	CR→TTF	0.199 ***	3.692	0.000	支持
H10b	CR→CONF	0.083	1.247	0.212	不支持

续表

假设	关系	Original Sample（O）	t Statistics（│O/STDEV│）	p 值	结果
H11a	TMT→TTF	0.129**	2.302	0.021	支持
H11b	TMT→CONF	0.112**	2.013	0.044	支持
H12a	AW→TTF	0.318***	6.441	0.000	支持
H12b	AW→CONF	0.110**	2.190	0.029	支持
H13a	EMP→TTF	0.313***	6.764	0.000	支持
H13b	EMP→CONF	0.140**	3.082	0.002	支持
H14a	PER→CONF	0.212***	4.066	0.000	支持
H14b	PER→PV	0.102**	2.051	0.040	支持
H15a	INT→CONF	0.128**	2.797	0.005	支持
H15b	INT→PV	0.009	0.224	0.823	不支持
H16a	CONV→CONF	0.202***	3.916	0.000	支持
H16b	CONV→PV	0.163**	3.366	0.001	支持
H17a	TTF→PV	0.359***	5.392	0.000	支持
H17b	CONF→PV	0.338***	5.902	0.000	支持
H18a	CONF→SAT	0.739***	22.268	0.000	支持
H18b	CONF→FLOW	0.764***	32.741	0.000	支持
H18c	FLOW→SAT	0.196***	5.479	0.000	支持
H19a	TTF→TRUST	0.274***	5.671	0.000	支持
H19b	SAT→TRUST	0.389***	6.284	0.000	支持
H19c	PV→TRUST	0.295***	4.620	0.000	支持
H20	PV→CI	0.214***	3.517	0.000	支持
H21	TRUST→CI	0.134**	2.153	0.031	支持
H22	SAT→CI	0.569***	7.823	0.000	支持

注：CR 表示课程资源，TMT 表示教学方法与技术，AW 表示合适的工作量，EMP 表示共情，INT 表示互动，PER 表示个性化，conv 表示便利，TTF 表示任务 - 技术契合，CONF 表示确认，FLOW 表示流动，SAT 表示满足，PV 表示感知价值，TURST 表示信任，CI 表示持续意向。

首先，除了课程资源只影响教学质量之外，其他因素都影响教学质量。更具体地说，课程资源对支持 H10a 的任务技术匹配有正向影响（$\beta = 0.199$，$t = 3.692$，$p < 0.000$），对确认没有影响。教学方法和技术对支持 H11a 和 H11b 的任

务技术匹配和确认有显著的积极作用（$\beta_{TTF} = 0.129$，$t = 2.302$，$p = 0.021$；$\beta_{CONF} = 0.112$，$t = 2.013$，$p = 0.044$）。合适的工作负载有类似的结果，支持 H12a 和 H12b（$\beta_{TTF} = 0.318$，$t = 6.441$，$p < 0.000$；$\beta_{CONF} = 0.110$，$t = 2.190$，$p = 0.029$）。共情对 TTF 和确认也有积极影响，从而支持 H13a 和 H13b（$\beta_{TTF} = 0.313$，$t = 6.764$，$p < 0.000$；$\beta_{CONF} = 0.140$，$t = 3.082$，$p = 0.002$）。

其次，除互动外，平台质量的三个维度对确认和感知价值有显著影响。交互只对确认有影响，对感知价值没有影响，只支持 H15a（$\beta_{CONF} = 0.128$，$t = 2.79$，$p = 0.005$；$\beta_{PV} = 0.009$，$t = 0.224$，$p = 0.823$）。个性化可以同时影响确认和感知价值（$\beta_{CONF} = 0.212$，$t = 4.066$，$p < 0.000$；$\beta_{PV} = 0.102$，$t = 2.051$，$p = 0.040$）支持 H14a 和 H14b。还支持 H16a 和 H16b，这意味着便利性也可以影响它们（$\beta_{CONF} = 0.202$，$t = 3.916$，$p < 0.000$；$\beta_{PV} = 0.163$，$t = 3.366$，$p = 0.01$）。

再次，TTF 和确认都能显著影响支持 H17a 和 H17b 的感知价值（$\beta_{TTF} = 0.359$，$t = 5.392$，$p < 0.000$；$\beta_{CONF} = 0.338$，$t = 5.902$，$p < 0.000$）。ECM 和心流理论也得到了 H18a、H18b 和 H18c 的验证和支持：确认对 MOOCs 中的满意度有显著影响（H18a：$\beta = 0.739$，$t = 22.268$，$p < 0.000$）；确认对心流体验有积极影响（H18b：$\beta = 0.764$，$t = 32.741$，$p < 0.000$）；心流也能正向影响满意度（H18c：$\beta = 0.196$，$t = 5.479$，$p < 0.000$）。如 H19a、H19b 和 H19c 中假设的那样，TTF、满意度和感知价值可以影响 MOOCs 中的信任（H19a：$\beta = 0.274$，$t = 5.671$，$p < 0.000$；H19b：$\beta = 0.389$，$t = 6.284$，$p < 0.000$；H19c：$\beta = 0.295$，$t = 4.620$，$p < 0.000$）。

根据这些结果，约 76.2% 的 TTF 方差、76.7% 的确认方差、81.8% 的感知价值方差、58.4% 的心流方差、80.5% 的满意度方差和 83.6% 的信任方差由前因（外生）变量解释。

最后，感知价值将促进 MOOC 用户能够继续使用（$\beta = 0.214$，$t = 3.517$，$p < 0.000$），支持 H20；信任也会显著影响 MOOC 用户持续使用意向（$\beta = 0.134$，$t = 2.153$，$p = 0.031$），支持 H21；满意度也会提升 MOOC 用户持续使用意向（$\beta = 0.569$，$t = 7.823$，$p < 0.000$），支持 H22。总体而言，结构模型可以解释约 78.4% 的持续意向方差。

5.5.5 讨论

研究基于 ECM、心流理论和 TTF 理论，提出并验证了一个研究模型。该研究探讨了教学质量和平台质量如何影响 MOOCs 中的持续意向。教学质量包括课程资源、教学方法和技术、适当工作量和同理心四个维度，平台质量包括个性化、互动性和便捷性三个维度。此外，在模型中引入了感知价值和信任。更具体地说，探索了这些质量因素如何影响用户的任务技术匹配、确认、满意度、心流、感知价值和信任，进而提高 MOOCs 中的持续意图。

（1）结果表明教学质量对用户的任务技术匹配有积极的影响。课程资源、教学方法和技术、适当性和教师的同理心可以在很大程度上提高学生感知的任务技术契合度。这可以验证，如果 MOOCs 拥有全面和足够的课程资源以及多种教学方法和技术，它们将对系统与自身之间的匹配有更高的感知。此外，工作量对他们来说是否适中，对于增加契合感也很重要。教师的同理心也能增强他们对自身与课程匹配的感知。总的来说，任务技术匹配最终会增加他们对 MOOCs 的感知价值和信任。然后他们将更有可能继续使用 MOOCs。

（2）除课程资源外，教学质量对用户确认也有显著影响。结果表明，教学方法和技术、适当的工作量和同理心可以提高学生在 MOOCs 中的确认。学生将对作业、方法和导师在 MOOCs 中的学习有所期待。例如，邢等（2019）已经验证了由于课程的设计，学生会有不同的表现，包括课程时长、测验次数等。因此，我们的结果与它一致，并推断那些基于教学的质量将使他们在 MOOCs 中学习有高水平的确认。那么这种确认将增加他们的感知价值，与许和林（2015b）满意度和心流相一致，也与巴塔赫吉（2001）和卢等（2019b）ECM 的结果相一致。那么这些将增加持续使用 MOOCs 的意愿。然而，课程资源对学生的确认没有影响。我们推断学生没有广泛的课程资源知识，他们可能会更关注课程内容。大多数研究已经验证了课程内容的重要性（Choi & Jeong, 2019; Hone & El Said, 2016）。因此，可以得出结论，MOOCs 用户的目的是寻求知识，而不是寻求资源。

（3）基于平台的质量与系统的关系更大，对用户的确认和感知价值有显著的积极影响。研究结果表明，个性化、互动性和便利性可以增强用户的感知价值。这一结果与王等（2020）、加西亚·费尔南德斯等（García - Fernández et al., 2018）、杰巴拉贾克提和山卡尔（2021）的研究一致。此外，个性化和便利性将增强学生对 MOOCs 的确认。与线下学习相比，个人对便利性和个性化有更高的期望。如果系统能够提供个性化的课程和便捷的课程参与方式，这将高度肯定消费者的需求，并带来更高的延续意愿。然而，我们惊奇地发现，系统的交互没有确认的效果。这可能是由 MOOCs 的性质引起的。MOOCs 旨在提供在线课程，因此人们可以在任何地方学习。人类之间的互动对他们而言可能比系统更重要。例如，赵等（2020b）的发现表明，社交能力可以增强使用 MOOCs 的持续意图。此外，霍恩和艾尔赛德（2016）发现，教师和学生之间的互动可以提高他们在线学习中的感知有效性。因此，系统的交互不会影响用户在 MOOCs 中的确认。

（4）我们发现任务技术契合度、满意度和感知价值能够增强对 MOOCs 的信任。此外，感知价值、信任和满意度可以积极影响 MOOCs 中的持续意向，这并不奇怪。与其他电子服务类似，在线学习信任也受到满意度和感知价值的影响，这与最近文献的发现一致（Islam et al.，2021；Masri et al.，2020；Rasheed & Abadi，2014；Sharma & Klein，2020）。此外，任务技术匹配可以诱导个体在课程与自身之间的匹配。因此，这种被感知的兼容会增加他们的满足感，并导致对 MOOCs 的更高信任。

本研究通过 ECM、任务转换、心流理论和信任来考察教学质量和平台质量如何影响 MOOCs 中的持续意向。这项研究可以在以下几个方面对以前的研究作出贡献。

（1）本研究更深入地探讨了在线学习中质量对继续意向的影响。最近的文献主要侧重于评估在线学习的质量或什么会影响个人的感知质量，如瓦斯康塞洛斯等（Vasconcelos et al.，2020）、范氏等（Pham et al.，2019）、伊万纳吉等（Ivanaj et al.，2019）和乌帕尔等（Uppal et al.，2018）的研究。我们的研究探讨了这些质量维度将如何通过 ECM、TTF、心流理论和信任影响持续意向。此外，大多数研究主要考察基于教学质量的重要性，很少探讨这些质量将如何影响用户的任务技术匹配和确认。研究验证了与教学相关的质量，如课程资源、教学方法和技术、适当的工作量和同理心，可以在很大程度上提高学生对任务技术匹配的感知和对在线学习的确认。

（2）揭示了在线学习平台与其他在线组织相比的差异。具体而言，研究表明，MOOCs 中系统和用户之间的交互不如其他平台重要。例如，根据李和尚（Li & Shang，2020）的研究，互动可以强化电子政务服务的感知价值。虽然互动也能强化感知价值，但在研究中，它对用户的确认没有影响。因此，在线学习平台与其他电子服务有巨大的不同，即用户更关注教师或同伴与自己之间的互动。例如，赵等（2020）验证了社交能力在提高 MOOCs 中的延续意图方面的重要性，霍恩和艾尔赛德（2016）发现教师和学生之间的互动可以提高他们在线课程中的感知有效性。

（3）研究了 TTF 与信任的关系。大多数研究验证了任务技术匹配对感知易用性和感知有用性的影响（Rai & Selnes，2019；Wu & Chen，2017）。尽管一些研究考察了任务技术匹配如何影响在线学习中的表现（Isaac et al.，2019），但 TTF 和信任之间的联系仍然不足。本书扩大了 TTF 和信任对在线学习环境的影响。这种网络学习的匹配可以满足参与者对互联网学习的要求，能够高度增强消费者对平台和课程的信任。

研究结果可以为关注参与者辍学的 MOOCs 平台开发人员和教师提供几种可行的策略。

结果表明，教学质量对用户的任务技术匹配和确认有显著影响。因此，导师需要更加重视课程设计。例如，他们可以评估参与者对课程的能力和需求，并制定与作业数量相关的合适且可接受的课程大纲。同时，教师有必要提供多种教学方法和课程资源。此外，他们可能需要在未来更加关注学生的发展，并增加教师和学生之间的互动。

对于平台开发者而言，他们需要为用户提供更个性化的信息。他们可以根据用户的使用体验向用户推荐类似且合适的课程；否则，根据学习者的身份（工人或学生）和大多数向他们发送不同的信息是有益的。虽然系统和用户之间的交互没有其他电子服务中那么重要，但开发人员仍然需要考虑这一点，以防个人因服务交互不佳而退出。便利性在在线学习环境中已经非常成熟。不过，还是有一些空间的。例如，由于移动设备的广泛采用，开发人员可以投入更多精力来提高移动应用的质量。

本章探讨了在线学习环境中基于 ECM、TTF、心流理论和信任的教学质量和平台质量对持续意向的影响。结果表明，基于教学的质量因素会提高学习者的任务技术匹配度和确认度，而基于平台的质量会增强确认度和感知价值。这将进一步提高用户的满意度和信任度，改善 MOOCs 的使用体验。最后，他们会有更高的意愿持续参与在线学习。

虽然研究已经检验了质量的影响，但仍有一些局限性。首先，大多数受访者是学生（64.7%），如果更多的工人参与调查，结果可能会改变。其次，只检测意图而不是实际行为。需要更多的研究来检验在线学习环境中的持续行为。

第6章 隐性知识层面影响要素作用机制分析

6.1 引　言

为了解决MOOCs高辍学率的问题，研究者们进行了许多探索。部分研究者关注课程维度的影响，如课程难度、课程设计和课程内容（Hone & El Said，2016；Huang et al.，2017；Xing，2019）。一些研究者从感知系统的角度进行了检验：交互性、媒体丰富性及社交性（Huang & Ren，2020；Zhao et al.，2020a）。此外，还有一些主要关注用户：好奇心、态度和元认知（Dai Teo & Rappa，2020；Tsai et al.，2018）。

然而，很少有文献探讨人们为什么选择学习的前因以及情绪如何影响他们持续使用在线学习系统的意图。虽然有一些研究涉及情绪对持续意图的影响，但分析是离散的。例如，蔡等（Tsai et al.，2018）探讨了元认知诱导的兴趣和享受对持续使用MOOCs的意愿的影响。此外，一些研究探讨了感知享受对持续意向的影响（Edgar et al.，2018；Rispens & Demerouti，2016；Stanger et al.，2018；Weymeis et al.，2019）。目前还缺乏研究消极情绪和积极情绪对意图影响的文献。因此，本书旨在研究个体学习行为的前因，以及前因诱发的情绪如何进一步影响其继续在线学习的意图。

本章试图通过采用梅拉比恩（Mehrabian，1974）开发的刺激—有机体—反应（S－O－R）框架来填补这一空白。更具体地说，个人的风险意识和竞争意识可以作为环境刺激来唤起情感状态，并推动他们参与在线学习。例如，竞争可以增强学生参与学习的动机（Cagiltay et al.，2015）。感知风险也可能有类似的影响。许多研究表明，风险和竞争会唤起人们的心理状态，如消极和积极的情绪

（Casagrande et al.，2020；Chen，2017；Cheng et al.，2009；Chuah，2019；Fu et al.，2009；Plass et al.，2013；Ter Vrugte et al.，2015；Van Eck & Dempsey，2002；Vorderer et al.，2003；Yıldırım & Güler，2021；Zhang M et al.，2020）。研究采用了伯恩斯等（Burns et al.，2019）的情绪分类，选择了四种常见的情绪，即快乐、兴趣、悲伤和焦虑。因此，将研究风险和竞争如何唤起人们的情感状态。又因为情感会导致认知的改变，包括享受和压力，将进一步探讨它们对继续意向的影响。

6.2 S–O–R理论框架

刺激—有机体—反应框架源于环境心理学。它描述了刺激和对刺激的行为反应之间的相互作用。埃罗格鲁等（Eroglu et al.，2001）将刺激定义为导致个体器官反应过程的因素。刺激是能引起个体接近或回避行为的因素（Triantoro et al.，2019）。然后刺激通过内部成分有机体进行处理。最后，它会导致对刺激的行为反应。有机体是指情感和认知状态，并且可以介导刺激对反应的影响（Casaló et al.，2021；Mehrabian，1974）。

S–O–R框架已被广泛用于探索环境因素对消费者行为的影响和信息系统研究（Kaltcheva & Weitz，2006；Triantoro et al.，2019）。在线学习环境中，赵等（Zhao et al.，2020b）采用了S–O–R框架，考察了技术环境因素如何影响使用MOOCs的持续意图，即交互性、媒体丰富性和社会性。因此，研究将应用这一框架来探讨心理刺激如何影响在线学习中的持续意图。

1. 刺激

刺激指的是能引起个体内部状态变化的因素，这种变化能进一步引导他们采取行动（Mehrabian，1974）。评价个体行为时，刺激可以是来自环境的外部因素，也可以是与个体身体或心理状态相关的内部因素。本书主要关注心理刺激。

在学习环境中，个人面临来自外部环境的竞争和风险。竞争无处不在，这可能是由同行引起的，尤其是当达到相同的目标时（Fait & Billing，1978）。风险也很常见。更具体地说，个人面临着许多问题，比如学习不好。许多研究表明，竞争会引发情感效应和表现（Anning–Dorson et al.，2017；Cagiltay et al.，2015；Fu et al.，2009；Nebel et al.，2016；Plass et al.，2013；Vorderer et al.，2003）。

此外，风险对竞争也有类似的影响（Casagrande et al.，2020；Chuah，2019；Yıldırım & Güler，2021）。最后，好奇心是一种积极的情绪激励系统（Kashdan et al.，2004）。它可以激励人们学习知识并持续使用 MOOCs（Ainley et al.，2002；Shapiro et al.，2017）。因此，竞争意识、风险意识和好奇心可以作为心理刺激，在使用 MOOCs 时激发个体的内在情绪。

2. 有机体

有机体，调节刺激和行为反应之间的关系。它指的是认知和情感中间状态（Mehrabian，1974）。在本研究中，三种心理刺激会在使用 MOOCs 时引发情绪体验。情绪和使用体验是情绪控制系统的有机组成部分。伯恩斯（2019）将情绪分为四类：成就情绪、挑战情绪、失落情绪和回避情绪。他们选择了四种非常常见的情绪来代表每个类别：快乐、兴趣、焦虑和悲伤。同样，在研究中采用了这四种情绪，它们会影响 MOOCs 的使用体验，即享受或压力。具体而言，积极的情绪会提高个人的内心享受；相反，负面情绪会降低他们的幸福感，并可能造成压力。

3. 行为反应

行为反应指最终结果（行动或反应），它可以分为两个相反的类别，即回避和接近行动（Mehrabian，1974）。积极情绪对使用 MOOCs 意向的影响表明，使用 MOOCs 诱发的愉悦和兴奋会强化意向（Pozón – López et al.，2021）。在学习环境中，洛伊特纳（Leutner，2014）发现认知和情感因素可以相互作用并影响学习行为。因此，关注的是接近结果，并把持续意图视为反应。

6.3　情绪影响作用的实证研究

6.3.1　理论分析与假设提出

1. 竞争意识、风险意识与好奇对情绪的影响

（1）竞争意识。竞争无处不在，如在学习、工作和商业中随处可见。人们可以与自己、系统和他人竞争（Alessi & Trollip, 2001；Alessi, 2001）。范特和宾利（Fait & Billing, 1978）区分了直接竞争和间接竞争。前者是关注的焦点，当人们试图达到同一个目标时就会出现。在学习中，所有的学生都将面对竞争。

关于竞争和绩效之间的关系有很多研究。卡吉尔泰等（Cagiltay et al., 2015）发现，添加竞争元素将增强学生的学习动机，并导致更好的表现。张等（Zhang et al., 2010）探索了国际企业间不同的战略联盟，发现企业间竞争对企业的知识获取有显著影响，知识获取最终会带来更高的创新绩效。安宁·道森等（Anning Dorson et al., 2017）研究了金融服务市场，发现竞争有利于产品创新。

除上述影响外，许多研究表明竞争会引发情感效应。付等（Fu et al., 2009）和瓦道尔等（Vorderer et al., 2003）发现，竞争可以增加幸福感。竞争也会引起参与者的兴趣（Plass et al., 2013）。内贝尔等（Nebel et al., 2016）采用实验的方法，证明了竞争感与情境兴趣感的触发和维持都有显著的正向关系。因此提出以下假设。

H1a 竞争意识可以正面影响幸福感。

H1b 竞争意识可以正面影响焦虑。

然而，竞争也可能产生负面影响（Van Eck & Dempsey, 2002）。它会增加认知负荷，包括内在和外在负荷。因此，它将增加社会竞争任务的整体难度，而不是单独的任务（Nebel et al., 2016）。特·弗鲁格等（Ter Vrugte et al., 2015）发现，如果学生的能力低于平均水平，合作会带来更好的表现；相反，如果他们高于平均水平，竞争将比合作更有利于他们。程等（Cheng et al., 2009）发现，竞争会引起社会比较，并可能诱发学习中的紧张、焦虑、挫折和自卑等不良情绪。因此提出以下假设。

H1c 竞争意识可以正面影响兴趣。

H1d 竞争意识可以正面影响悲伤。

（2）风险意识。风险感是指个体对潜在灾害发生的概率或可能损失的严重性的感知。在学习中，学生面临许多风险。尤其是，他们在学习上表现不佳，这可能与毕业和就业压力有关。

与竞争类似，风险感也能唤起情感状态，它与健康状况和生活满意度有关（Zhang S X et al., 2020）。此外，风险感会诱发焦虑（Casagrande et al., 2020）。楚亚（Chuah, 2019）证实，消费者的身体和隐私风险感会引发焦虑，从而对他们产生负面影响。耶尔德勒姆和古勒（Yıldırım & Güler，2021）还发现，新冠肺炎相关风险会显著增加个人的死亡焦虑，降低他们的幸福感。因此提出以下假设。

H2a 风险意识可以负面影响幸福感。

H2b 风险意识可以正面影响焦虑。

因此，这也会增加他们的悲伤。然而，风险意识也可能诱发个体避免意外情况发生的动机。陈（Chen，2017）发现消费者的风险意识可以强化其采取预防措施的意图，以避免潜在的负面影响。在线学习环境下，个人承担着来自社会的毕业和工作压力。因此，这种风险会让他们有兴趣学习新知识来提高自己。因此提出以下假设。

H2c 风险意识可以正面影响兴趣。

H2d 风险意识可以正面影响悲伤。

（3）好奇心。柏林（Berlyne，1960）将好奇心定义为寻求新奇事物的欲望。夏皮罗等（Shapiro et al.，2017）发现，参与 MOOCs 的原因之一是获得新知识的动机。因此，除了竞争和风险，好奇心也可以被视为 MOOCs 中学习的前因。此外，卡什丹等（Kashdan et al.，2004）提出了一个新的表述，即好奇心是一个积极的情感激励系统。因此，好奇心只能产生积极的情绪。好奇心也会导致 MOOCs 的持久性（Ainley et al.，2002；Dai Teo Rappa et al.，2020）。因此提出以下假设。

H3a 好奇可以正面影响幸福感。

H3b 好奇可以正面影响兴趣。

2. 情绪对于 MOOCs 持续使用意向的影响

情绪是指个体对情境的情感状态或反应（Coleman & Williams，2013）。情绪与社会环境高度相关，它们可以与社会中的其他人互动（Hareli & Parkinson，2008）。在线学习中，已经根据相关文献推断出竞争和风险会诱发积极和消极的情绪。此外，这些情绪会影响个体的推理、记忆和注意力的认知过程（Oatley & Johnson-Laird，2014）。

（1）快乐。享乐主义可以被定义为从获得人们渴望的东西中产生的积极情绪，而快乐指的是实际生活的幸福或一个人目标的实现（Waterman et al.，2008）。因此，我们认为快乐是一种享乐情绪，赫夫纳和安塔拉米安（Heffner & Antaramian，2016）发现快乐的学生更有可能有高水平的学术投入。此外，幸福感与学业成绩呈正相关（Datu et al., 2017；Heffner & Antaramian, 2016；Pekrun et al., 2002）。萨拉斯瓦利纳等（Salas - Vallina et al., 2018）对工作幸福的后果进行了文献综述。更具体地说，快乐可以诱发角色内行为（如更好的表现、更高的效率）和工作之外的角色外行为。因此，假设享乐情绪会增加幸福感，在此指享受。因此提出以下假设。

H4a 快乐可以正面影响用户在使用 MOOCs 时的享受。

（2）兴趣。杰克和林（Jack & Lin, 2018）探索了兴趣和享受之间的区别。他们指出，兴趣有助于激发个人采取某些行动的动机，而享受有助于保持坚持这种行为的意愿。兴趣可以在行为过程中得到确认，然后导致享受。

洪等（Hong et al., 2016）探讨了学习兴趣对满意度的影响。他们发现，对社交媒体学习的兴趣可以显著提高用户的满意度。此外，满意度测量包括享受，这意味着它在一定程度上反映了享受。换而言之，学习兴趣可以引起用户的兴趣。因此提出以下假设。

H4b 兴趣可以正面影响用户在使用 MOOCs 时的乐趣。

（3）悲伤。悲伤是一种负面情绪（Diener et al., 1995）。当个人感到悲伤时，他们可能会思考如何改变尴尬的处境（Ashton - James & Ashkanasy, 2008）。在线学习中，风险和竞争带来的悲伤会推动他们改变现状。然而，他们的能力会影响认知状态和行为。因此，悲伤可能会引发压力。

此外，李和艾伦（Lee K & Allen N J, 2002）指出，负面情绪可能导致异常行为。里斯本和德梅罗提（Rispens & Demerouti, 2016）研究了工作冲突对人类情绪的影响。他们发现负面情绪与人们的表现呈负相关。而且，这种影响会持续一段时间，影响工人接下来的表现。总之，悲伤会对人类行为产生不良影响。这可能会导致压力，因为人们渴望改变意想不到的情况，或者因为他们担心未来的计划。因此提出以下假设。

H5a 悲伤可以正面影响用户使用 MOOCs 时的压力。

（4）焦虑。学业压力与个体的心理健康有关，如大学生的焦虑和抑郁（Barker et al., 2018）。拉萨比等（Rassaby et al., 2021）研究了差异和焦虑之间的关系。他们发现差异与焦虑正相关，与心理健康负相关。焦虑和压力之间存在显著的正相关关系。

风险和竞争会导致焦虑。在线学习中，焦虑也可能降低学生的心理幸福感。因此，可以假设焦虑的出现会诱发或加强压力。因此提出以下假设。

H5b 焦虑可以正面影响用户使用 MOOCs 时的压力。

（5）享受。关于享受和继续意向之间的联系，有很多研究。戴维斯等（Davis F D et al.，1992）将感知享受定义为"从信息技术中获得的乐趣和愉悦"，他还发现，感知享受可以增强消费者对技术的满意度。奥古马等（Oghuma et al.，2016）发现，感知享受可以积极影响用户对移动即时消息的满意度和继续使用的意愿。瑟尔贝格和本特森（Sällberg & Bengtsson，2016）采用了动机模型，并考察了内在和外在动机对持续意图的影响。他们验证了内在动机，即被操作化为感知的享受，对计算机和智能手机的持续意图有显著的正面影响。

持续使用可以由内在因素驱动，即感知享受（Chen，2017；Hsiao，2017；Huang & Ren，2020；Seol et al.，2016；Thong et al.，2006）。蔡等（2018）也证实了快乐与学生继续使用 MOOCs 正相关。此外，感知到的享受有助于习惯的形成，进而导致持续意向。因此提出以下假设。

H6 享受可以正面影响持续意向。

（6）压力。压力或超负荷会导致疲惫，这可以被描述为用户对活动的厌倦（Maier et al.，2015）。付等（2020）发现，社交媒体的过载会导致疲惫，进而导致中止行为。情绪衰竭会相反地削弱意图。在线学习的环境中，当参与者面对许多作业、演示或测验时，他们可能会感到筋疲力尽。

然而，研究压力和持续意图之间关系的文献很少。因此提出以下假设。

H7 压力可以负面影响持续意向。

6.3.2　方法与数据来源

通过在线调查对概念模型进行了实证检验。我们的主要重点是在线学习平台。本研究以中国大学 MOOCs 为例。我们邀请了至少经历过一次中国大学 MOOCs 的学生（http：//www.icourse163.org）。数据收集是通过在 https：// www.wjx.cn 进行的在线调查。该调查于 2020 年 7 月开始至 9 月结束，共持续三个月。我们总共得到了 614 个答案。其中 40 人从未使用过 MOOCs。因此，有 574 个有效答案。

测量项目是从最近的相关文献中选择和开发的，见表 6.1。为了适合中国大学的 MOOCs，我们稍微修改了一些项目。所有的测量都采用了七点李克特式量表，范围从"强烈不同意"到"强烈同意"。

表 6.1   变量及测量量表

变量	测量项	来源
竞争意识	我喜欢在与他人竞争的情况下工作	斯宾塞和赫姆雷希（Spence & Helmreich, 1983）
	对我来说，在一项任务中表现得比别人好是很重要的	
	总的来说，我觉得赢很重要	
风险意识	我认为学习不好是有风险的，也是危险的	穆罕穆德等（Mohamed et al., 2011）
	如果学习不好，风险相当大	
	总的来说，综合考虑所有因素，我学不好是很有风险的	
快乐	当你想到 MOOCs 的时候，你会庆幸到什么程度	弗雷德森等（Fredrickson et al., 2003）；伊萨德（Izard, 2013）
	当你想到 MOOCs，你觉得开心到什么程度	
	当你想到 MOOCs，你觉得快乐到什么程度	
兴趣	当你想到 MOOCs 的时候，你觉得警惕到什么程度	
	当你想到 MOOCs 的时候，你会好奇到什么程度	
	当你想到 MOOCs 的时候，你有多大的兴趣	
悲伤	一想到 MOOCs，你会难过到什么程度	
	当你想到 MOOCs 的时候，你觉得不开心到什么程度	
	当你想到 MOOCs 的时候，你觉得气馁到什么程度	
焦虑	一想到 MOOCs，你会紧张到什么程度	伯恩斯等（Burns et al., 2019）；文卡提斯（Venkatesh, 2000）
	当你想到 MOOCs 的时候，你觉得受到了多大程度的威胁	
	当你想到 MOOCs 的时候，你的不安感到了什么程度	
压力	在 MOOCs 学习的时候很难放松	宫等（Gong et al., 2010）；郑等（Zheng et al., 2020）
	在 MOOCs 学习的时候感觉很不安	
	在 MOOCs 学习的时候感觉很苦恼	
享受	参加这个课程我很兴奋	裴珂润等（Pekrun et al., 2011）
	我很高兴参加这个课程	
	我很享受参加这个课程	
持续倾向	我打算以后继续用 MOOCs	卢等（Lu et al., 2019a）；恩盖等（Ngai et al., 2007）
	我打算以后用 MOOCs	
	我会继续使用 MOOCs	

在研究中有 10 个结构，它们是用多项目知觉量表测量的。竞争意识是用三个

改编自斯宾塞和赫姆雷希（Spence & Helmreich，1983）的项目来衡量。风险意识由穆罕默德等（Mohamed et al.，2011）改编的三个项目来衡量。每种情绪都是通过三个项目来测量的，这三个项目分别改编自伊萨德（Izard，2013），弗雷德森等（Fredrickson et al.，2003）和伯恩斯等（Burns et al.，2019）。享受是由裴珂润等（Pekrun et al.，2002）成就情绪问卷中的三个项目来测量的。压力是由中国抑郁焦虑压力量表简版来测量的（Gong et al.，2010；Zheng et al.，2020）。选取了三个测量持续意向的项目，并对其进行了改编（Lu et al.，2019b；Ngai et al.，2007）。

6.3.3　基本统计分析

表 6.2 显示了样本的人口统计信息。总体而言，68.1% 的受访者为女性，31.9% 为男性。大多数年龄为 18～25 岁（69%）；14.1% 年龄为 26～30 岁；8.9% 小于 18 岁，7.6% 大于 30 岁。大多数参与者是本科生（46.7%）和研究生（38.2%）。大多数参与者是学生（69.9%）。23.7% 使用 MOOCs 的时间不足 6 个月；40.9% 已使用半年至一年；26.3% 使用了 1～3 年，9.1% 使用了 3 年以上。使用频率方面，23.7% 的用户每月使用 MOOCs 不到两次；40.8% 的人每月使用 MOOCs 2～5 次，25.1% 的人每月使用 5 次以上。我们还调查了受访者在 6 个月内完成了多少门课程：57.1% 的受访者完成了 1～2 门课程；19.9% 完成 3～4 门课程；8.7% 的人完成了 5 门以上的课程，只有 14.3% 的受访者在过去 6 个月内没有完成课程。

表 6.2　　　　　　　　　　　受访者人口统计

变量	类别	频率	比率/(%)
性别	女	391	68.1
	男	183	31.9
年龄	<18 岁	51	8.9
	18～25 岁	396	69
	26～30 岁	81	14.1
	31～40 岁	30	5.2
	41～50 岁	14	2.4
	50 岁以上	2	0.3

变量	类别	频率	比率/（%）
教育程度	专科及以下	74	12.9
	本科	268	46.7
	硕士	219	38.2
	博士及以上	13	2.3
职业	学生	401	69.9
	上班族	173	30.1
MOOCs 使用时长	少于6个月	136	23.7
	6个月至1年	235	40.9
	1~3年	151	26.3
	3年以上	52	9.1
MOOCs 每月使用频率	少于两次	196	23.7
	2~5次	234	40.8
	6~10次	93	16.2
	10次以上	51	8.9
最近6个月完成的 MOOCs 课程数量	0	82	14.3
	1~2	328	57.1
	3~4	114	19.9
	>5	50	8.7

6.3.4 假设检验结果

首先对模型进行了信度和效度检验。如表6.3所示，应用 Cronbach' α 与综合可靠性（CR）来评估可靠性。所有构建体的 Cronbach' α 为 0.762~0.966，超过了福内尔（1981）推荐的阈值 0.7。CR 值也超过了 0.7。因此，该模型具有较高的结构可靠性。

提取的平均方差（AVE）用于测量收敛有效性。AVE 为 0.687~0.936，高于 0.5 的推荐阈值。因子负荷范围从 0.830~0.969，除了第一个感兴趣的项目之外，都是显著的（$p = 0.05$）。该项的因子负荷为 0.599，仍高于 0.4。因此，该模型具有较高的收敛有效性。

表 6.3 测量模型统计

指标		因子负荷	α	CR	AVE
COM	COM－1	0.830	0.837	0.902	0.755
	COM－2	0.897			
	COM－3	0.878			
RISK	RISK－1	0.910	0.911	0.944	0.849
	RISK－2	0.920			
	RISK－3	0.934			
CUR	CUR－1	0.865	0.870	0.920	0.793
	CUR－2	0.909			
	CUR－3	0.898			
HAP	HAP－1	0.945	0.950	0.967	0.908
	HAP－2	0.960			
	HAP－3	0.954			
INT	INT－1	0.599	0.762	0.864	0.687
	INT－2	0.925			
	INT－3	0.919			
SAD	SAD－1	0.966	0.966	0.978	0.936
	SAD－2	0.969			
	SAD－3	0.968			
ANX	ANX－1	0.941	0.927	0.954	0.873
	ANX－2	0.925			
	ANX－3	0.936			
ENJ	ENJ－1	0.887	0.920	0.950	0.863
	ENJ－2	0.948			
	ENJ－3	0.951			
STR	STR－1	0.883	0.919	0.949	0.861
	STR－2	0.950			
	STR－3	0.951			

续表

指标		因子负荷	α	CR	AVE
CI	CI - 1	0.946			
	CI - 2	0.951	0.945	0.965	0.901
	CI - 3	0.952			

注：ANX 表示焦虑，CI 表示持续意向，CUR 表示好奇，ENJ 表示享受，HAP 表示快乐，INT 表示兴趣，SAD 表示悲伤，COM 表示竞争意识，RISK 表示风险意识，STR 表示压力。

采用福尔内尔—拉克尔（1981）标准来评估构面水平判别的有效性，即每个潜在构式的 AVE 的平方根应该超过它与其他潜在构式的相关性。如表 6.4 所示，AVE 值的所有平方根值都高于结构间相关性的其他值。在此基础上，证明了判别有效性。

表 6.4 构建相关性和判别有效性

指标	COM	RISK	CUR	HAP	INT	SAD	ANX	ENJ	STR	CI
COM	0.869									
RISK	0.561	0.922								
CUR	0.618	0.509	0.891							
HAP	0.540	0.389	0.727	0.953						
INT	0.624	0.460	0.717	0.826	0.829					
SAD	0.346	0.157	0.162	0.156	0.321	0.968				
ANX	0.376	0.211	0.215	0.279	0.428	0.868	0.934			
ENJ	0.524	0.340	0.614	0.815	0.795	0.289	0.363	0.929		
STR	0.363	0.203	0.167	0.186	0.337	0.849	0.816	0.303	0.928	
CI	0.484	0.372	0.622	0.789	0.720	0.093	0.207	0.735	0.124	0.949

注：ANX 表示焦虑，CI 表示持续意向，CUR 表示好奇，ENJ 表示享受，HAP 表示快乐，INT 表示兴趣，SAD 表示悲伤，COM 表示竞争意识，RISK 表示风险意识，STR 表示压力。

在评估测量模型的可靠性和有效性后，通过标准化均方根残差（SRMR）评估模型拟合。SRMR 可以表示经验和模型隐含的（理论）相关矩阵之间的差异，这是偏最小二乘法的拟合优度度量（Hair et al.，2014）。模型的 SRMR 为 0.069，低于胡和本特勒（1999）推荐的阈值 0.08。因此，结构模型有很好的拟合。

在评估模型拟合后，对 5000 个样本进行了研究假设的显著性检验，结果如表 6.5 所示。除了风险感和情绪之间的关系（H2a、H2b、H2c、H2d）之外，所有假设都得到了证实。这意味着风险意识对个人在 MOOCs 中学习的情绪没有影响。此外，竞争感能正向诱导支持 H1a、H1b、H1c、H1d 的四种情绪：幸福（$\beta = 0.156$，$t = 3.267$，$p = 0.001$）；兴趣（$\beta = 0.278$，$t = 6.317$，$p < 0.000$）；悲伤（$\beta = 0.377$，$t = 8.485$，$p < 0.000$）；焦虑（$\beta = 0.376$，$t = 8.249$，$p < 0.000$）。好奇心还能显著强化支持 H3a、H3b 的两种情绪：幸福（$\beta = 0.644$，$t = 16.217$，$p < 0.000$）；兴趣（$\beta = 0.528$，$t = 12.771$，$p < 0.000$）。快乐（$\beta = 0.498$，$t = 10.064$，$p < 0.000$）和兴趣（$\beta = 0.383$，$t = 7.429$，$p < 0.000$）会正向影响支持 H4a 和 H4b 的享受。此外，悲伤（$\beta = 0.574$，$t = 10.113$，$p < 0.000$）和焦虑（$\beta = 0.317$，$t = 5.629$，$p < 0.000$）会显著增强支持 H5a 和 H5b 的压力。根据这些结果，大约 54% 的快乐差异、56.8% 的兴趣差异、12.2% 的悲伤差异、12.2% 的焦虑差异、71% 的享受差异和 74.6% 的压力差异是由前因（外生）变量解释的。

表 6.5   **假设检验结果**

假设	关系	β 值	t 值	p 值	结果
H1a	$COM \rightarrow HAP$	0.156 **	3.267	0.001	支持
H1b	$COM \rightarrow INT$	0.278 ***	6.317	0.000	支持
H1c	$COM \rightarrow SAD$	0.377 ***	8.485	0.000	支持
H1d	$COM \rightarrow ANX$	0.376 ***	8.249	0.000	支持
H2a	$RISK \rightarrow HAP$	− 0.026	0.557	0.577	不支持
H2b	$RISK \rightarrow INT$	0.035	0.827	0.408	不支持
H2c	$RISK \rightarrow SAD$	− 0.055	1.204	0.229	不支持
H2d	$RISK \rightarrow ANX$	0.000	0.001	0.999	不支持
H3a	$CUR \rightarrow HAP$	0.644 ***	16.217	0.000	支持
H3b	$CUR \rightarrow INT$	0.528 ***	12.771	0.000	支持
H4a	$HAP \rightarrow ENJ$	0.498 ***	10.064	0.000	支持
H4b	$INT \rightarrow ENJ$	0.383 ***	7.429	0.000	支持
H5a	$SAD \rightarrow STR$	0.574 ***	10.113	0.000	支持
H5b	$ANX \rightarrow STR$	0.317 ***	5.629	0.000	支持

假设	关系	β 值	t 值	p 值	结果
H6	ENJ→CI	0.768 ***	29.796	0.000	支持
H7	STR→CI	-0.109 ***	4.455	0.000	支持

注：ANX 表示焦虑，CI 表示持续意向，CUR 表示好奇，ENJ 表示享受，HAP 表示快乐，INT 表示兴趣，SAD 表示悲伤，COM 表示竞争意识，RISK 表示风险意识，STR 表示压力。

最后，享受对用户继续使用有积极影响（$\beta = 0.768$，$t = 29.796$，$p < 0.000$），因此支持 H6；压力会对 MOOCs 中的继续意向产生负面影响（$\beta = -0.109$，$t = 4.455$，$p < 0.000$）。总体而言，结构模型可以解释约 55% 的持续意图的方差。

6.4　讨　　论

本章提出并验证了一个基于 S－O－R 框架的研究模型。首先探讨了内部心理因素（刺激），即竞争意识、风险和好奇心是如何影响在线学习中个体的情绪和体验（有机体）的。然后研究了情绪体验如何影响情绪控制系统中的持续意图。

首先，研究结果表明，竞争意识可以激发积极和消极情绪，这些情绪会导致不同的使用体验，即享受或压力。情感体验最终会影响 MOOCs 中的延续意图。一方面，竞争会提高人们的幸福感，这与付等（2009），瓦道尔（2003），普拉斯（2013）和内贝尔等（2016）的研究结果一致。积极的情绪会增强个人的内在幸福感：享受。享受会使人在 MOOCs 中坚持学习，这与索尔等（Seol et al.，2016），陈（Chen，2017），萧（Hsiao，2017），以及黄和任（Huang & Ren，2020）的结果是一致的。另一方面，也会增加负面情绪，比如悲伤和焦虑。这一发现也与范埃克（Van Eck & Dempsey，2002）和程等（Cheng et al.，2009）一致。那些负面情绪会伤害人们的幸福：诱发压力。压力对使用 MOOCs 的持续性是有害的。此外，竞争对积极情绪的影响大于消极情绪。总之，竞争意识强的人在网络学习中更容易产生复杂的情绪。

其次，风险感对四种情绪的影响惊人地小，因此不能通过心理因素影响继续意向。鉴于大多数受访者是学生（69.9%），可以得出结论，大多数学生的学习风险意识较低。瓦特和巴拉克（Watted & Barak，2018）探讨了大学生和 MOOCs

一般参与者之间的差异。他们发现，一般参与者和学生有不同的动机：前者更关注与其职业相关的知识和技能，而后者热衷于获取与其学术计划相关的内容。而且，如果学生参加课程是为了兴趣，他们不会在意能否拿到证书。因此，大多数学生没有在学习中有好的表现的强动机，他们也不会有风险感。如果受访者主要是工人，结果可能会改变。

最后，好奇心作为一种积极的动机可以激发人们的积极情绪，这并不奇怪。该结果与安里等（Ainley et al.，2002）和戴等（Dai Teo Rappa et al.，2020）的研究结果一致。因此，好奇心强的人更有可能在 MOOCs 的学习中产生积极的情绪。他们会表现出更高水平的兴趣和快乐。因此，这些情绪将增加学习的幸福感，也更有可能在 MOOCs 中持续存在。

研究揭示了竞争感、风险感和好奇心如何通过调节与使用体验相关的因素（情绪）来影响持续意图的潜在机制，可以在几个方面对以前的研究作出贡献。

首先，研究将竞争意识引入 MOOCs 的持续意图模型中，填补了现有文献的空白。最近的文献主要关注 MOOCs 课程因素的影响、技术因素、网络因素和使用体验（Hone & El Said，2016；Tsai et al.，2018；Xing，2019；Zhao et al.，2020b）。研究结果表明，个体的竞争意识可以诱发积极情绪和消极情绪，因此积极情绪会增加持续使用 MOOCs 的意愿。同时，负面情绪会降低意向。然而，竞争对负面情绪的影响大于正面情绪。因此，可以产生与检验用户竞争意识在 MOOCs 中的重要性相关的未来研究。

其次，研究结果表明，风险意识对继续意向没有影响。我们推断学生拥有较低的风险意识，因为他们不会强烈要求认证（Watted & Barak，2018）。与 MOOCs 的一般参与者不同，他们更有可能获得可应用的知识和技能。因此，与样本相比，一般参与者会有更高的风险意识。此外，好奇心对继续意向的影响是显著正向的，这与卡什丹（2004）和戴等（2020）的结果一致。

再次，基于 S－O－R 框架，成功地解释了情绪和使用经验对于竞争感与好奇心如何影响延续意图的中介作用。更具体地说，竞争感诱发的四种情绪会相应地增加或减少学习体验的幸福感。那么情绪体验会进一步影响继续意向：享受会提高意向，而压力会削弱意向。因此，研究清楚地揭示了为什么个人选择继续使用 MOOCs 或不使用 MOOCs 的情感机制。

本章不仅在延续意图中引入了新的变量（竞争感），而且探索了情绪对使用 MOOCs 的中介作用。研究结果可以为受参与者辍学困扰的 MOOCs 平台开发人员和讲师提供一些建议。研究发现，竞争意识能够影响用户的继续意向，并且会带来比正面情绪更高的负面情绪。因此，开发者在使用 MOOCs 时可能需要削弱人们的竞争意识。例如，平台强调用户可以从学习中获得什么，而不是可以通过平台获得多少比较优势。此外，风险意识对大学生的继续意向没有影响。平台可能需要重点提升课程的吸引力。比如开发者可以突出有趣的元素，获得更多学生的参与和坚持。

最后，为 MOOCs 开发者和教育工作者提供了见解，鼓励他们考虑人们的心理状态。如果参与者对在 MOOCs 中学习有消极的情绪，他们继续学习的可能性就会降低。基于此，建议开发者和教育工作者多关注用户的心理状态，想办法改善他们在 MOOCs 中的使用体验，这将有利于推动 MOOCs 的持续使用。

本章探讨了竞争感、风险感和好奇心如何影响 MOOCs 中的持续意向。此外，基于 S－O－R 框架解释了情绪的中介效应。竞争意识和好奇心都可以导致积极的情绪，这将加强学习的幸福感，进而增加持续使用 MOOCs 的意图。然而，竞争意识也会引发负面情绪，从而降低幸福感并导致中断。

尽管研究结果对 MOOCs 中坚持意图背后的心理机制给出了一个严谨的描述，但仍有一些问题需要进一步探索。首先，竞争意识的影响有两面性。研究人员可以进一步研究什么水平的竞争意识最能提高积极效果。其次，风险意识需要更多的研究，因为我们的参与者大多是学生。如果调查可以在一般参与者（如工人）中进行，结果可能会改变。最后，问卷只能检测人们的意图，而不能检测实际行为。未来的研究可以将 MOOCs 中的意图和实际行为结合起来，找出更多的结果。

第7章　总结与展望

7.1　总　　结

本书基于知识管理视角，从显性知识、显性隐性知识、隐性知识三个层面对高质量本科在线课程主要要素进行详细梳理之后，对这三个层面的一些核心影响要素的作用机制进行分析验证。总体上，本书主要进行了以下研究。

（1）通过详细的文献梳理、深度访谈，并结合采集网络相关评论，利用定性研究，基于知识管理视角对高质量本科在线课程的内涵、预期结果及其内容结构进行系统详细的界定。

（2）页面设计是页面的布局以及页面内容，电子服务质量评价的重要维度之一即页面设计（Jeon & Jeong，2017）。页面设计在电子商务研究与实践领域较早之前就已引起较高重视，在电子商务网站中，要方便顾客能够找到想要的物品，能引起顾客的兴趣去浏览物品。很多学者一直认为课程也是一种服务，因此在传统课程评价中有很多基于服务质量模型进行的评价（Tóth & Surman，2019）。在线课程可以看作提供了电子服务，因此，其页面设计也非常重要。本书针对页面设计包括页面布局元素、页面推荐等作用进行详细分析与验证。

（3）针对显性隐性知识层面授课过程设计、授课技术方式设计要素做进一步研究。授课过程、授课技术方式其实不同的教师差别较大，效果也会也有较大差异。实质上，授课过程、授课技术方式是教师经验的反映与凝结，具有丰富教学经验的教师更懂得通过有效的授课过程与授课技术方式使学生更容易理解和吸收所讲授内容（Huang & Hew，2018）。因此，授课过程、授课技术方式一定程度上是可描述的，其取决于教师经验与教师本身，也是在线课程的知识，属于显性隐性知识。本书针对教学方法中比喻和动态板书、课程网络结构，课程质量要素包括教师维度要素和平台维度要素，对这些影响机制进行了深入分析与影响结果检验。

（4）由于隐性知识的重要性，许多学者强调需要有效地转化隐性知识（Van Kampen，2019）。根据 SECI 知识转化螺旋模型，社会化转化过程是隐性知识到隐性知识的转换，其主要通过经验分享而得到。外在化过程是隐性知识向显性知识的转化，转化手法有隐喻、类比、概念和模型等（Whyte & Classen，2012）。教师传授知识过程包括传授显性知识，也包括传授隐性知识，根据知识转化模型，为有效转化隐性知识，可以通过教师隐性知识转化为学生隐性知识，或者将隐性知识转化为显性知识，而显性知识是可描述的，因此会更便于学生学习。隐性知识由于其难以描述的特点，不断地交流互动可以帮助学生获取到课程隐性知识（Saini et al.，2018）。本书针对隐性知识层面情绪的影响机制进行了深入分析与效果检验。

7.2 展　望

在线教育越来越受到关注，其质量也至关重要，未来在线教育也将进一步扩大影响范围，越来越多样化的人群如小学生、中学生、工作人员等也会更多地参与到在线学习之中。伴随 5G 到来，人工智能与 VR 技术飞速发展，进一步推动线上教育在数字场景上的应用。未来在线教育会融合更多新技术，产生质的飞跃。

附录 A　MOOC 使用调研：质量模型

非常感谢您能在百忙之中打开这份问卷，这份问卷是为了调查 MOOC 的使用情况，以下全部为单选题。本次问卷不会泄露任何隐私问题，仅供调研分析，请放心填写，谢谢！

1. 您的性别为：

○男　　　　　　　○女

2. 您的年龄段为：

○18 岁以下　　　○18 ~ 25 岁　　　○26 ~ 30 岁　　　○31 ~ 40 岁

○41 ~ 50 岁　　　○51 ~ 60 岁　　　○60 岁以上

3. 请问您的文化程度是：

○专科及以下　　　○大学本科　　　○硕士研究生　　　○博士研究生及以上

4. 您目前从事的职业是：

○学生

○生产人员

○销售人员

○市场/公关人员

○客服人员

○行政/后勤人员

○人力资源

○财务/审计人员

○文职/办事人员

○技术/研发人员

○管理人员

○教师

○顾问/咨询

○专业人士（如会计师、律师、建筑师、医护人员、记者等）

○其他

5. 请问您是否使用过中国慕课 MOOC 或者其他免费在线学习课程？

○是　　　　　　○否

6. 请问您使用 MOOC 多久了？

○半年以内　　　○半年～1 年　　　○1～3 年　　　　　○3 年及以上

7. 请问您平均每月使用 MOOC 的频率是：

○小于 2 次　　　○2～5 次　　　　○6～10 次　　　　　○大于 10 次

8. 请问您最近半年完成的在线学习课程数量是：

○0　　　　　　○1～2 门　　　　○3～4 门　　　　　○5 门及以上

9. 我觉得 MOOC 上课程相关的学习资料丰富。

非常不同意　　○1　○2　○3　○4　○5　○6　○7　　非常同意

10. 我觉得 MOOC 上课程相关的习题充分。

非常不同意　　○1　○2　○3　○4　○5　○6　○7　　非常同意

11. 我觉得 MOOC 上课程相关的教材资料全面。

非常不同意　　○1　○2　○3　○4　○5　○6　○7　　非常同意

12. 我觉得 MOOC 教学过程中采用了多样化的教学方式。

非常不同意　　○1　○2　○3　○4　○5　○6　○7　　非常同意

13. 我觉得 MOOC 平台教学过程中结合使用了多种教学方法。

非常不同意　　○1　○2　○3　○4　○5　○6　○7　　非常同意

14. 我觉得 MOOC 平台教学过程中结合使用了多种技术。

非常不同意　　○1　○2　○3　○4　○5　○6　○7　　非常同意

15. 我觉得 MOOC 课程习题布置上，作业量适度，不多不少。

非常不同意　　○1　○2　○3　○4　○5　○6　○7　　非常同意

16. 我觉得 MOOC 课程设置上，教学内容适量，我可以理解所有的信息。

非常不同意　　○1　○2　○3　○4　○5　○6　○7　　非常同意

17. 我觉得 MOOC 课程难度适中。

非常不同意　　○1　○2　○3　○4　○5　○6　○7　　非常同意

18. MOOC 可以提供符合我个人需求的课程或服务。

非常不同意　　○1　○2　○3　○4　○5　○6　○7　　非常同意

19. MOOC 可以提供符合我个人偏好的课程或服务。

非常不同意　　○1　○2　○3　○4　○5　○6　○7　　非常同意

20. 总体而言，MOOC 可以提供符合我个人使用风格的课程或服务。
非常不同意　○1　○2　○3　○4　○5　○6　○7　非常同意

21. 我可以在 MOOC 平台上自主创建内容，例如我可以发表主题帖子。
非常不同意　○1　○2　○3　○4　○5　○6　○7　非常同意

22. 我可以在 MOOC 平台上修改内容，例如隐私、消息设置等。
非常不同意　○1　○2　○3　○4　○5　○6　○7　非常同意

23. 我可以在 MOOC 平台上修改外观页面，例如背景设置。
非常不同意　○1　○2　○3　○4　○5　○6　○7　非常同意

24. 相比线下学习，在 MOOC 平台上，我更容易获得课程相关内容。
非常不同意　○1　○2　○3　○4　○5　○6　○7　非常同意

25. 在 MOOC 平台上学习，比传统线下学习更方便。
非常不同意　○1　○2　○3　○4　○5　○6　○7　非常同意

26. 在 MOOC 平台上，使用操作很简单。
非常不同意　○1　○2　○3　○4　○5　○6　○7　非常同意

27. 我可以很容易联系到 MOOC 客服或进行意见反馈。
非常不同意　○1　○2　○3　○4　○5　○6　○7　非常同意

28. MOOC 平台会及时处理我的问题。
非常不同意　○1　○2　○3　○4　○5　○6　○7　非常同意

29. MOOC 平台会及时反馈我的需求。
非常不同意　○1　○2　○3　○4　○5　○6　○7　非常同意

30. MOOC 平台上的教师真诚地关心学生。
非常不同意　○1　○2　○3　○4　○5　○6　○7　非常同意

31. MOOC 平台上的教师了解学生的个人需求。
非常不同意　○1　○2　○3　○4　○5　○6　○7　非常同意

32. MOOC 平台上的教师鼓励并激励学生尽自己最大的努力。
非常不同意　○1　○2　○3　○4　○5　○6　○7　非常同意

33. MOOC 平台上提供的内容与我学习的需求相一致。
非常不同意　○1　○2　○3　○4　○5　○6　○7　非常同意

34. MOOC 平台适合我的学习需要。
非常不同意　○1　○2　○3　○4　○5　○6　○7　非常同意

35. MOOC 平台可以帮助我完成在线课程。
非常不同意　○1　○2　○3　○4　○5　○6　○7　非常同意

36. 与我需要投入的精力相比，MOOC 平台的使用对我是有益的。

非常不同意　○1　○2　○3　○4　○5　○6　○7　非常同意

37. 与我需要花费的时间相比，MOOC 平台的使用对我而言是值得的。

非常不同意　○1　○2　○3　○4　○5　○6　○7　非常同意

38. 总的来说，MOOC 平台的使用给我带来了很大的价值。

非常不同意　○1　○2　○3　○4　○5　○6　○7　非常同意

39. 总体而言，我对 MOOC 平台很信任。

非常不同意　○1　○2　○3　○4　○5　○6　○7　非常同意

40. 我相信 MOOC 平台给我发送的内容与信息。

非常不同意　○1　○2　○3　○4　○5　○6　○7　非常同意

41. 我认为 MOOC 平台所提供的内容与信息真实可靠。

非常不同意　○1　○2　○3　○4　○5　○6　○7　非常同意

42. 我使用 MOOC 之后的体验感受，比我开始预期的要好。

非常不同意　○1　○2　○3　○4　○5　○6　○7　非常同意

43. MOOC 平台提供的服务质量比我开始预期的要好。

非常不同意　○1　○2　○3　○4　○5　○6　○7　非常同意

44. 总的来说，我之前对 MOOC 平台的大部分预期都被实现了。

非常不同意　○1　○2　○3　○4　○5　○6　○7　非常同意

45. 当我使用 MOOC 平台时，我不会被周围环境的干扰分散注意力。

非常不同意　○1　○2　○3　○4　○5　○6　○7　非常同意

46. 当我使用 MOOC 平台时，我没有感到沮丧或者想要放弃。

非常不同意　○1　○2　○3　○4　○5　○6　○7　非常同意

47. 当我使用 MOOC 平台时，我常专注于 MOOC 学习而忽略了我周围发生的事情。

非常不同意　○1　○2　○3　○4　○5　○6　○7　非常同意

48. 我对 MOOC 平台很满意。

非常不同意　○1　○2　○3　○4　○5　○6　○7　非常同意

49. 我享受在 MOOC 平台学习的体验。

非常不同意　○1　○2　○3　○4　○5　○6　○7　非常同意

50. 总的来说，我对 MOOC 平台的感受是积极的。

非常不同意　○1　○2　○3　○4　○5　○6　○7　非常同意

51. 我打算未来使用 MOOC 平台。

非常不同意　○1　○2　○3　○4　○5　○6　○7　非常同意

52. 我未来想持续使用 MOOC 平台学习。

非常不同意　○1　○2　○3　○4　○5　○6　○7　非常同意

53. 我会持续使用 MOOC 平台。

非常不同意　○1　○2　○3　○4　○5　○6　○7　非常同意

附录 B MOOC 使用调研：
S-O-R 框架

非常感谢您能在百忙之中打开这份问卷，这份问卷是为了调查 MOOC 的使用情况，以下全部为单选题。本次问卷不会泄露任何隐私问题，仅供调研分析，请放心填写，谢谢！

1. 您的性别为：

○男　　　　　　　○女

2. 您的年龄段为：

○18 岁以下　　　○18 ~ 25 岁　　　○26 ~ 30 岁　　　○31 ~ 40 岁

○41 ~ 50 岁　　　○51 ~ 60 岁　　　○60 岁以上

3. 请问您的文化程度是：

○专科及以下　　　○大学本科　　　　○硕士研究生　　　○博士研究生及以上

4. 您目前从事的职业是：

○学生

○生产人员

○销售人员

○市场/公关人员

○客服人员

○行政/后勤人员

○人力资源

○财务/审计人员

○文职/办事人员

○技术/研发人员

○管理人员

○教师

○顾问/咨询

○专业人士（如会计师、律师、建筑师、医护人员、记者等）

○其他

5. 请问您是否使用过中国慕课 MOOC 或者其他在线学习平台？（如果使用过其他平台，后续问题中的"MOOC 平台"可替换为您使用过的在线学习平台）

○是　　　　　　　○否

6. 请问您使用 MOOC 多久了？

○半年以内　　　　○半年～1 年　　　○1～3 年　　　　　○3 年及以上

7. 请问您平均每月使用 MOOC 的频率是：

○小于 2 次　　　　○2～5 次　　　　　○6～10 次　　　　○大于 10 次

8. 请问您最近半年完成的在线学习课程数量是：

○0　　　　　　　○1～2 门　　　　　○3～4 门　　　　○5 门及以上

9. 在 MOOC 平台学习时，我可以完成自己的学习目标。

非常不同意　○1　○2　○3　○4　○5　○6　○7　非常同意

10. 在 MOOC 平台学习出现困难时，我可以依靠自己的能力应对。

非常不同意　○1　○2　○3　○4　○5　○6　○7　非常同意

11. 在 MOOC 平台学习时，我充满信心。

非常不同意　○1　○2　○3　○4　○5　○6　○7　非常同意

12. 我喜欢在与他人竞争的环境中学习。

非常不同意　○1　○2　○3　○4　○5　○6　○7　非常同意

13. 对我而言，在学习上比别人表现得更好很重要。

非常不同意　○1　○2　○3　○4　○5　○6　○7　非常同意

14. 总的来说，我觉得胜利很重要。

非常不同意　○1　○2　○3　○4　○5　○6　○7　非常同意

15. 我认为学习成绩不好是有风险的（例如毕业、就业问题等）。

非常不同意　○1　○2　○3　○4　○5　○6　○7　非常同意

16. 如果学得不好，风险很大（例如毕业、就业问题）。

非常不同意　○1　○2　○3　○4　○5　○6　○7　非常同意

17. 综合考虑所有的因素，如果我学习不好，对我的未来发展是有风险的。

非常不同意　○1　○2　○3　○4　○5　○6　○7　非常同意

18. 我对学习课程新内容新知识很感兴趣。

非常不同意　○1　○2　○3　○4　○5　○6　○7　非常同意

19. 学习过程中，当我被给予一个新的问题时，我喜欢探索答案。

非常不同意　○1　○2　○3　○4　○5　○6　○7　非常同意

20. 学习过程中，当给我一个不完整的谜题时，我试着探索最终的答案。

非常不同意　○1　○2　○3　○4　○5　○6　○7　非常同意

21. 当我想到使用 MOOC 平台学习时，我感觉比较愉快。

非常不同意　○1　○2　○3　○4　○5　○6　○7　非常同意

22. 当我想到使用 MOOC 平台学习时，我感觉比较快乐。

非常不同意　○1　○2　○3　○4　○5　○6　○7　非常同意

23. 当我想到使用 MOOC 平台学习时，我感觉比较喜悦。

非常不同意　○1　○2　○3　○4　○5　○6　○7　非常同意

24. 当我想到使用 MOOC 平台学习时，我感到警惕（对于线上学习平台，我会更加小心谨慎）。

非常不同意　○1　○2　○3　○4　○5　○6　○7　非常同意

25. 当我想到使用 MOOC 平台学习时，我感到很好奇。

非常不同意　○1　○2　○3　○4　○5　○6　○7　非常同意

26. 当我想到使用 MOOC 平台学习时，我感到很有兴趣。

非常不同意　○1　○2　○3　○4　○5　○6　○7　非常同意

27. 当我想到使用 MOOC 平台学习时，我感到紧张。

非常不同意　○1　○2　○3　○4　○5　○6　○7　非常同意

28. 当我想到使用 MOOC 平台学习时，我感到威胁（有压力、有挑战的）。

非常不同意　○1　○2　○3　○4　○5　○6　○7　非常同意

29. 当我想到使用 MOOC 平台学习时，我感到不安。

非常不同意　○1　○2　○3　○4　○5　○6　○7　非常同意

30. 当我想到使用 MOOC 平台学习时，我感到伤心。

非常不同意　○1　○2　○3　○4　○5　○6　○7　非常同意

31. 当我想到使用 MOOC 平台学习时，我感到不快乐。

非常不同意　○1　○2　○3　○4　○5　○6　○7　非常同意

32. 当我想到使用 MOOC 平台学习时，我感到气馁。

非常不同意　○1　○2　○3　○4　○5　○6　○7　非常同意

33. 在 MOOC 平台学习课程时，我感到很兴奋。

非常不同意　○1　○2　○3　○4　○5　○6　○7　非常同意

34. 在 MOOC 平台学习课程时，我感到很高兴。

非常不同意　○1　○2　○3　○4　○5　○6　○7　非常同意

35. 在 MOOC 平台学习课程时，我感到很愉悦。

非常不同意　○1　○2　○3　○4　○5　○6　○7　非常同意

36. 在 MOOC 平台学习课程时，我感到很难放松。

非常不同意　○1　○2　○3　○4　○5　○6　○7　非常同意

37. 在 MOOC 平台学习课程时，我感到焦躁不安。

非常不同意　○1　○2　○3　○4　○5　○6　○7　非常同意

38. 在 MOOC 平台学习课程时，我感到有压迫感。

非常不同意　○1　○2　○3　○4　○5　○6　○7　非常同意

39. 我未来想持续使用 MOOC 平台学习。

非常不同意　○1　○2　○3　○4　○5　○6　○7　非常同意

40. 我打算未来使用 MOOC 平台。

非常不同意　○1　○2　○3　○4　○5　○6　○7　非常同意

41. 我会持续使用 MOOC 平台。

非常不同意　○1　○2　○3　○4　○5　○6　○7　非常同意

参 考 文 献

［1］艾媒咨询.2019—2020 中国在线教育行业发展研究报告［EB/OL］.
（2020 - 02 - 13）［2022 - 01 - 13］. https：//www. iimedia. cn/c400/68955. html.

［2］陈明亮，蔡日梅.电子商务中产品推荐代理对消费者购买决策的影响
［J］.浙江大学学报（人文社会科学版），2009，39（5）：138 - 148.

［3］戴和忠.网络推荐和在线评论对数字内容商品体验消费的整合影响及实
证研究［D］.杭州：浙江大学，2014.

［4］方培琴.比喻在物理教学中的应用［J］.甘肃教育，2001（3）：44.

［5］何迪.学生自主学习有效突破中的时间规划研究：14［J］.教育理论与
实践，2020，40（14）：49 - 51.

［6］胡新明.基于商品属性的电子商务推荐系统研究［D］.武汉：华中科
技大学，2012.

［7］黄冉.基于内容和 word2vec 的慕课推荐算法研究［D］.济南：山东师
范大学，2019.

［8］姜丽.融合本体语义与用户属性的协同过滤推荐算法研究［D］.阜新：
辽宁工程技术大学，2019.

［9］李如密，刘云珍.课堂教学比喻艺术初探［J］.全球教育展望，2009
（6）：33 - 36.

［10］李轶.视频弹窗广告效应的眼动研究［D］.西安：陕西师范大学，
2018.

［11］刘忠英.刍议化学教学中的比喻艺术［J］.化学教学，2015（3）：
15 - 17.

［12］王翠青，陈未如.序列模式挖掘支持度阈值的确定方法［J］.计算机
工程，2010，36（8）：93 - 95.

［13］王丹.产品类型、位置对网页广告效果的影响［J］.天水师范学院学

报，2016，36（4）：116－119.

［14］王义保，王天宇，刘卓，等．疫情期间大学生在线教学接受度调查研究——以江苏某大学为例［J］.现代教育管理，2021（5）：100－106.

［15］吴林武．电子商务个性化推荐系统对消费者购买意向的影响研究［D］.天津：天津大学，2018.

［16］吴正洋，汤庸，方家轩，等．一种基于本体语义相似度的协同过滤推荐方法：09［J］.计算机科学，2015，42（9）：204－207，225.

［17］夏立新，毕崇武，程秀峰．基于FRUTAI算法的布尔型移动在线学习资源协同推荐研究：03［J］.图书情报工作，2017，61（3）：14－20.

［18］徐光，刘鲁川．慕课学习者的归因，动机与持续使用意图研究［J］.电化教育研究，2017，38（3）：68－74.

［19］徐晓飞，张策，蒋建伟．从应对疫情危机谈我国在线教学模式创新与经验分享［J］.中国大学教学，2020（7）：42－46.

［20］杨根福．混合式学习模式下网络教学平台持续使用与绩效影响因素研究［J］.电化教育研究，2015，36（7）：42－48.

［21］张博，刘学军，李斌．基于重叠度和双重属性的协同过滤推荐算法［J］.计算机科学，2016，43（4）：235－240.

［22］张勇．幽默风趣的语言在课堂教学中的运用研究［J］.教育与职业，2013（6）：157－158.

［23］赵青芳．个性化信息推荐对绿色购买决策过程的影响［D］.杭州：浙江财经大学，2018.

［24］赵蔚，姜强，王朋娇，等．本体驱动的e－Learning知识资源个性化推荐研究［J］.中国电化教育，2015（5）：84－89.

［25］中国互联网络信息中心．第46次中国互联网络发展状况统计报告［EB/OL］.（2020－09－29）［2022－01－13］.http：//www.cac.gov.cn/2020－09/29/c_1602939918747816.htm.

［26］中国互联网协会．中国互联网发展报告（2021）［EB/OL］.（2021－07－13）［2022－01－13］.https：//mp.weixin.qq.com/s/H－Zl9avqjJp_zYBcwwuvEQ？.

［27］中华人民共和国教育部．教育部高等教育司负责人就《教育部等五部门关于进一步加强普通高等学校在线开放课程教学管理的若干意见》答记者问［EB/OL］.（2022－04－01）［2022－04－05］.http：//www.moe.gov.cn/jyb_xwfb/s271/202204/t20220401_612711.html.

［28］朱珂. 网络学习空间交互性、沉浸感对学生持续使用意愿的影响研究［J］. 中国电化教育，2017（2）：89 - 95.

［29］Abbas J. HEISQUAL：A modern approach to measure service quality in higher education institutions［J］. *Studies in Educational Evaluation*，2020（67）：100933.

［30］Abdullah F. Measuring service quality in higher education：HEdPERF versus SERVPERF［J］. *Marketing Intelligence & Planning*，2006a，24（1）：31 - 47.

［31］Abdullah F. The development of HEdPERF：a new measuring instrument of service quality for the higher education Sector［J］. *International Journal of Consumer Studies*，2006b，30（6）：569 - 581.

［32］Addis M. Tacit and explicit knowledge in construction management［J］. *Construction Management and Economics*，2016，34（7 - 8）：439 - 445.

［33］Adomavicius G，Bockstedt J，Curley S，et al. De-biasing user preference ratings in recommender Systems［C］//24th Annual Workshop on Information Technologies and Systems：Value Creation from Innovative Technologies. Auckland，New Zealand：WITS，2014.

［34］Adomavicius G，Tuzhilin A. Context-aware recommender Systems［M］//Recommender Systems Handbook. Springer，2011：217 - 253.

［35］Adomavicius G，Tuzhilin A. Toward the next generation of recommender systems：a survey of the state-of-the-art and possible extensions［J］. *IEEE Transactions on Knowledge and Data Engineering*，2005，17（6）：734 - 749.

［36］Agrawal A，Shah P，Wadhwa V. EGOSQ - users' assessment of e-governance online-services：a quality measurement instrumentation［C］//International Conference on E-Governance. *India：GIFT publications*，2007：231 - 244.

［37］Agrawal N M. Modeling Deming's quality principles to improve performance using interpretive structural modeling and MICMAC analysis［J］. *International Journal of Quality & Reliability Management*，2019，36（7）：1159 - 1180.

［38］Ahani A，Nilashi M，Yadegaridehkordi E，et al. Revealing customers' satisfaction and preferences through online review analysis：the case of Canary Islands Hotels［J］. *Journal of Retailing and Consumer Services*，2019（51）：331 - 343.

［39］Ahmed S. Who inadvertently shares deepfakes？Analyzing the role of political interest, cognitive ability, and social network size [J]. *Telematics and Informatics*, 2021 (57): 101508.

[40] Ahn D, Lee D, Hosanagar K. Interpretable Deep Learning Approach to Churn Management [J]. *Available at SSRN* 3981160, 2020 (9): 1 – 44.

[41] Ainley M, Hidi S, Berndorff D. Interest, learning, and the psychological processes that mediate their relationship [J]. *Journal of Educational Psychology*, 2002, 94 (3): 545.

[42] Ajzen I. The theory of planned Behavior [J]. *Organizational behavior and human decision processes*, 1991, 50 (2): 179 – 211.

[43] Akşin Z, Deo S, Jónasson J O, et al. Learning from many: Partner exposure and team familiarity in fluid teams [J]. *Management Science*, 2021, 67 (2): 854 – 874.

[44] Akpinar M E, Yeşilada Y. Discovering visual elements of web pages and their roles: users' perception [J]. *Interacting with Computers*, 2017, 29 (6): 845 – 867.

[45] Al – Azawei A, Badii A. State of The Art of Learning Styles – Based Adaptive Educational Hypermedia Systems (Ls – Baehss) [J]. *International Journal of Computer Science and Information Technology*, 2014 (6): 1 – 19.

[46] Alba J W, Hutchinson J W. Dimensions of consumer expertise [J]. *Journal of Consumer Research*, 1987, 13 (4): 411 – 454.

[47] Alessi S M, Trollip S R. Multimedia for learning: methods and development [M]. Boston: Allyn & Bacon, 2001.

[48] Ali F, Zhou Y, Hussain K, et al. Does higher education service quality effect student satisfaction, image and loyalty? a study of international students in Malaysian Public Universities [J]. *Quality Assurance in Education*, 2016, 24 (1): 70 – 94.

[49] Alizadeh M, Mehran P, Koguchi I, et al. Evaluating a blended course for Japanese learners of English: why quality matters: 1 [J]. *International Journal of Educational Technology in Higher Education*, 2019, 16 (1): 1 – 21.

[50] Aljukhadar M, Senecal S, Nantel J. Is more always better? Investigating the task-technology fit theory in an online user context [J]. *Information & Management*, 2014, 51 (4): 391 – 397.

［51］ Almeida R, Zwierewicz M. Students motivation working on MOODLE – Un-eatlantico case study ［J］. *International Journal of Recent Trends in Engineering & Research*, 2018（4）: 150.

［52］ Alraimi K M, Zo H, Ciganek A P. Understanding the MOOCs continuance: The role of openness and reputation ［J］. *Computers & Education*, 2015（80）: 28 – 38.

［53］ Amatriain X, Basilico J. Netflix recommendations: Beyond the 5 stars（part 1）［J］. *Netflix Tech Blog*, 2012（6）: 1 – 7.

［54］ Anderson M, Ball M, Boley H, et al. RACOFI: A Rule – Applying Collaborative Filtering System ［J］. *NRC Publications Archive*, 2003（46507）: 1 – 13.

［55］ Anderson R S, Speck B W. "Oh what a difference a team makes": why team teaching makes a difference ［J］. *Teaching and Teacher Education*, 1998, 14（7）: 671 – 686.

［56］ Animesh A, Pinsonneault A, Yang S – B, et al. An odyssey into virtual worlds: exploring the impacts of technological and spatial environments on intention to purchase virtual products ［J］. *MiS Quarterly*, 2011: 789 – 810.

［57］ Anning – Dorson T, Nyamekye M B, Odoom R. Effects of regulations and competition on the Innovativeness-performance relationship: Evidence from the financial services industry ［J］. *International Journal of Bank Marketing*, 2017, 35（6）: 925 – 943.

［58］ Arambewela R, Hall J. An empirical model of international student satisfaction ［J］. *Asia Pacific Journal of Marketing and Logistics*, 2009, 21（4）: 555 – 569.

［59］ Artese M T, Ciocca G, Gagliardi I. Evaluating perceptual visual attributes in social and cultural heritage web sites ［J］. *Journal of Cultural Heritage*, 2017（26）: 91 – 100.

［60］ Arvaja M, Salovaara H, Häkkinen P, et al. Combining individual and group-level perspectives for studying collaborative knowledge construction in context ［J］. *Learning and Instruction*, 2007, 17（4）: 448 – 459.

［61］ Ashton – James C, Ashkanasy N. Understanding the role of affect in strategic decision contexts ［J］. *Research on Emotions in the Workplace*, 2008（5）: 1 – 34.

［62］ Baek J, Shore J. Forum size and content contribution per person: a field experiment: 12 [J]. *Management Science*, 2020, 66 (12): 5906 – 5924.

[63] Bagci K, Celik H E. Examination of factors affecting continuance intention to use Web-based distance learning system via structural equation modelling [J]. *Eurasian Journal of Educational Research*, 2018, 18 (78): 43 – 66.

[64] Bagley S S, Portnoi L M. Setting the stage: global competition in higher education [J]. *New Directions for Higher Education*, 2014 (168): 5 – 11.

[65] Bahmani A, Sedigh S, Hurson A. Ontology-based recommendation algorithms for personalized education [C]//International Conference on Database and Expert Systems Applications. Berlin: Springer, 2012: 111 – 120.

[66] Ball D, Coelho P S, Machás A. The role of communication and trust in explaining customer loyalty: an extension to the ECSI model [J]. *European Journal of Marketing*, 2004, 38 (9): 1272 – 1293.

[67] Bandara H M R J, Fernando M, Akter M S. Is the privacy paradox a matter of psychological distance? An exploratory study of the privacy paradox from a construal level theory perspective [J]. *Proceedings of the 51st Hawaii International Conference on System Sciences*, 2018 (1): 3678 – 3687.

[68] Bandura A, Walters R H. Social learning theory [M]. Englewood Cliffs: Prentice Hall, 1977.

[69] Banerjee P, Gupta R. Design deficiencies in corporate career websites in India: a content analysis [J]. *Human Systems Management*, 2016, 35 (4): 291 – 300.

[70] Barker E T, Howard A L, Villemaire – Krajden R, et al. The rise and fall of depressive symptoms and academic stress in two samples of university students [J]. *Journal of Youth and Adolescence*, 2018, 47 (6): 1252 – 1266.

[71] Barnes S J, Vidgen R T. An integrative approach to the assessment of e-commerce quality [J]. *Journal of Electronic Commerce Research*, 2002, 3 (3): 114 – 127.

[72] Bastian M, Makhortykh M, Dobber T. News personalization for peace: how algorithmic recommendations can impact conflict coverage [J]. *International Journal of Conflict Management*, 2019, 30 (3): 309 – 328.

[73] Bateman P J, Gray P H, Butler B S. Research note-the impact of community commitment on participation in online communities [J]. *Information Systems*

Research, 2011, 22 (4): 841 –854.

[74] Bazzini L. From grounding metaphors to technological devices: A call for legitimacy in school mathematics [J]. *Educational Studies in Mathematics*, 2001, 47 (3): 259 –271.

[75] Berlyne D E. Conflict, arousal, and Curiosity [M]. New York: McGraw – Hill Book Company, 1960.

[76] Beáta Kincsesné Vajda, Gergely Farkas, Éva Málovics. Student evaluations of training and lecture courses: development of the COURSEQUAL method [J]. *International Review on Public and Nonprofit Marketing*, 2015 (12): 79 –88.

[77] Bhattacherjee A. Understanding information systems continuance: An expectation-confirmation model [J]. *MIS Quarterly*, 2001, 25 (3): 351 –370.

[78] Biesenbach – Lucas S. Students writing emails to faculty: an examination of e-politeness among native and non-native speakers of English [J]. *Language Learning & Technology*, 2007, 11 (2): 59 –81.

[79] Biocca F. The cyborg's dilemma: progressive embodiment in virtual environments [J]. *Journal of Computer – Mediated Communication*, 1997, 3 (2): JCMC324.

[80] Blanco – Fernández Y, López – Nores M, Gil – Solla A, et al. Exploring synergies between content-based filtering and spreading activation techniques in knowledge-based recommender systems [J]. *Information Sciences*, 2011, 181 (21): 4823 – 4846.

[81] Bonk C J, Zhu M, Kim M, et al. Pushing toward a more personalized MOOC: Exploring instructor selected activities, resources, and technologies for MOOC design and implementation [J]. *International Review of Research in Open and Distributed Learning*, 2018, 19 (4): 93 –115.

[82] Bouayad L, Padmanabhan B, Chari K. Can recommender systems reduce healthcare costs? The role of time pressure and cost transparency in prescription choice [J]. *MIS Quarterly*, 2020, 44 (4): 1859 –1902.

[83] Bracken C C, Pettey G, Wu M. Revisiting the use of secondary task reaction time measures in telepresence research: exploring the role of immersion and attention [J]. *AI & Society*, 2014, 29 (4): 533 –538.

[84] Breves P. Bringing people closer: The prosocial effects of immersive media on users' attitudes and behavior [J]. *Nonprofit and Voluntary Sector Quarterly*, 2020,

49 （5）：1015 – 1034.

［85］ Breves P, Schramm H. Bridging psychological distance：The impact of immersive media on distant and proximal environmental issues ［J］. *Computers in Human Behavior*, 2021 （115）：106606.

［86］ Brindley J E. Learner support in online distance education：essential and evolving ［J］. *Towards a Research Agenda*, 2014 （1）：287 – 310.

［87］ Brown G T, Lake R, Matters G. Queensland teachers' conceptions of assessment：the impact of policy priorities on teacher attitudes ［J］. *Teaching and Teacher Education*, 2011, 27 （1）：210 – 220.

［88］ Brown V S, Toussaint M, Lewis D. Students' perceptions of quality across four course development models ［J］. *Online Learning*, 2018, 22 （2）：173 – 195.

［89］ Bruff D O, Fisher D H, McEwen K E, et al. Wrapping a MOOC：student perceptions of an experiment in blended learning ［J］. *Journal of Online Learning and Teaching*, 2013, 9 （2）：187.

［90］ Burke R. Hybrid recommender systems：survey and experiments ［J］. *User Modeling and User-adapted Interaction*, 2002, 12 （4）：331 – 370.

［91］ Burns A J, Roberts T L, Posey C, et al. The adaptive roles of positive and negative emotions in organizational insiders' security-based precaution taking ［J］. *Information Systems Research*, 2019, 30 （4）：1228 – 1247.

［92］ Burt R S. Structural holes and good ideas ［J］. *American journal of Sociology*, 2004, 110 （2）：349 – 399.

［93］ Burt R S. The network structure of social capital ［J］. *Research in Organizational Behavior*, 2000 （22）：345 – 423.

［94］ Cagiltay N E, Ozcelik E, Ozcelik N S. The effect of competition on learning in games ［J］. *Computers & Education*, 2015 （87）：35 – 41.

［95］ Cai L, He X, Dai Y, et al. Research on B2B2C E-commerce website design based on user experience ［J］. *Journal of Physics：Conference Series*, 2018, 1087 （6）：10 – 43.

［96］ Caldas L M, Matulewicz A T, Koenig R A, et al. Team teaching with pharmacy practice and pharmaceutics faculty in a nonsterile compounding laboratory course to increase student problem-solving skills ［J］. *Currents in Pharmacy Teaching and Learning*, 2020, 12 （3）：320 – 325.

［97］ Capuano N, Gaeta M, Ritrovato P, et al. Elicitation of latent learning needs through learning goals recommendation ［J］. *Computers in Human Behavior*, 2014 (30): 663 – 673.

［98］ Carare O. The impact of bestseller rank on demand: Evidence from the app market ［J］. *International Economic Review*, 2012, 53 (3): 717 – 742.

［99］ Carillo K, Scornavacca E, Za S. The role of media dependency in predicting continuance intention to use ubiquitous media systems ［J］. *Information & Management*, 2017, 54 (3): 317 – 335.

［100］ Carless D R. Good practices in team teaching in Japan, South Korea and Hong Kong ［J］. *System*, 2006, 34 (3): 341 – 351.

［101］ Carter K. Meaning and metaphor: Case knowledge in teaching ［J］. *Theory into Practice*, 1990, 29 (2): 109 – 115.

［102］ Casagrande M, Favieri F, Tambelli R, et al. The enemy who sealed the world: Effects quarantine due to the COVID – 19 on sleep quality, anxiety, and psychological distress in the Italian population ［J］. *Sleep Medicine*, 2020 (75): 12 – 20.

［103］ Casaló L V, Flavián C, Ibáñez – Sánchez S. Be creative, my friend! Engaging users on Instagram by promoting positive emotions ［J］. *Journal of Business Research*, 2021 (130): 416 – 425.

［104］ Cenfetelli R T, Schwarz A. Identifying and testing the inhibitors of technology usage intentions ［J］. *Information Systems Research*, 2011, 22 (4): 808 – 823.

［105］ Chaiken S. Heuristic versus systematic information processing and the use of source versus message cues in Persuasion ［J］. *Journal of Personality and Social Psychology*, 1980, 39 (5): 752.

［106］ Charband Y, Navimipour N J. Knowledge sharing mechanisms in the education: a systematic review of the state of the art literature and recommendations for future research ［J］. *Kybernetes*, 2018, 47 (7): 1456 – 1490.

［107］ Charmaz K, Belgrave L L. Thinking about data with grounded theory ［J］. *Qualitative Inquiry*, 2019, 25 (8): 743 – 753.

［108］ Chen C – C, Lin Y – C. What drives Live-stream usage intention? The perspectives of flow, entertainment, social interaction, and endorsement ［J］. *Telematics and Informatics*, 2018, 35 (1): 293 – 303.

[109] Chen C – M, Wang J – Y. Effects of online synchronous instruction with an attention monitoring and alarm mechanism on sustained attention and learning perform-ance [J]. *Interactive Learning Environments*, 2018, 26 (4): 427 –443.

[110] Chen C – W. Five-star or thumbs-up? The influence of rating system types on users' perceptions of information quality, cognitive effort, enjoyment and continu-ance intention [J]. *Internet Research*, 2017, 27 (3): 478 –494.

[111] Cheng G, Chau J. Exploring the relationships between learning styles, online participation, learning achievement and course satisfaction: an empirical study of a blended learning course [J]. *British Journal of Educational Technology*, 2016, 47 (2): 257 –278.

[112] Cheng H N, Wu W M, Liao C C, et al. Equal opportunity tactic: Rede-signing and applying competition games in classrooms [J]. *Computers & Education*, 2009, 53 (3): 866 –876.

[113] Cheng M, Yuen A H K. Correction to: cultural divides in acceptance and continuance of learning management system use: a longitudinal study of teenagers [J]. *Educational Technology Research and Development*, 2019, 67 (5): 1351 –1351.

[114] Cheng Y. Effects of quality antecedents on e-learning acceptance [J]. *Internet Research*, 2012, 22 (3): 361 –390.

[115] Cheng Y – M. How does Task-technology fit influence cloud-based e-learn-ing continuance and impact [J]. *Education & Training*, 2019, 61 (4): 480 –499.

[116] Chen H – T M, Thomas M. Effects of lecture video styles on engagement and learning [J]. *Educational Technology Research & Development*, 2020, 68 (5): 2147 –2164.

[117] Chen J – M, Chen M – C, Sun Y S. A tag based learning approach to knowledge acquisition for constructing prior knowledge and enhancing student reading comprehension [J]. *Computers & Education*, 2014 (70): 256 –268.

[118] Chen L, Hsieh J P – A, Van de Vliert E, et al. Cross-national differences in individual knowledge-seeking patterns: a climato-economic contextualization [J]. *European Journal of Information Systems*, 2015, 24 (3): 314 –336.

[119] Chen L, Pu P. Trust building in recommender agents [C]//Proceedings of the Workshop on Web Personalization, Recommender Systems and Intelligent User Interfaces at the 2nd International Conference on E-Business and Telecommunication

Networks. CiteSeer, 2005: 135 - 145.

[120] Chen S, Yang S J, Hsiao C. Exploring student perceptions, learning outcome and gender differences in a flipped mathematics course [J]. *British Journal of Educational Technology*, 2016, 47 (6): 1096 - 1112.

[121] Chen W. Mediatizing the network model of cultural capital: Network diversity, media use, and cultural knowledge along and across ethnic boundaries [J]. *Social Networks*, 2015 (40): 185 - 196.

[122] Chen W, Niu Z, Zhao X, et al. A hybrid recommendation algorithm adapted in E - learning environments [J]. *World Wide Web*, 2014, 17 (2): 271 - 284.

[123] Chen Y, Benus M J, Hernandez J. Managing uncertainty in scientific argumentation [J]. *Science Education*, 2019, 103 (5): 1235 - 1276.

[124] Chen Y - C, Shang R - A, Kao C - Y. The effects of information overload on consumers' subjective state towards buying decision in the internet shopping environment [J]. *Electronic Commerce Research and Applications*, 2009, 8 (1): 48 - 58.

[125] Cheung - Blunden V, Khan S R. A modified peer rating system to recognise rating skill as a learning outcome [J]. *Assessment & Evaluation in Higher Education*, 2018, 43 (1): 58 - 67.

[126] Chevalier J A, Mayzlin D. The effect of word of mouth on sales: online book reviews [J]. *Journal of Marketing Research*, 2006, 43 (3): 345 - 354.

[127] Chiang C - Y, Boakye K, Tang X. The investigation of E - learning system design quality on usage intention [J]. *Journal of Computer Information Systems*, 2017, 59 (3): 1 - 10.

[128] Chin K - Y, Wang C - S, Chen Y - L. Effects of an augmented Reality-based mobile system on students' learning achievements and motivation for a liberal arts course [J]. *Interactive Learning Environments*, 2019, 27 (7): 927 - 941.

[129] Chiregi M, Navimipour N J. Cloud computing and trust evaluation: a systematic literature review of the state-of-the-art mechanisms [J]. *Journal of Electrical Systems and Information Technology*, 2018, 5 (3): 608 - 622.

[130] Choi C - R, Jeong H - Y. Quality evaluation for multimedia contents of E-learning systems using the ANP approach on high speed network [J]. *Multimedia Tools and Applications*, 2019, 78 (20): 28853 - 28875.

［131］ Choi N, Song I – Y, Han H. A survey on ontology Mapping ［J］. *ACM Sigmod Record*, 2006, 35 (3): 34 – 41.

［132］ Cho J, Lee H E. Post-adoption beliefs and continuance intention of smart device use among people with physical disabilities ［J］. *Disability and health Journal*, 2020, 13 (2): 100878.

［133］ Chou C – H, Wang Y – S, Tang T – I. Exploring the determinants of knowledge adoption in virtual communities: a social influence perspective ［J］. *International Journal of Information Management*, 2015, 35 (3): 364 – 376.

［134］ Chourou L, Grira J, Saadi S. Does empathy matter in corporate social responsibility? Evidence from emerging markets ［J］. *Emerging Markets Review*, 2021 (46): 100776.

［135］ Cho Y K, Menor L J. Toward a Provider-based view on the design and delivery of quality e-service encounters ［J］. *Journal of Service Research*, 2010, 13 (1): 83 – 95.

［136］ Christopher D M, Prabhakar R, Hinrich S. Introduction to information retrieval ［M］. Cambridge: Cambridge University Press, 2008.

［137］ Chuah S H – W. You inspire me and make my life better: investigating a multiple sequential mediation model of smartwatch continuance Intention ［J］. *Telematics and Informatics*, 2019 (43): 101245.

［138］ Chu J, Manchanda P. Quantifying cross and direct network effects in online C2C Platforms ［J］. *Marketing Science, Forthcoming, Ross School of Business Paper*, 2015, 35 (6): 870 – 893.

［139］ Cigdem H, Topcu A. Predictors of instructors' behavioral intention to use learning management system: A Turkish vocational college example ［J］. *Computers in Human Behavior*, 2015 (52): 22 – 28.

［140］ Clandinin D J, Connelly F M. Studying teachers' knowledge of classrooms: Collaborative research, ethics, and the negotiation of narrative ［J］. *The Journal of Educational Thought (JET)/Revue de la Pensée Educative*, 1988, 22 (2A): 269 – 282.

［141］ Coates H, McCormick A C. Engaging university students ［M］. Berlin: Springer, 2014.

［142］ Cobos C, Rodriguez O, Rivera J, et al. A hybrid system of pedagogical pattern recommendations based on singular value decomposition and variable data Attributes [J]. *Information Processing & Management*, 2013, 49 (3): 607 –625.

[143] Cohen D, Landau D H, Friedman D, et al. Exposure to social suffering in virtual reality boosts compassion and facial synchrony [J]. *Computers in Human Behavior*, 2021 (122): 106781.

[144] Coleman N V, Williams P. Feeling like my self: Emotion profiles and social identity [J]. *Journal of Consumer Research*, 2013, 40 (2): 203 –222.

[145] Colombo – Mendoza L O, Valencia – García R, Rodríguez – González A, et al. RecomMetz: a context-aware knowledge-based mobile recommender system for movie showtimes [J]. *Expert Systems with Applications*, 2015, 42 (3): 1202 – 1222.

[146] Craig C J. Metaphors of knowing, doing and being: Capturing experience in teaching and teacher education [J]. *Teaching and Teacher Education*, 2018 (69): 300 –311.

[147] Csikszentmihalyi M. Beyond boredom and anxiety [M]. San Francisco: Jossey – Bass, 2000.

[148] Csikszentmihalyi M. Play and intrinsic rewards [M]//Flow and the Foundations of Positive Psychology. Berlin: Springer, 2014: 135 –153.

[149] Dağhan G, Akkoyunlu B. Modeling the continuance usage intention of online learning environments [J]. *Computers in Human Behavior*, 2016 (60): 198 – 211.

[150] Dai H M, Teo T, Rappa N A, et al. Explaining Chinese university students' continuance learning intention in the MOOC setting: A modified expectation confirmation model perspective [J]. *Computers & Education*, 2020 (150): 103850.

[151] Dai H M, Teo T, Rappa N A. Understanding continuance intention among MOOC participants: The role of habit and MOOC performance [J]. *Computers in Human Behavior*, 2020 (112): 106455.

[152] Dalvi – Esfahani M, Alaedini Z, Nilashi M, et al. Students' green information technology behavior: beliefs and personality traits [J]. *Journal of Cleaner Production*, 2020 (257): 120406.

[153] Daneji A A, Ayub A F M, Khambari M N M. The effects of perceived usefulness, confirmation and satisfaction on continuance intention in using massive open

online course (MOOC) [J]. *Knowledge Management & E-Learning*, 2019, 11 (2): 201 – 214.

[154] Darke P R, Brady M K, Benedicktus R L, et al. Feeling close from afar: The role of psychological distance in offsetting distrust in unfamiliar online retailers [J]. *Journal of Retailing*, 2016, 92 (3): 287 – 299.

[155] Datu J A D, King R B, Valdez J P M. The academic rewards of Socially-oriented happiness: Interdependent happiness promotes academic engagement [J]. *Journal of School Psychology*, 2017 (61): 19 – 31.

[156] Davis F D, Bagozzi R P, Warshaw P R. Extrinsic and intrinsic motivation to use computers in the workplace [J]. *Journal of applied social psychology*, 1992, 22 (14): 1111 – 1132.

[157] Davis F D. Perceived usefulness, perceived ease of use, and user acceptance of information technology [J]. *MIS Quarterly*, 1989, 13 (3): 319 – 340.

[158] DeLone W H, McLean E R. The DeLone and McLean model of information systems success: A ten-year update [J]. *Journal of Management Information Systems*, 2003, 19 (4): 9 – 30.

[159] Deng X, Yuan L. Integrating technology acceptance model with social capital theory to promote passive users' continuance intention toward virtual brand communities [J]. *IEEE Access*, 2020 (8): 73061 – 73070.

[160] Dianat I, Adeli P, Jafarabadi M A, et al. User-centred web design, usability and user satisfaction: the case of online banking websites in Iran [J]. *Applied Ergonomics*, 2019 (81): 102892.

[161] Dick W, Carey L, Carey J O. The systematic design of instruction [J]. *The Systematic Design of Instruction*, 2005 (1): 1 – 22.

[162] Diener E, Smith H, Fujita F. The personality structure of affect [J]. *Journal of Personality and Social Psychology*, 1995, 69 (1): 130.

[163] Diep N A, Cocquyt C, Zhu C, et al. Online interaction quality among adult learners: the role of sense of belonging and perceived learning benefits [J]. *Turkish Online Journal of Educational Technology – TOJET*, 2017, 16 (2): 71 – 78.

[164] Dong C, Cao S, Li H. Young children's online learning during COVID – 19 pandemic: Chinese parents' beliefs and attitudes [J]. *Children and Youth Services Review*, 2020 (118): 105440.

［165］Downes S. Places to go： connectivism & connective knowledge ［J］. *Innovate*： *Journal of Online Education*, 2008 （5）：1 - 6.

［166］Eberle L, Milan G S, Lazzari F. Identificação das dimensões da qualidade em serviços： Um estudo aplicado em uma instituição de ensino superior ［J］. *RAE Eletrônica*, 2010, 55 （11）：3799 - 3898.

［167］Edgar F, Geare A, Zhang J A. Accentuating the positive： The mediating role of positive emotions in the HRM - contextual performance relationship ［J］. *International Journal of Manpower*, 2018, 33 （7）：954 - 970.

［168］Elliot A J, Mcgregor H A. A 2 × 2 achievement goal framework ［J］. *Journal of Personality and Social Psychology*, 2001, 80 （3）：501.

［169］El Said G R. Understanding knowledge management system antecedents of performance impact： extending the task-technology fit model with intention to share knowledge construct ［J］. *Future Business Journal*, 2015, 1 （1）：75 - 87.

［170］Erdt M, Fernandez A, Rensing C. Evaluating recommender systems for technology enhanced learning： a quantitative survey ［J］. *IEEE Transactions on Learning Technologies*, 2015, 8 （4）：326 - 344.

［171］Eroglu S A, Machleit K A, Davis L M. Atmospheric qualities of online retailing： a conceptual model and implications ［J］. *Journal of Business Research*, 2001, 54 （2）：177 - 184.

［172］Eslami S P, Ghasemaghaei M, Hassanein K. Which online reviews do consumers find most helpful? A multi-method investigation ［J］. *Decision Support Systems*, 2018 （113）：32 - 42.

［173］Fait H, Billing J. Reassessment of the value of competition ［J］. *Joy and Sadness in Children's Sports*, 1978 （1）：98 - 103.

［174］Fennis B M, Das E, Fransen M L. Print advertising： vivid content ［J］. *Journal of Business Research*, 2012, 65 （6）：861 - 864.

［175］Ferreira - Satler M, Romero F P, Menendez - Dominguez V H, et al. Fuzzy Ontologies-based user profiles applied to enhance e-learning activities ［J］. *Soft Computing*, 2012, 16 （7）：1129 - 1141.

［176］Filieri R, Raguseo E, Vitari C. What moderates the influence of extremely negative ratings? The role of review and reviewer characteristics ［J］. *International Journal of Hospitality Management*, 2019 （77）：333 - 341.

［177］Filieri R, Raguseo E, Vitari C. When are extreme ratings more helpful? Empirical evidence on the moderating effects of review characteristics and product type ［J］. *Computers in Human Behavior*, 2018 (88): 134 – 142.

［178］Fishbein M, Ajzen I. Belief, attitude, intention, and behavior: an introduction to theory and research ［J］. *Philosophy and Rhetoric*, 1977, 41 (4): 842 – 844.

［179］Flake C. Third party funding in domestic arbitration: champerty or social utility? ［J］. *Dispute Resolution Journal*, 2015 (1): 109 – 123.

［180］Fornell C, Larcker D F. Structural equation models with unobservable variables and measurement error: algebra and statistics ［J］. *Journal of Marketing Research*, 1981, 18 (3): 382 – 388.

［181］Fortin D R, Dholakia R R. Interactivity and vividness effects on social presence and involvement with a Web-based advertisement ［J］. *Journal of Business Research*, 2005, 58 (3): 387 – 396.

［182］Fredricks J A, McColskey W. The measurement of student engagement: a comparative analysis of various methods and student self-report instruments ［M］// Handbook of Research on Student Engagement. Berlin: Springer, 2012: 763 – 782.

［183］Fredrickson B L, Tugade M M, Waugh C E, et al. What good are positive emotions in crisis? A prospective study of resilience and emotions following the terrorist attacks on the United States on September 11th, 2001 ［J］. *Journal of Personality and Social Psychology*, 2003, 84 (2): 365 – 376.

［184］Fu F – L, Wu Y – L, Ho H – C. An investigation of coopetitive pedagogic design for knowledge creation in web-based learning ［J］. *Computers & Education*, 2009, 53 (3): 550 – 562.

［185］Fu S, Li H, Liu Y, et al. Social media overload, exhaustion, and use discontinuance: Examining the effects of information overload, system feature overload, and social overload ［J］. *Information Processing & Management*, 2020, 57 (6): 102307.

［186］Fu X, Zhang J, Chan F T. Determinants of loyalty to public transit: a model integrating satisfaction-loyalty theory and expectation-confirmation theory ［J］. *Transportation Research Part A: Policy and Practice*, 2018 (113): 476 – 490.

［187］García – Fernández J, Gálvez – Ruíz P, Fernández – Gavira J, et al. The effects of service convenience and perceived quality on perceived value, satisfaction and loyalty in low-cost fitness centers [J]. *Sport Management Review*, 2018, 21 (3): 250 – 262.

[188] García I, Benavides C, Alaiz H, et al. A study of the use of ontologies for building computer-aided control engineering self-learning educational software [J]. *Journal of Science Education and Technology*, 2013, 22 (4): 589 – 601.

[189] Gelderblom H, Matthee M, Hattingh M, et al. High school learners' continuance intention to use electronic textbooks: a usability study [J]. *Education and Information Technologies*, 2019, 24 (2): 1753 – 1776.

[190] Ge Z – G. The impact of a Forfeit-or-prize gamified teaching on e-learners' learning performance [J]. *Computers & Education*, 2018 (126): 143 – 152.

[191] Ghazarian S, Nematbakhsh M A. Enhancing Memory-based collaborative filtering for group recommender systems [J]. *Expert Systems with Applications*, 2015, 42 (7): 3801 – 3812.

[192] Gibson J J. The ecological approach to visual perception: classic edition [M]. London: Psychology Press, 2014.

[193] Gong X, Xie X, Xu R, et al. Psychometric properties of the Chinese Versions of DASS – 21 in Chinese college students [J]. *Chinese Journal of Clinical Psychology*, 2010, 18 (4): 443 – 446.

[194] Granovetter M S. The Strength of Weak Ties [J]. *American Journal of Sociology*, 1973, 78 (6): 1360 – 1380.

[195] Gu M, Lian M, Gong C, et al. The teaching order of using direct laryngoscopy first may improve the learning outcome of endotracheal incubation: a preliminary, randomized controlled trial [J]. *Medicine*, 2019, 98 (21): e15624.

[196] Guo F, Lu Q. A novel contextual information recommendation model and its application in E – commerce customer satisfaction Management [J]. *Discrete Dynamics in Nature and Society*, 2015: 1 – 11.

[197] Guo Z, Xiao L, Van Toorn C, et al. Promoting online learners' continuance intention: an integrated flow framework [J]. *Information & Management*, 2016, 53 (2): 279 – 295.

[198] Gupta A, Yousaf A, Mishra A. How Pre-adoption expectancies shape post-adoption continuance intentions: an extended expectation-confirmation model [J].

International Journal of Information Management, 2020 (52): 102094.

［199］Gupta S, Bostrom R. Research note—An investigation of the appropriation of technology-mediated training methods incorporating enactive and collaborative learning ［J］. *Information Systems Research*, 2013, 24 (2): 454 – 469.

［200］Hagel P, Carr R, Devlin M. Conceptualising and measuring student engagement through the Australasian survey of student engagement (AUSSE): a critique ［J］. *Assessment & Evaluation in Higher Education*, 2012, 37 (4): 475 – 486.

［201］Haghighi J K, Abdollahi K. On the Efficacy of team teaching and station teaching in the enhancement of students' reading comprehension in an EAP situation ［J］. *Procedia – Social and Behavioral Sciences*, 2014 (98): 882 – 890.

［202］Hagiwara N. Application of active learning modalities to achieve medical genetics competencies and their learning outcome assessments ［J］. *Advances in medical education and Practice*, 2017 (8): 817.

［203］Hair J F, Henseler J, Dijkstra T K, et al. Common beliefs and reality about partial least squares: Comments on Rönkkö and Evermann ［J］. *Organizational Research Methods*, 2014, 17 (2): 182 – 209.

［204］Han H, Al – Ansi A, Koseoglu M A, et al. Halal tourism: Travel motivators and customer retention ［J］. *Journal of Travel & Tourism Marketing*, 2019, 36 (9): 1012 – 1024.

［205］Han J, Pei J, Mortazavi – Asl B, et al. FreeSpan: Frequent pattern-projected sequential pattern mining ［C］. *Proceedings of the Sixth ACM SIGKDD International Conference on Knowledge Discovery and Data Mining*. New York: Association for Computing Machinery, 2000: 355 – 359.

［206］Han Q, Gao F, Wang H. Ontology-based learning object recommendation for cognitive considerations ［C］//2010 8th World Congress on Intelligent Control and Automation. IEEE, 2010: 2746 – 2750.

［207］Hareli S, Parkinson B. What's social about social emotions ［J］. *Journal for the Theory of Social Behaviour*, 2008, 38 (2): 131 – 156.

［208］Hashim K F. The mediating role of trust and commitment on members' continuous knowledge sharing intention: a commitment-trust theory perspective ［J］. *International Journal of Information Management*, 2015, 35 (2): 145 – 151.

［209］Heffner A L, Antaramian S P. The role of life satisfaction in predicting student engagement and achievement［J］. *Journal of Happiness Studies*, 2016, 17 (4): 1681 – 1701.

［210］Ho C – T B, Lin W – C. Measuring the service quality of internet banking: Scale development and validation［J］. *European Business Review*, 2010, 22 (1): 5 – 24.

［211］Hone K S, El Said G R. Exploring the factors affecting MOOC retention: a survey Study［J］. *Computers & Education*, 2016 (98): 157 – 168.

［212］Hong J – C, Hwang M – Y, Szeto E, et al. Internet cognitive failure relevant to self-efficacy, learning interest, and satisfaction with social media learning［J］. *Computers in Human Behavior*, 2016 (55): 214 – 222.

［213］Hong J – C, Lin P – H, Hsieh P – C. The effect of consumer innovativeness on perceived value and continuance intention to use smartwatch［J］. *Computers in Human Behavior*, 2017 (67): 264 – 272.

［214］Hong S – J, Lui C S M, Hahn J, et al. How old are you really? Cognitive age in technology acceptance［J］. *Decision Support Systems*, 2013 (56): 122 – 130.

［215］Howard M C, Rose J C. Refining and extending task-technology fit theory: creation of two task-technology fit scales and empirical clarification of the construct［J］. *Information & Management*, 2019, 56 (6): 103134.

［216］Hsiao K – L. What drives continuance intention to share location-based information［J］. *International Journal of Mobile Communications*, 2017, 15 (2): 210 – 233.

［217］Hsu C – L, Lin J C – C. What drives purchase intention for paid mobile apps? – An expectation confirmation model with perceived value［J］. *Electronic Commerce Research and Applications*, 2015a, 14 (1): 46 – 57.

［218］Hsu C – L, Lin J C – C. What drives purchase intention for paid mobile apps? – An expectation confirmation model with perceived value［J］. *Electronic Commerce Research and Applications*, 2015b, 14 (1): 46 – 57.

［219］Hsu M – H, Chang C – M, Yen C – H. Exploring the antecedents of trust in virtual communities［J］. *Behaviour & Information Technology*, 2011, 30 (5): 587 – 601.

［220］Huang B, Hew K F. Implementing a Theory-driven gamification model in higher education flipped courses: Effects on out-of-class activity completion and quality of artifacts [J]. *Computers & Education*, 2018 (125): 254 –272.

[221] Huang G – H, Korfiatis N, Chang C – T. Mobile shopping cart abandonment: The roles of conflicts, ambivalence, and hesitation [J]. *Journal of Business Research*, 2018 (85): 165 – 174.

[222] Huang G, Ren Y. Linking technological functions of fitness mobile apps with continuance usage among Chinese users: moderating role of exercise self-efficacy [J]. *Computers in Human Behavior*, 2020 (103): 151 – 160.

[223] Huang L, Zhang J, Liu Y. Antecedents of student MOOC revisit intention: Moderation effect of course difficulty [J]. *International Journal of Information Management*, 2017, 37 (2): 84 –91.

[224] Huang N, Burtch G, Hong Y, et al. Effects of multiple psychological distances on construal and consumer evaluation: A field study of online reviews [J]. *Journal of Consumer Psychology*, 2016, 26 (4): 474 –482.

[225] Huang S – L, Shiu J – H. A User-centric adaptive learning system for e-learning 2.0 [J]. *Journal of Educational Technology & Society*, 2012, 15 (3): 214 –225.

[226] Huang Y – F, Chen C – J. The impact of technological diversity and organizational slack on Innovation [J]. *Technovation*, 2010, 30 (7): 420 –428.

[227] Huang Y – M. Students' continuance intention toward programming games: hedonic and utilitarian aspects [J]. *International Journal of Human – Computer Interaction*, 2020, 36 (4): 393 –402.

[228] Huang Z, Chung W, Ong T – H, et al. A Graph-based recommender system for digital Library [C]//Proceedings of the 2nd ACM/IEEE – CS Joint Conference on Digital Libraries. Portland, Oregon, USA: Association for Computing Machinery, 2002.

[229] Häubl G, Murray K B. Preference construction and persistence in digital marketplaces: the role of electronic recommendation agents [J]. *Journal of Consumer Psychology*, 2003, 13 (1 –2): 75 –91.

[230] Häubl G, Trifts V. Consumer decision making in online shopping environments: The effects of interactive decision Aids [J]. *Marketing Science*, 2000, 19 (1): 4 –21.

［231］Hu J, Luo Y, Yu J. An empirical study on selectiviey of retweeting behaviors under multiple exposures in social networks ［J］. *Journal of Computational Science*, 2018（28）：228 –235.

［232］Hu J, Zhang Y. Understanding Chinese undergraduates' continuance intention to use mobile book-reading apps：an integrated model and empirical study ［J］. *Libri*, 2016, 66（2）：85 –99.

［233］Hu L, Bentler P M. Cutoff criteria for fit indexes in covariance structure analysis：Conventional criteria versus new alternatives ［J］. *Structural Equation Modeling：A Multidisciplinary Journal*, 1999, 6（1）：1 –55.

［234］Hu P J – H, Hui W. Examining the role of learning engagement in Technology-mediated learning and its effects on learning effectiveness and satisfaction ［J］. *Decision Support Systems*, 2012, 53（4）：782 –792.

［235］Hwang W – Y, Purba S W D, Liu Y, et al. An investigation of the effects of measuring authentic contexts on geometry learning achievement ［J］. *IEEE Transactions on Learning Technologies*, 2018, 12（3）：291 –302.

［236］Ilbahar E, Cebi S. Classification of design parameters for E-commerce websites：a novel fuzzy Kano approach：8 ［J］. *Telematics and Informatics*, 2017, 34（8）：1814 –1825.

［237］Im I, Hong S, Kang M S. An international comparison of technology adoption：testing the UTAUT model ［J］. *Information & Management*, 2011, 48（1）：1 –8.

［238］Isaac O, Aldholay A, Abdullah Z, et al. Online learning usage within Yemeni higher education：the role of compatibility and task-technology fit as mediating variables in the IS success model ［J］. *Computers & Education*, 2019（136）：113 –129.

［239］Islam T, Islam R, Pitafi A H, et al. The impact of corporate social responsibility on customer loyalty：the mediating role of corporate reputation, customer satisfaction, and trust ［J］. *Sustainable Production and Consumption*, 2021（25）：123 –135.

［240］Ismagilova E, Slade E, Rana N P, et al. The effect of characteristics of source credibility on consumer behaviour：a meta-analysis ［J］. *Journal of Retailing and Consumer Services*, 2020（53）：101736.

[241] Ivanaj S, Nganmini G – B, Antoine A. Measuring E-Learners' perceptions of service quality [J]. *Journal of Organizational and End User Computing*, 2019 (31): 83 – 104.

[242] Izard C E. Human Emotions [M]. Berlin: Springer, 2013.

[243] Jack B M, Lin H. Warning! Increases in interest without enjoyment may not be trend predictive of genuine interest in learning science [J]. *International Journal of Educational Development*, 2018 (62): 136 – 147.

[244] Jannach D, Hegelich K. A case study on the effectiveness of recommendations in the mobile Internet [C]. New York, Association for Computing Machinery, 2009.

[245] Jebarajakirthy C, Shankar A. Impact of online convenience on mobile banking adoption intention: a moderated mediation approach [J]. *Journal of Retailing and Consumer Services*, 2021 (58): 102323.

[246] Jeon M M, Jeong M. Customers' perceived website service quality and its effects on e-loyalty [J]. *International Journal of Contemporary Hospitality Management*, 2017, 29 (1): 438 – 457.

[247] Jia D, Bhatti A, Nahavandi S. The impact of self-efficacy and perceived system efficacy on effectiveness of virtual training systems [J]. *Behaviour & Information Technology*, 2014, 33 (1): 16 – 35.

[248] Jo D. Exploring the Determinants of MOOCs continuance intention [J]. *KSII Transactions on Internet and Information Systems*, 2018, 12 (8): 3992 – 4005.

[249] Johnson V L, Kiser A, Washington R, et al. Limitations to the rapid adoption of M – payment services: Understanding the impact of privacy risk on M – Payment services [J]. *Computers in Human Behavior*, 2018 (79): 111 – 122.

[250] Joo Y J, So H – J, Kim N H. Examination of relationships among students' self-determination, technology acceptance, satisfaction, and continuance intention to use K – MOOCs [J]. *Computers & Education*, 2018 (122): 260 – 272.

[251] Jung Y, Lee J. Learning engagement and persistence in massive open online courses (MOOCS) [J]. *Computers & Education*, 2018 (122): 9 – 22.

[252] Kaba B, Osei – Bryson K – M. Examining influence of national culture on individuals' attitude and use of information and communication technology: assessment of moderating effect of culture through cross countries study [J]. *International Journal*

of Information Management, 2013, 33 (3): 441 – 452.

[253] Kahu E R. Framing student engagement in higher education [J]. *Studies in higher Education*, 2013, 38 (5): 758 – 773.

[254] Kaltcheva V D, Weitz B A. When should a retailer create an exciting store environment [J]. *Journal of Marketing*, 2006, 70 (1): 107 – 118.

[255] Kane T J, Blazar D, Gehlbach H, et al. Can video technology improve teacher evaluations? An experimental study [J]. *Education Finance and Policy*, 2020, 15 (3): 397 – 427.

[256] Kaplan A M, Haenlein M. Higher education and the digital revolution: about MOOCs, SPOCs, social media, and the Cookie Monster [J]. *Business Horizons*, 2016, 59 (4): 441 – 450.

[257] Kashdan T B, Rose P, Fincham F D. Curiosity and exploration: Facilitating positive subjective experiences and personal growth opportunities [J]. *Journal of Personality Assessment*, 2004, 82 (3): 291 – 305.

[258] Kastner M A, Ide I, Kawanishi Y, et al. Estimating the visual variety of concepts by referring to web popularity [J]. *Multimedia Tools and Applications*, 2019, 78 (7): 9463 – 9488.

[259] Katrimpouza A, Tselios N, Kasimati M – C. Twitter adoption, students' perceptions, big five personality traits and learning outcome: Lessons learned from 3 case studies [J]. *Innovations in Education and Teaching International*, 2019, 56 (1): 25 – 35.

[260] Khan I U, Hameed Z, Yu Y, et al. Predicting the acceptance of MOOCs in a developing country: Application of task-technology fit model, social motivation, and self-determination theory [J]. *Telematics and Informatics*, 2018, 35 (4): 964 – 978.

[261] Khurana C. Exploring the role of multimedia in enhancing social presence in an asynchronous online course [D]. New Brunswick: Rutgers University, 2016.

[262] Kim E Y, Dhar R, Novemsky N. Consumer Receptivity of Psychologically near and Distant Product Advertising Messages [M]. New Haven: Yale University Press, 2007.

[263] Kim H, Kim H – J. A framework for Tag-aware recommender systems [J]. *Expert Systems with Applications*, 2014, 41 (8): 4000 – 4009.

［264］ Kim J－H, Kim M. Conceptualization and assessment of E-service quality for luxury Brands ［J］. *The Service Industries Journal*, 2020, 40 (5): 436－470.

［265］ Kim K－H, Kim K－J, Lee D－H, et al. Identification of critical quality dimensions for continuance intention in mHealth services: case study of onecare service ［J］. *International Journal of Information Management*, 2019 (46): 187－197.

［266］ Kim S S, Son J－Y. Out of dedication or constraint? A dual model of post-adoption phenomena and its empirical test in the context of online services ［J］. *MIS Quarterly*, 2009: 49－70.

［267］ King A J, Lazard A J, White S R. The influence of visual complexity on initial user impressions: testing the persuasive model of web Design ［J］. *Behaviour & Information Technology*, 2020, 39 (5): 497－510.

［268］ Kirs P, Bagchi K. The impact of trust and changes in trust: A national comparison of individual adoptions of information and communication technologies and related phenomenon ［J］. *International Journal of Information Management*, 2012, 32 (5): 431－441.

［269］ Knight S A, Burn J M. A Preliminary Introduction to the OTAM: exploring users' perceptions of their on-going interaction with adopted technologies ［J］. *Ajis Australasian Journal of Information Systems*, 2011, 17 (1): 5－41.

［270］ Kulgemeyer C, Riese J. From professional knowledge to professional performance: the impact of CK and PCK on teaching quality in explaining situations ［J］. *Journal of Research in Science Teaching*, 2018, 55 (10): 1393－1418.

［271］ Kuo H, Chen C. Application of quality function deployment to improve the quality of Internet shopping website interface design ［J］. *International Journal of Innovative Computing, Information and Control*, 2011: 253－268.

［272］ Kusumasondjaja S, Shanka T, Marchegiani C. Credibility of online reviews and initial trust: The roles of reviewer's identity and review valence ［J］. *Journal of Vacation Marketing*, 2012, 18 (3): 185－195.

［273］ Kwon K, DiSilvestro F R, Treff M E. Onine graduate course evaluation from both students' and peer instructors' perspectives utilizing quality matters ［J］. *Journal of Online Learning Research and Practice*, 2017, 5 (1): 26927.

［274］ Lakoff G, Johnson M. Conceptual metaphor in everyday language ［J］. *The Journal of Philosophy*, 1980, 77 (8): 453－486.

[275] Lakoff G, Johnson M, Sowa J F. Review of philosophy in the flesh: the embodied mind and its challenge to western thought [J]. *Computational Linguistics*, 1999, 25 (4): 631 –634.

[276] Lan G – C, Hong T – P, Lee H – Y. An efficient approach for finding weighted sequential patterns from sequence databases [J]. *Applied Intelligence*, 2014, 41 (2): 439 –452.

[277] Law K M Y, Geng S, Li T. Student enrollment, motivation and learning performance in a blended learning environment: the mediating effects of social, teaching, and cognitive presence [J]. *Computers & Education*, 2019 (136): 1 –12.

[278] Lee D, Gopal A, Park S – H. Different but Equal? A Field Experiment on the Impact of Recommendation Systems on Mobile and Personal Computer Channels in Retail [J]. *Information Systems Research*, 2020, 31 (3): 892 –912.

[279] Lee D, Hosanagar K. How do recommender systems affect sales diversity? A cross-category investigation via randomized field experiment [J]. *Information Systems Research*, 2019, 30 (1): 239 –259.

[280] Lee G, Lin H. Customer perceptions of e-service quality in online shopping [J]. *International Journal of Retail & Distribution Management*, 2005, 33 (2): 161 – 176.

[281] Lee J, Lee H. Canonical correlation analysis of online video advertising viewing motivations and access characteristics [J]. *New Media & Society*, 2012, 14 (8): 1358 –1374.

[282] Lee K, Allen N J. Organizational citizenship behavior and workplace deviance: The role of affect and cognitions [J]. *Journal of Applied Psychology*, 2002, 87 (1): 131 –142.

[283] Lee S J, Srinivasan S, Trail T, et al. Examining the relationship among student perception of support, course satisfaction, and learning outcomes in online Learning [J]. *The Internet and Higher Education*, 2011, 14 (3): 158 –163.

[284] Lemire D, Boley H, McGrath S, et al. Collaborative filtering and inference rules for context-aware learning object recommendation [J]. *Interactive Technology and Smart Education*, 2005, 2 (3): 179 –188.

[285] Leutner D. Motivation and emotion as mediators in multimedia learning [J]. *Learning and Instruction*, 2014 (29): 174 –175.

[286] Liao G – Y, Tseng F – C, Cheng T C E, et al. Impact of gaming habits on motivation to attain gaming goals, perceived price fairness, and online gamer loyalty: perspective of consistency principle [J]. *Telematics and Informatics*, 2020 (49): 101367.

[287] Liao G – Y, Van Nguyen H, Cheng T C E, et al. How do social networks foster online gamer loyalty? Perspective of weak/strong tie theory [J]. *Telematics and Informatics*, 2020 (53): 101437.

[288] Liao Z, Shi X. Web functionality, web content, information security, and online tourism service continuance [J]. *Journal of Retailing and Consumer Services*, 2017 (39): 258 – 263.

[289] Li B, Wang X, Tan S C. What makes MOOC users persist in completing MOOCs? A perspective from network externalities and human factors [J]. *Computers in Human Behavior*, 2018 (85): 385 – 395.

[290] Li J, Han S, Fu S. Exploring the relationship between students' learning styles and learning outcome in engineering laboratory education [J]. *Journal of Further and Higher Education*, 2019, 43 (8): 1064 – 1078.

[291] Li J, Hu J. Does university reputation matter? Evidence from peer-to-peer lending [J]. *Finance Research Letters*, 2019 (31): 66 – 77.

[292] Liljander V, Van Riel A C, Pura M. Customer satisfaction with e-services: the case of an online recruitment portal [M]//Electronic Services. Berlin: Springer, 2002: 407 – 432.

[293] Li L – Y, Tsai C – C. Accessing online learning material: Quantitative behavior patterns and their effects on motivation and learning performance [J]. *Computers & Education*, 2017 (114): 286 – 297.

[294] Limayem M, Cheung C M. Understanding information systems continuance: the case of Internet-based learning technologies [J]. *Information & Management*, 2008, 45 (4): 227 – 232.

[295] Lin A C, Fernandez W D, Gregor S. Understanding web enjoyment experiences and informal learning: a study in a museum context [J]. *Decision Support Systems*, 2012, 53 (4): 846 – 858.

[296] Lin C S, Wu S. Exploring the impact of online service quality on portal site usage [C]. *IEEE*, 2002: 2654 – 2661.

［297］Lin F – J. Solving multicollinearity in the process of fitting regression model using the nested estimate procedure ［J］. *Quality & Quantity*, 2008, 42（3）: 417 – 426.

［298］Lin T – C, Wu S, Hsu J S – C, et al. The integration of Value-based adoption and expectation-confirmation models: an example of IPTV continuance intention ［J］. *Decision Support Systems*, 2012, 54（1）: 63 – 75.

［299］Lin Z. An empirical investigation of user and system recommendations in E – Commerce ［J］. *Decision Support Systems*, 2014（68）: 111 – 124.

［300］Lin Z, Zhang Y, Tan Y. An empirical study of free product sampling and rating bias ［J］. *Information Systems Research*, 2019, 30（1）: 260 – 275.

［301］Liu L, Chen H. Balancing impressiveness and favorability: A qualitative study on an emerging type of advertising in China ［J］. *Global Media and China*, 2019, 4（4）: 477 – 492.

［302］Liu Z, Park S. What makes a useful online review? Implication for travel product websites ［J］. *Tourism Management*, 2015（47）: 140 – 151.

［303］Li Y – M, Wu C – T, Lai C – Y. A social recommender mechanism for E – commerce: combining similarity, trust, and relationship ［J］. *Decision Support Systems*, 2013, 55（3）: 740 – 752.

［304］Li Y, Shang H. Service quality, perceived value, and citizens' continuous-use intention regarding e-government: empirical evidence from China ［J］. *Information & Management*, 2020, 57（3）: 103197.

［305］Lizzio A, Wilson K, Simons R. University students' perceptions of the learning environment and academic outcomes: Implications for theory and Practice ［J］. *Studies in Higher Education*, 2002, 27（1）: 27 – 52.

［306］Lowenthal P R, Hodges C B. In search of quality: using quality matters to analyze the quality of massive, open, online courses（MOOCs） ［J］. *International Review of Research in Open and Distributed Learning*, 2015, 16（5）: 83 – 101.

［307］Luan J, Yao Z, Shen Y, et al. Context congruity effects of online product recommendations: an eye-tracking study ［J］. *Online Information Review*, 2018, 42（6）: 847 – 863.

［308］Lurie N H, Mason C H. Visual representation: implications for decision making ［J］. *Journal of Marketing*, 2007, 71（1）: 160 – 177.

[309] Lu Yunfan, Wang B, Lu Yaobin. Understanding key drivers of MOOC satisfaction and continuance intention to Use: 2 [J]. *Journal of Electronic Commerce Research*, 2019a, 20 (2): 105 – 117.

[310] Lu Yunfan, Wang B, Lu Yaobin. Understanding key drivers of MOOC satisfaction and continuance intention to use [J]. *Journal of Electronic Commerce Research*, 2019b, 20 (2).

[311] Mahajan V, Muller E, Bass F M. New product diffusion models in marketing: a review and directions for research [J]. *Journal of Marketing*, 1990, 54 (1): 1 – 26.

[312] Mahapatra S, Khan M. A framework for analysing quality in education settings [J]. *European Journal of Engineering Education*, 2007, 32 (2): 205 – 217.

[313] Maier C, Laumer S, Eckhardt A, et al. Giving too much social support: social overload on social networking sites [J]. *European Journal of Information Systems*, 2015, 24 (5): 447 – 464.

[314] Ma L, Lee C S. Investigating the adoption of MOOCs: A technology-user-environment perspective [J]. *Journal of Computer Assisted Learning*, 2019, 35 (1): 89 – 98.

[315] Manouselis N, Drachsler H, Vuorikari R, et al. Recommender systems in technology enhanced learning [M]//Recommender Systems Handbook. Berlin: Springer, 2011: 387 – 415.

[316] Marciniak R, Cáliz Rivera C. A System of Indicators for the Quality Assessment of Didactic Materials in Online education [J]. *International Review of Research in Open and Distributed Learning*, 2021, 22 (1): 180 – 198.

[317] Maredia M K, Reyes B, Ba M N, et al. Can mobile Phone-based animated videos induce learning and technology adoption among low-literate farmers? A field experiment in Burkina Faso [J]. *Information Technology for Development*, 2018, 24 (3): 429 – 460.

[318] Marien S, Legrand D, Ramdoyal R, et al. A User – Centered design and usability testing of a web-based medication reconciliation application integrated in an eHealth network [J]. *International journal of medical Informatics*, 2019 (126): 138 – 146.

[319] Marinković V, Đorđević A, Kalinić Z. The moderating effects of gender on

customer satisfaction and continuance intention in mobile commerce: A UTAUT – based Perspective [J]. *Technology Analysis & Strategic Management*, 2020, 32 (3): 306 – 318.

[320] Martin A J. Examining a multidimensional model of student motivation and engagement using a construct validation approach [J]. *British Journal of Educational Psychology*, 2007, 77 (2): 413 – 440.

[321] Martin F, Ndoye A, Wilkins P. Using learning analytics to enhance student learning in online courses based on quality matters standards [J]. *Journal of Educational Technology Systems*, 2016, 45 (2): 165 – 187.

[322] Maryland Online Inc. Quality matters higher education rubric workbook [R]. *Quality Matters*, 2014: 1 – 31.

[323] Masoumi D, Lindström B. Quality in E – learning: A framework for promoting and assuring quality in virtual institutions [J]. *Journal of Computer Assisted Learning*, 2012, 28 (1): 27 – 41.

[324] Masri N W, You J – J, Ruangkanjanases A, et al. Assessing the effects of information system quality and relationship quality on continuance intention in E – Tourism [J]. *International journal of environmental research and public Health*, 2020, 17 (1): 174.

[325] Mayer R E, Clark R. The promise of educational psychology (vol II): teaching for meaningful Learning [J]. *Wiley Online Library*, 2003, 42 (4): 41 – 43.

[326] McCoy S, Cha H S, Durcikova A. Modeling internet diffusion in developing countries: 2 [J]. *Australasian Journal of Information Systems*, 2012, 17 (2): 5 – 23.

[327] Mehrabian A, R. J A Russell. An approach to environmental psychology [M]. MA, Cambridge: MIT Press, 1974.

[328] Mejía – Madrid G, Llorens – Largo F, Molina – Carmona R. Dashboard for evaluating the quality of open learning courses [J]. *Sustainability*, 2020, 12 (9): 3941.

[329] Melamed D, Simpson B. Strong ties promote the evolution of cooperation in dynamic networks [J]. *Social Networks*, 2016 (45): 32 – 44.

[330] Menezes L S, Sellitto M A, Librelato T P, et al. Identification and quantification of influent factors in perceived quality of the E – service provided by a univer-

sity [J]. *Business Process Management Journal*, 2016, 22 (3): 438 –457.

[331] Meservy T O, Fadel K J, Kirwan C B, et al. An fMRI exploration of information processing in electronic networks of practice [J]. *MIS Quarterly*, 2019, 43 (3): 851 –872.

[332] Middleton S E, Shadbolt N R, De Roure D C. Ontological user profiling in recommender Systems [J]. *ACM Transactions on Information Systems*, 2004, 22 (1): 54 –88.

[333] Milani B A, Navimipour N J. A systematic literature review of the data replication techniques in the cloud environments [J]. *Big Data Research*, 2017 (10): 1 –7.

[334] Min S, Kim J, Sawng Y – W. The effect of innovation network size and public R&D investment on regional innovation efficiency [J]. *Technological Forecasting and Social Change*, 2020 (155): 119998.

[335] Miotto G, Del – Castillo – Feito C, Blanco – González A. Reputation and legitimacy: Key factors for Higher Education Institutions' sustained competitive advantage [J]. *Journal of Business Research*, 2020 (112): 342 –353.

[336] Mir H M, Behrang K, Isaai M T, et al. The impact of outcome framing and psychological distance of air pollution consequences on transportation mode choice [J]. *Transportation Research Part D: Transport and Environment*, 2016 (46): 328 – 338.

[337] Münchow H, Mengelkamp C, Bannert M. The better you feel the better you learn: Do warm colours and rounded shapes enhance learning outcome in multimedia learning [J]. *Education Research International*, 2017: 2148139.

[338] Mäntymäki M, Merikivi J, Verhagen T, et al. Does a contextualized theory of planned behavior explain why teenagers stay in virtual worlds [J]. *International Journal of Information Management*, 2014, 34 (5): 567 –576.

[339] Moallem M. An interactive online course: a collaborative design model [J]. *Educational Technology Research and Development*, 2003, 51 (4): 85 –103.

[340] Mobius M, Rosenblat T. Social learning in economics: 1 [J]. *Annual Review of Resource Economics*, 2014, 6 (1): 827 –847.

[341] Mohamed F A, Hassan A M, Spencer B. Conceptualization and measurement of perceived risk of online education [J]. *Academy of Educational Leadership*

Journal, 2011, 15 (4): 1.

[342] Mondini L C, De Souza Domingues M J C, Correia R B, et al. Redes sociais digitais: Uma análise de utilização pelas instituições de ensino superior do sistema ACAFE de Santa Catarina [J]. *Revista Eletrônica de Ciência Administrativa*, 2012, 11 (1): 48 - 60.

[343] Mooney R J, Roy L. Content-based book recommending using learning for text Categorization [C]//Proceedings of the Fifth ACM Conference on Digital Libraries. New York, 2000.

[344] Moore M G, Kearsley G. Distance education: a systems view of online learning [M]. Belmont: Wadsworth Cengage Learning, 2011.

[345] Muhammad A H, Siddique A, Youssef A E, et al. A hierarchical model to evaluate the quality of web-based e-learning systems [J]. *Sustainability*, 2020, 12 (10): 4071.

[346] Mulik S, Srivastava M, Yajnik N, et al. Antecedents and outcomes of flow experience of MOOC users [J]. *Journal of International Education in Business*, 2019, 13 (1): 1 - 19.

[347] Nakayama M, Mutsuura K, Yamamoto H. The possibility of predicting learning performance using features of note taking activities and instructions in a blended learning environment [J]. *International Journal of Educational Technology in Higher Education*, 2017, 14 (1): 1 - 14.

[348] Nebel S, Schneider S, Rey G D. From duels to classroom competition: Social competition and learning in educational videogames within different group sizes [J]. *Computers in Human Behavior*, 2016 (55): 384 - 398.

[349] Neumann P J, Cohen J T, Weinstein M C. Updating Cost - Effectiveness—The Curious Resilience of the $50, 000 - per - QALY threshold [J]. *New England Journal of Medicine*, 2014, 371 (9): 796 - 797.

[350] Ngai E W T, Poon J K L, Chan Y H C. Empirical examination of the adoption of WebCT using TAM [J]. *Computers & Education*, 2007, 48 (2): 250 - 267.

[351] Nguyen T H, Umemoto K, Dam H C. The knowledge-bridging process in software offshoring from Japan to Vietnam [J]. *The Electronic Journal of Information Systems in Developing Countries*, 2014, 64 (1): 1 - 29.

[352] Nisbett R E, Ross L. Human inference: strategies and shortcomings of social judgment [M]. *Englewood Cliffs*, New Jersey: Prentice – Hill, 1980.

[353] Nishinaka M, Umemoto K, Kohda Y. Emergence of common tacit knowledge in an international IT project: a case study between Japan and Singapore [J]. *International Journal of Managing Projects in Business*, 2015, 8 (3): 533 – 551.

[354] Nonaka I, Takeuchi H. A theory of the firm's knowledge-creation Dynamics [M]. Oxford: Oxford University Press, 1998.

[355] Oatley K, Johnson – Laird P N. Cognitive approaches to emotions [J]. *Trends in Cognitive Sciences*, 2014, 18 (3): 134 – 140.

[356] Oghuma A P, Libaque – Saenz C F, Wong S F, et al. An Expectation-confirmation model of continuance intention to use mobile instant messaging [J]. *Telematics and Informatics*, 2016, 33 (1): 34 – 47.

[357] Oliver R L. A cognitive model of the antecedents and consequences of satisfaction decisions [J]. *Journal of Marketing Research*, 1980, 17 (4): 460 – 469.

[358] Ortega F, Sanchez J – L, Bobadilla J, et al. Improving collaborative Filtering-based recommender systems results using Pareto dominance [J]. *Information Sciences*, 2013 (239): 50 – 61.

[359] Ortega – Morán J F, Pagador J B, Sánchez – Peralta L F, et al. Validation of the three web quality dimensions of a minimally invasive surgery E – learning platform [J]. *International Journal of Medical Informatics*, 2017 (107): 1 – 10.

[360] Otto D, Caeiro S, Nicolau P, et al. Can MOOCs empower people to critically think about climate change? A learning outcome based comparison of two MOOCs [J]. *Journal of Cleaner Production*, 2019 (222): 12 – 21.

[361] Ouf S, Abd Ellatif M, Salama S E, et al. A proposed paradigm for smart learning environment based on semantic web [J]. *Computers in Human Behavior*, 2017, 72 (7): 796 – 818.

[362] Panagiotopoulos I, Kalou A, Pierrakeas C, et al. An Ontology – Based Model for Student Representation in Intelligent Tutoring Systems for Distance Learning [C]//Iliadis L, Maglogiannis I, Papadopoulos H. Artificial Intelligence Applications and Innovations. Berlin: Springer, 2012: 296 – 305.

[363] Pang Y, Jin Y, Zhang Y, et al. Collaborative filtering recommendation for MOOC application: cf Recommendation on MOOC Application [J]. *Computer Appli-*

cations in Engineering Education, 2017, 25 (1): 120 – 128.

[364] Panigrahi R, Srivastava P R, Sharma D. Online learning: Adoption, continuance, and learning outcome – A review of literature [J]. International Journal of Information Management, 2018 (43): 1 – 14.

[365] Pan X, Hou L, Liu K. The effect of product distance on the eWOM in recommendation network [J]. Electronic Commerce Research, 2020 (1): 1 – 24.

[366] Parasuraman A, Zeithaml V A, Berry L. SERVQUAL: a multiple-item scale for measuring consumer perceptions of service quality [J]. 1988, 64 (1): 12 – 40.

[367] Parasuraman A, Zeithaml V A, Malhotra A. ES – QUAL: A multiple-item scale for assessing electronic service quality [J]. Journal of Service Research, 2005, 7 (3): 213 – 233.

[368] Paris N A, Glynn S M. Elaborate analogies in science text: tools for enhancing preservice teachers' knowledge and attitudes [J]. Contemporary Educational Psychology, 2004, 29 (3): 230 – 247.

[369] Park E. User acceptance of smart wearable devices: An expectation-confirmation model Approach [J]. Telematics and Informatics, 2020 (47): 101318.

[370] Park K, So H – J, Cha H. Digital equity and accessible MOOCs: accessibility evaluations of mobile MOOCs for learners with visual impairments [J]. Australasian Journal of Educational Technology, 2019, 35 (6): 48 – 63.

[371] Parks P, Cruz R, Ahn S J G. Don't hurt my Avatar: The use and potential of digital self-representation in risk communication [J]. International Journal of Robots, Education and Art, 2014, 4 (2): 10.

[372] Pathak B, Garfinkel R, Gopal R D, et al. Empirical analysis of the impact of recommender systems on sales [J]. Journal of Management Information Systems, 2010, 27 (2): 159 – 188.

[373] Payne John W. , Payne John William, Bettman J R, et al. The adaptive decision maker [M]. Cambridge: Cambridge University Press, 1993.

[374] Pei J, Han J, Mortazavi – Asl B, et al. PrefixSpan,: Mining sequential patterns efficiently by prefix-projected pattern growth [C]//Proceedings 17th International Conference on Data Engineering. IEEE, 2001: 215 – 224.

[375] Pekrun R, Goetz T, Frenzel A C, et al. Measuring emotions in students'

learning and performance: the achievement emotions questionnaire (AEQ) [J]. *Contemporary Educational Psychology*, 2011, 36 (1): 36 – 48.

[376] Pekrun R, Goetz T, Titz W, et al. Academic emotions in students' self-regulated learning and achievement: a program of qualitative and quantitative research [J]. *Educational Psychologist*, 2002, 37 (2): 91 – 105.

[377] Perna L W, Ruby A, Boruch R F, et al. Moving through MOOCs: understanding the progression of users in massive open online courses [J]. *Educational Researcher*, 2014, 43 (9): 421 – 432.

[378] Petty R E, Cacioppo J T. The elaboration likelihood model of persuasion [M]//Communication and persuasion. Berlin: Springer, 1986: 1 – 24.

[379] Pham L, Limbu Y B, Bui T K, et al. Does E-learning service quality influence e-learning student satisfaction and loyalty? Evidence from Vietnam [J]. *International Journal of Educational Technology in Higher Education*, 2019, 16 (1): 1 – 26.

[380] Pinkwart N, Aleven V, Ashley K, et al. Toward Legal Argument Instruction with Graph grammars and collaborative filtering techniques [C]//Ikeda M, Ashley K D, Chan T – W, Intelligent Tutoring Systems. Berlin: Springer, 2006: 227 – 236.

[381] Pi Z, Hong J. Learning process and learning outcomes of video podcasts including the instructor and PPT slides: a Chinese case [J]. *Innovations in Education and Teaching International*, 2016, 53 (2): 135 – 144.

[382] Pi Z, Hong J, Yang J. Effects of the instructor's pointing gestures on learning performance in video lectures [J]. *British Journal of Educational Technology*, 2017, 48 (4): 1020 – 1029.

[383] Plass J L, O'Keefe P A, Homer B D, et al. The impact of individual, competitive, and collaborative mathematics game play on learning, performance, and motivation [J]. *Journal of educational Psychology*, 2013, 105 (4): 1050.

[384] Plewa C, Ho J, Conduit J, et al. Reputation in higher education: A fuzzy set analysis of resource configurations [J]. *Journal of Business Research*, 2016, 69 (8): 3087 – 3095.

[385] Polatidis N, Georgiadis C K. A Multi-level collaborative filtering method that improves Recommendations [J]. *Expert Systems with Applications*, 2016 (48):

100 – 110.

[386] Polyzou A, Karypis G. Grade Prediction with Course and Student Specific Models [C]//Bailey J, Khan L, Washio T, et al. Advances in Knowledge Discovery and Data Mining. Cham: Springer International Publishing, 2016: 89 – 101.

[387] Pozón – López I, Higueras – Castillo E, Muñoz – Leiva F, et al. Perceived user satisfaction and intention to use massive open online courses (MOOCs) [J]. *Journal of Computing in Higher Education*, 2021, 33 (1): 85 – 120.

[388] Pérez – Luño A, Alegre J, Valle – Cabrera R. The role of tacit knowledge in connecting knowledge exchange and combination with innovation [J]. *Technology Analysis & Strategic Management*, 2019, 31 (2): 186 – 198.

[389] Pérez – Marín D, Hijón – Neira R, Bacelo A, et al. Can computational thinking be improved by using a methodology based on metaphors and scratch to teach computer programming to children [J]. *Computers in Human Behavior*, 2020 (105): 105849.

[390] Pritchard K. Examining web images: a combined visual analysis (cva) approach [J]. *European Management Review*, 2020, 17 (1): 297 – 310.

[391] Pukkhem N. LORecommendNet: an ontology-based representation of learning object recommendation [J]. *Advances in Intelligent Systems & Computing*, 2014: 293 – 303.

[392] Qiu J, Tang J, Liu T X, et al. Modeling and predicting learning behavior in MOOCs [C]//Proceedings of the Ninth ACM International Conference on Web Search and Data Mining. New York, Association for Computing Machinery, 2016.

[393] Radovan M, Perdih M. Analysing Accessibility, Usability and Readability of Web-based Learning Materials – Case study of e-learning portals in Slovenia: 1 [J]. *Journal of E – Learning and Knowledge Society*, 2018, 14 (1): 127 – 138.

[394] Rai R S, Selnes F. Conceptualizing Task-technology fit and the effect on adoption – A case study of a digital textbook service [J]. *Information & Management*, 2019, 56 (8): 103161.

[395] Ramadhani R, Rofiqul U, Abdurrahman A, et al. The effect of flipped-problem based learning model integrated with LMS – google classroom for senior high school students [J]. *Journal for the Education of Gifted Young Scientists*, 2019, 7 (2): 137 – 158.

[396] Ramirez – Arellano A, Bory – Reyes J, Hernández – Simón L M. Emotions, motivation, cognitive-metacognitive strategies, and behavior as predictors of learning performance in blended learning [J]. *Journal of Educational Computing Research*, 2019, 57 (2): 491 – 512.

[397] Rana C, Jain S K. An evolutionary clustering algorithm based on temporal features for dynamic recommender systems [J]. *Swarm and Evolutionary Computation*, 2014 (14): 21 – 30.

[398] Rasheed F A, Abadi M F. Impact of service quality, trust and perceived value on customer loyalty in Malaysia services industries [J]. *Procedia – Social and Behavioral Sciences*, 2014 (164): 298 – 304.

[399] Rassaby M, Cassiello – Robbins C, Sauer – Zavala S. When perfect is never good enough: The predictive role of discrepancy on anxiety, time spent on academic tasks, and psychological well-being in university students [J]. *Personality and Individual Differences*, 2021 (168): 110305.

[400] Recker M, Walker A. Supporting ' Word – of – Mouth ' social networks through collaborative information filtering [J]. *Journal of Interactive Learning Research*, 2003, 24 (1): 79 – 98.

[401] Reeve J. A Self-determination theory perspective on student engagement [M]//Handbook of Research on Student Engagement. Berlin: Springer, 2012: 149 – 172.

[402] Ribeiro R. Tacit knowledge management [J]. *Phenomenology & the Cognitive Sciences*, 2013, 12 (2): 337 – 366.

[403] Ricci F, Rokach L, Shapira B. Introduction to Recommender Systems Handbook [M]. MA: Springer, 2011.

[404] Richardson J T. Instruments for obtaining student feedback: a review of the literature [J]. *Assessment & Evaluation in Higher Education*, 2005, 30 (4): 387 – 415.

[405] Rispens S, Demerouti E. Conflict at work, negative emotions, and performance: a diary study [J]. *Negotiation and Conflict Management Research*, 2016, 9 (2): 103 – 119.

[406] Rodríguez – Ardura I, Meseguer – Artola A. E-learning continuance: the impact of interactivity and the mediating role of imagery, presence and flow [J]. *Infor-*

mation & Management, 2016, 53 (4): 504 – 516.

[407] Rogers E M. Diffusion of Innovations [M]. New York: Routledge, 2010.

[408] Rogers T B, Kuiper N A, Kirker W S. Self-reference and the encoding of personal information [J]. *Journal of Personality and Social Psychology*, 1977, 35 (9): 677.

[409] Roll – Hansen N. A historical perspective on the distinction between basic and applied science [J]. *Journal for General Philosophy of science*, 2017, 48 (4): 535 – 551.

[410] Romero – Hall E, Adams L, Osgood M. Examining the effectiveness, efficiency, and usability of a web-based experiential role-playing aging simulation using formative assessment [J]. *Journal of Formative Design in Learning*, 2019, 3 (2): 123 – 132.

[411] Romiszowski A J. Topics for debate: what's really new about MOOCs [J]. *Educational Technology*, 2013, 53 (4): 48 – 51.

[412] Ros S, Hernández R, Caminero A, et al. On the use of extended TAM to assess students' acceptance and intent to use third-generation learning management systems [J]. *British Journal of Educational Technology*, 2015, 46 (6): 1250 – 1271.

[413] Saadé R, Bahli B. The impact of cognitive absorption on perceived usefulness and perceived ease of use in on-line learning: an extension of the technology acceptance model [J]. *Information & Management*, 2005, 42 (2): 317 – 327.

[414] Saba F, Shearer R L. Verifying key theoretical concepts in a dynamic model of distance education [J]. *American Journal of Distance Education*, 1994, 8 (1): 36 – 59.

[415] Sadaf A, Martin F, Ahlgrim – Delzell L. Student perceptions of the impact of quality matters—certified online courses on their learning and engagement [J]. *Online Learning*, 2019, 23 (4): 214 – 233.

[416] Safran M, Che D. Real-time recommendation algorithms for crowdsourcing systems [J]. *Applied Computing and Informatics*, 2017, 13 (1): 47 – 56.

[417] Saini M, Arif M, Kulonda D J. Critical factors for transferring and sharing tacit knowledge within lean and agile construction processes [J]. *Construction Innovation*, 2018 (18): 64 – 89.

[418] Salas – Vallina A, Alegre J, Guerrero R F. Happiness at work in knowl-

edge-intensive contexts: opening the research agenda [J]. *European Research on Management and Business Economics*, 2018, 24 (3): 149 – 159.

[419] Santos O C, Boticario J G. Practical guidelines for designing and evaluating educationally oriented recommendations [J]. *Computers & Education*, 2015 (81): 354 – 374.

[420] Schophuizen M, Kreijns K, Stoyanov S, et al. Eliciting the challenges and opportunities organizations face when delivering open online education: a group-concept mapping study [J]. *The Internet and Higher Education*, 2018 (36): 1 – 12.

[421] Schuetz S W, Benjamin Lowry P, Pienta D A, et al. The effectiveness of abstract versus concrete fear appeals in information security [J]. *Journal of Management Information Systems*, 2020, 37 (3): 723 – 757.

[422] Schwarz A, Schwarz C, Jung Y, et al. Towards an understanding of assimilation in virtual worlds: the 3C approach [J]. *European Journal of Information Systems*, 2012, 21 (3): 303 – 320.

[423] Senecal S, Nantel J. The influence of online product recommendations on consumers' online choices [J]. *Journal of Retailing*, 2004, 80 (2): 159 – 169.

[424] Seol S, Lee H, Yu J, et al. Continuance usage of corporate SNS pages: a communicative ecology perspective [J]. *Information & Management*, 2016, 53 (6): 740 – 751.

[425] Septianto F, Lee M S, Putra P G. Everyday "low price" or everyday "value"? The interactive effects of framing and construal level on consumer purchase intentions [J]. *Journal of Retailing and Consumer Services*, 2021 (58): 102317.

[426] Shadiev R, Wu T – T, Huang Y – M. Enhancing learning performance, attention, and meditation using a speech-to-text recognition application: evidence from multiple data sources [J]. *Interactive Learning Environments*, 2017, 25 (2): 249 – 261.

[427] Shah M A, Santandreu Calonge D. Frugal MOOCs: An adaptable contextualized approach to MOOC designs for refugees [J]. *International Review of Research in Open and Distributed Learning*, 2019, 20 (5): 1 – 19.

[428] Shaouf A, Lü K, Li X. The effect of web advertising visual design on online purchase intention: an examination across gender [J]. *Computers in Human Behavior*, 2016 (60): 622 – 634.

［429］ Shao Z, Abaci S. Designing online learning environments to improve students' performance in graduate statistics courses ［C］//Society for Information Technology & Teacher Education International Conference. Waynesville, NC USA：Association for the Advancement of Computing in Education （AACE）, 2018：234 – 244.

［430］ Shao Z, Li X, Guo Y, et al. Influence of service quality in sharing economy：Understanding customers' continuance intention of bicycle sharing ［J］. *Electronic Commerce Research and Applications*, 2020 （40）：100944.

［431］ Shapiro H B, Lee C H, Roth N E W, et al. Understanding the massive open online course （MOOC） student experience：An examination of attitudes, motivations, and barriers ［J］. *Computers & Education*, 2017 （110）：35 – 50.

［432］ Sharma V M, Klein A. Consumer perceived value, involvement, trust, susceptibility to interpersonal influence, and intention to participate in online group buying ［J］. *Journal of Retailing and Consumer Services*, 2020 （52）：101946.

［433］ Shaw R – S. The learning performance of different knowledge map construction methods and learning styles moderation for programming language learning ［J］. *Journal of Educational Computing Research*, 2019, 56 （8）：1407 – 1429.

［434］ Shiau W – L, Luo M M. Continuance intention of blog users：the impact of perceived enjoyment, habit, user involvement and blogging time ［J］. *Behaviour & Information Technology*, 2013, 32 （6）：570 – 583.

［435］ Shin D – H, Biocca F, Choo H. Exploring the user experience of three-dimensional virtual learning environments ［J］. *Behaviour & Information Technology*, 2013, 32 （2）：203 – 214.

［436］ Shishehchi S, Banihashem S, Mat Zin N A, et al. Ontological approach in knowledge based recommender system to develop the quality of e-learning system ［J］. *Australian Journal of Basic and Applied Sciences*, 2012 （6）：115 – 123.

［437］ Silvennoinen J M, Jokinen J P. Appraisals of salient visual elements in web page design ［J］. *Advances in Human – Computer Interaction*, 2016：1 – 14.

［438］ Sällberg H, Bengtsson L. Computer and smartphone continuance intention：A motivational model ［J］. *Journal of Computer Information Systems*, 2016, 56 （4）：321 – 330.

［439］ Soloman B A, Felder R M. Index of learning styles Questionnaire ［J］. *NC State University*, 2005 （70）：1 – 5.

［440］Soltani Z, Navimipour N J. Customer relationship management mecha-nisms: a systematic review of the state of the art literature and recommendations for future research ［J］. *Computers in Human Behavior*, 2016 (61): 667 – 688.

［441］Sonar H, Khanzode V, Akarte M. Investigating additive manufacturing im-plementation factors using integrated ISM – MICMAC approach ［J］. *Rapid Prototyping Journal*, 2020 (9): 1 – 16.

［442］Sosnovsky S, Hsiao I – H, Brusilovsky P. Adaptation "in the Wild": Ontology – Based Personalization of Open – Corpus Learning Material ［C］//Ravens-croft A, Lindstaedt S, Kloos C D, et al. 21st Century Learning for 21st Century Skills. Berlin: Springer, 2012: 425 – 431.

［443］Soulef B, Abdesselam B, Raja C. An association rule based recommender system for learning materials Recommendation ［C］//2021 International E-Engineering Education Services Conference (e – Engineering). IEEE, 2021: 49 – 54.

［444］Southard S, Mooney M. A comparative analysis of distance education qual-ity assurance standards ［J］. *Quarterly Review of Distance Education*, 2015, 16 (1): 55.

［445］Spence J T, Helmreich R L. Achievement-related motives and behaviors ［M］. New York: W H Freeman, 1983.

［446］Spiekermann S, Paraschiv C. Motivating human-agent interaction: Trans-ferring insights from behavioral marketing to interface design ［J］. *Electronic Commerce Research*, 2002, 2 (3): 255 – 285.

［447］Srikant R, Agrawal R. Mining quantitative association rules in large rela-tional tables ［Z］. Montreal, Quebec, Canada: Association for Computing Machinery, 1996: 1 – 12.

［448］Stanger N, Chettle R, Whittle J, et al. The role of preperformance and In-game emotions in cognitive interference during sport performance: the moderating role of self-confidence and reappraisal ［J］. *The Sport Psychologist*, 2018, 32 (2): 114 – 124.

［449］Steuer J. Defining virtual reality: dimensions determining telepresence ［J］. *Journal of Communication*, 1992, 42 (4): 73 – 93.

［450］Stewart S – J F, Ogden J. The role of social exposure in predicting weight bias and weight bias internalisation: an international study ［J］. *International Journal of*

Obesity, 2021, 45 (6): 1259 – 1270.

[451] Sung H – Y, Hwang G – J. A collaborative Game-based learning approach to improving students' learning performance in science courses [J]. *Computers & Education*, 2013 (63): 43 – 51.

[452] Sung H – Y, Hwang G – J, Chen S – F. Effects of embedding a problem-posing-based learning guiding strategy into interactive e-books on students' learning performance and higher order thinking tendency [J]. *Interactive Learning Environments*, 2019, 27 (3): 389 – 401.

[453] Sung Y H, Kim D H, Choi D, et al. Facebook ads not working in the same way: the effect of cultural orientation and message construals on consumer response to social media ads [J]. *Telematics and Informatics*, 2020 (52): 101427.

[454] Sun H, Fang Y, Hsieh J P – A. Consuming information systems: an economic model of user satisfaction [J]. *Decision Support Systems*, 2014 (57): 188 – 199.

[455] Sun J C, Rueda R. Situational interest, computer self-efficacy and self-regulation: their impact on student engagement in distance education [J]. *British Journal of Educational Technology*, 2012, 43 (2): 191 – 204.

[456] Suomi K, Kuoppakangas P, Hytti U, et al. Focusing on dilemmas challenging reputation management in higher education [J]. *International Journal of Educational Management*, 2014, 28 (4): 461 – 478.

[457] Sussman S W, Siegal W S. Informational influence in organizations: An integrated approach to knowledge adoption [J]. *Information Systems Research*, 2003, 14 (1): 47 – 65.

[458] Svobodova K, Vojar J, Sklenicka P, et al. Presentation matters: causes of differences in preferences for Agricultural landscapes displayed via photographs and videos [J]. *Space and Culture*, 2018, 21 (3): 259 – 273.

[459] Swaid S I, Wigand R T. Measuring the quality of E-service: Scale development and initial Validation [J]. *Journal of Electronic Commerce Research*, 2009, 10 (1): 13 – 28.

[460] Tam C, Santos D, Oliveira T. Exploring the influential factors of continuance intention to use mobile Apps: extending the expectation confirmation model [J]. *Information Systems Frontiers*, 2020, 22 (1): 243 – 257.

[461] Tang K – P, Chen C – Y, Wu M – S, et al. Correlation between early clinical exposure environment, attitudes toward basic medicine, and medical students' basic science learning performance [J]. *BMC medical Education*, 2019, 19 (1): 1 – 8.

[462] Tang X, Chen Y, Li X, et al. A reinforcement learning approach to personalized learning recommendation systems [J]. *British Journal of Mathematical and Statistical Psychology*, 2019, 72 (1): 108 – 135.

[463] Tan W – K, Wang W – J. The application of information values and construal level theory for examining low cost carrier advertisements [J]. *Journal of Air Transport Management*, 2021 (90): 101957.

[464] Tarchi C, Zaccoletti S, Mason L. Learning from text, video, or subtitles: a comparative analysis [J]. *Computers & Education*, 2021 (160): 104034.

[465] Tarus J K, Niu Z, Kalui D. A hybrid recommender system for E-learning based on context awareness and sequential pattern mining [J]. *Soft Computing*, 2018, 22 (8): 2449 – 2461.

[466] Tarus J K, Niu Z, Yousif A. A hybrid Knowledge-based recommender system for e-learning based on ontology and sequential pattern mining [J]. *Future Generation Computer Systems*, 2017 (72): 37 – 48.

[467] Tee M Y, Karney D. Sharing and cultivating tacit knowledge in an online learning environment [J]. *International Journal of Computer – Supported Collaborative Learning*, 2010, 5 (4): 385 – 413.

[468] Teeroovengadum V, Kamalanabhan T, Seebaluck A K. Measuring service quality in higher education: development of a hierarchical model (HESQUAL) [J]. *Quality Assurance in Education*, 2016, 24 (2): 244 – 258.

[469] Teng C – I. Drivers of interdependence and network convergence in social networks in virtual communities [J]. *Electronic Commerce Research and Applications*, 2015, 14 (3): 204 – 212.

[470] Ter Vrugte J, De Jong T, Vandercruysse S, et al. How competition and heterogeneous collaboration interact in prevocational game-based mathematics education [J]. *Computers & Education*, 2015 (89): 42 – 52.

[471] Thai N T T, De Wever B, Valcke M. The impact of a flipped classroom design on learning performance in higher education: Looking for the best "blend" of

lectures and guiding questions with feedback [J]. *Computers & Education*, 2017 (107): 113 – 126.

[472] Thomas G P, McRobbie C J. Using a metaphor for learning to improve students' metacognition in the chemistry classroom [J]. *Journal of Research in Science Teaching*, 2001, 38 (2): 222 – 259.

[473] Thong J Y, Hong S – J, Tam K Y. The effects of Post-adoption beliefs on the expectation-confirmation model for information technology continuance [J]. *International Journal of Human-computer Studies*, 2006, 64 (9): 799 – 810.

[474] Tondeur J, Petko D, Christensen R, et al. Quality criteria for conceptual technology integration models in education: Bridging research and practice [J]. *Educational Technology Research and Development*, 202, 69 (4): 2187 – 2208.

[475] Tontini G, Walter S A. Antecedentes da qualidade percebida de um curso de administração: uma abordagem não linear [J]. *Revista Brasileira de Gestão de Negócios*, 2011 (13): 264 – 280.

[476] Triantoro T, Gopal R, Benbunan – Fich R, et al. Would you like to play? A comparison of a gamified survey with a traditional online survey method [J]. *International Journal of Information Management*, 2019 (49): 242 – 252.

[477] Trope Y, Liberman N. Construal-level theory of psychological Distance [J]. *Psychological Review*, 2010, 117 (2): 440.

[478] Trope Y, Liberman N. Temporal construal [J]. *Psychological Review*, 2003, 110 (3): 403.

[479] Trope Y, Liberman N, Wakslak C. Construal levels and psychological distance: effects on representation, prediction, evaluation, and behavior [J]. *Journal of Consumer Psychology*, 2007, 17 (2): 83 – 95.

[480] Tsai H – T, Bagozzi R P. Contribution behavior in virtual communities: cognitive, emotional, and social influences [J]. *Mis Quarterly*, 2014, 38 (1): 143 – 164.

[481] Tsai H – T, Pai P. Why do newcomers participate in virtual communities? An integration of self-determination and relationship management theories [J]. *Decision Support Systems*, 2014 (57): 178 – 187.

[482] Tsai Y, Lin C, Hong J, et al. The effects of metacognition on online learning interest and continuance to learn with MOOCs [J]. *Computers & Education*,

2018, 121: 18 – 29.

[483] Tseng F – C, Pham T T L, Cheng T, et al. Enhancing customer loyalty to mobile instant messaging: Perspectives of network effect and self-determination theories [J]. *Telematics and Informatics*, 2018, 35 (5): 1133 – 1143.

[484] Tseng T H, Lin S, Wang Y – S, et al. Investigating teachers' adoption of MOOCs: The perspective of UTAUT 2 [J]. *Interactive Learning Environments*, 2019 (30): 1 – 16.

[485] Tóth Z E, Surman V. Listening to the voice of students, developing a service quality measuring and evaluating framework for a special course [J]. *International Journal of Quality and Service Sciences*, 2019, 11 (4): 455 – 472.

[486] Tversky A. Features of Similarity [M]//Collins A, Smith E E. Readings in Cognitive Science. San Mateo, CA: Morgan Kaufmann, 1988: 290 – 302.

[487] Udo G J, Bagchi K K, Kirs P J. Using SERVQUAL to assess the quality of E – learning experience [J]. *Computers in Human Behavior*, 2011, 27 (3): 1272 – 1283.

[488] UNESCO U. COVID – 19 educational disruption and response [EB/OL]. (2022 – 02 – 08) [2022 – 04 – 05]. http: //www. iiep. unesco. org/en/covid – 19 – educational – disruption – and – response – 13363.

[489] Uppal M A, Ali S, Gulliver S R. Factors determining e-learning service Quality [J]. *British Journal of Educational Technology*, 2018, 49 (3): 412 – 426.

[490] Vallejo A P, Zwierewicz M. Procesos de orientación en entornos virtuales de Aprendizaje [J]. *Revista Española de Orientación y Psicopedagogía*, 2008, 19 (3): 282 – 290.

[491] Van Eck R, Dempsey J. The effect of competition and contextualized advisement on the transfer of mathematics skills a Computer-based instructional simulation game [J]. *Educational Technology Research and Development*, 2002, 50 (3): 23 – 41.

[492] Van Kampen S. An investigation into uncovering and understanding tacit knowledge in a first – Year design studio environment [J]. *International Journal of Art & Design Education*, 2019, 38 (1): 34 – 46.

[493] Van Riel A C, Lemmink J, Ouwersloot H. High-technology service innovation success: a decision-making perspective [J]. *Journal of Product Innovation Man-*

agement, 2004, 21 (5): 348 – 359.

[494] Van't Riet J, Meeuwes A C, Van der Voorden L, et al. Investigating the effects of a persuasive digital game on immersion, identification, and willingness to help [J]. *Basic and Applied Social Psychology*, 2018, 40 (4): 180 – 194.

[495] Vasconcelos P, Furtado E S, Pinheiro P, et al. Multidisciplinary criteria for the quality of E – learning services design [J]. *Computers in Human Behavior*, 2020 (107): 105979.

[496] Venkatesh V. Determinants of perceived ease of use: Integrating control, intrinsic motivation, and emotion into the technology acceptance model [J]. *Information Systems Research*, 2000, 11 (4): 342 – 365.

[497] Venkatesh V, Morris M G, Davis G B, et al. User acceptance of information technology: toward a unified view [J]. *MIS Quarterly*, 2003: 425 – 478.

[498] Venkatesh V, Sykes T A. Digital divide initiative success in developing countries: a longitudinal field study in a village in India [J]. *Information Systems Research*, 2013, 24 (2): 239 – 260.

[499] Vesin B, Ivanović M, Klašnja – Milićević A, et al. Protus 2. 0: Ontology-based semantic recommendation in programming tutoring System [J]. *Expert Systems with Applications*, 2012, 39 (15): 12229 – 12246.

[500] Vorderer P, Hartmann T, Klimmt C. Explaining the enjoyment of playing video games: the role of Competition [C]. *Proceedings of the Second International Conference on Entertainment Computing*. Pittsburgh, Pennsylvania, USA: Carnegie Mellon University, 2003.

[501] Wagner R K, Sternberg R J. Tacit knowledge in managerial success [J]. *Journal of Business and Psychology*, 1987, 1 (4): 301 – 312.

[502] Waheed M, Kaur K, Kumar S. What role does knowledge quality play in online students' satisfaction, learning and loyalty? An empirical investigation in an eLearning context [J]. *Journal of Computer Assisted Learning*, 2016, 32 (6): 561 – 575.

[503] Wang C – C, Sung H – Y, Chen D – Z, et al. Strong ties and weak ties of the knowledge spillover network in the semiconductor industry [J]. *Technological Forecasting and Social Change*, 2017 (118): 114 – 127.

[504] Wang Changlin, Teo T S, Liu L. Perceived value and continuance inten-

tion in mobile government service in China [J]. *Telematics and Informatics*, 2020 (48): 101348.

[505] Wang Cixiao, Fang T, Gu Y X. Learning performance and behavioral patterns of online collaborative learning: Impact of cognitive load and affordances of different multimedia [J]. *Computers & Education*, 2020 (143): 103683.

[506] Wang C, Lee M K, Hua Z. A theory of social media dependence: Evidence from microblog users [J]. *Decision support Systems*, 2015 (69): 40 – 49.

[507] Wang C, Zhang X, Hann I – H. Socially nudged: A quasi-experimental study of friends' social influence in online product ratings [J]. *Information Systems Research*, 2018, 29 (3): 641 – 655.

[508] Wang E S, Chen L S, Tsai B. Investigating member commitment to virtual communities using an integrated perspective [J]. *Internet Research*, 2012, 22 (2): 199 – 210.

[509] Wang F, Wang M, Wan Y, et al. The power of social learning: how do observational and word-of-mouth learning influence online consumer decision processes [J]. *Information Processing & Management*, 2021, 58 (5): 102632.

[510] Wang J, Antonenko P, Dawson K. Does visual attention to the instructor in online video affect learning and learner perceptions? An eye-tracking analysis [J]. *Computers & Education*, 2020 (146): 103779.

[511] Wang K, Zhu C. MOOC – based flipped learning in higher education: Students' participation, experience and learning performance [J]. *International Journal of Educational Technology in Higher Education*, 2019, 16 (1): 1 – 18.

[512] Wang W – T, Ou W – M, Chen W – Y. The impact of inertia and user satisfaction on the continuance intentions to use mobile communication applications: a mobile service quality perspective [J]. *International Journal of Information Management*, 2019 (44): 178 – 193.

[513] Wang Y, Asaad Y, Filieri R. What makes hosts trust Airbnb? Antecedents of hosts' trust toward Airbnb and its impact on continuance intention [J]. *Journal of Travel Research*, 2020, 59 (4): 686 – 703.

[514] Wang Y, Nguyen H, Harpstead E, et al. How does order of gameplay impact learning and enjoyment in a digital learning game [C]//International Conference on Artificial Intelligence in Education. Berlin: Springer, 2019: 518 – 531.

[515] Wan Z, Wang Y, Haggerty N. Why people benefit from E-learning differently: the effects of psychological processes on e-learning outcomes [J]. *Information & Management*, 2008, 45 (8): 513 –521.

[516] Waterman A S, Schwartz S J, Conti R. The implications of two conceptions of happiness (hedonic enjoyment and eudaimonia) for the understanding of intrinsic motivation [J]. *Journal of Happiness Studies*, 2008, 9 (1): 41 –79.

[517] Watted A, Barak M. Motivating factors of MOOC completers: Comparing between university-affiliated students and general participants [J]. *The Internet and Higher Education*, 2018 (37): 11 –20.

[518] Wefald A J, Downey R G. Construct dimensionality of engagement and its relation with satisfaction [J]. *The Journal of Psychology*, 2009, 143 (1): 91 –112.

[519] Wen J M, Lin C, Liu E Z F. Integrating educational board game in Chinese learning environment to enhance students' learning performance and flow experience [J]. *International Journal of Online Pedagogy and Course Design* (*IJOPCD*), 2019, 9 (4): 31 –43.

[520] Wen J, Qualls W J, Zeng D. To explore or exploit: the influence of inter-firm R&D network diversity and structural holes on innovation outcomes [J]. *Technovation*, 2021 (100): 102178.

[521] Weymeis H, Van Leeuwen K, Braet C. Adaptive emotion regulation, academic performance and internalising problems in Flemish children with special educational needs: a pilot study [J]. *European Journal of Special Needs Education*, 2019, 34 (1): 124 –135.

[522] Whang C, Im H. Does recommendation matter for trusting beliefs and trusting intentions? Focused on different types of recommender system and sponsored recommendation [J]. *International Journal of Retail & Distribution Management*, 2018, 46 (10): 944 –958.

[523] Whyte G, Classen S. Using storytelling to elicit tacit knowledge from SMEs [J]. *Journal of Knowledge Management*, 2012, 16 (6): 950 –962.

[524] Williams K M, Stafford R E, Corliss S B, et al. Examining student characteristics, goals, and engagement in massive open online courses [J]. *Computers & Education*, 2018 (126): 433 –442.

[525] Wilson K L, Lizzio A, Ramsden P. The development, validation and

application of the course experience questionnaire [J]. *Studies in Higher Education*, 1997, 22 (1): 33 –53.

[526] Wilson N, Keni K, Tan P H P. The effect of website design quality and service quality on repurchase intention in the E-commerce industry: a cross-continental analysis [J]. *Gadjah Mada International Journal of Business*, 2019, 21 (2): 187 – 222.

[527] Wongwatkit C, Panjaburee P, Srisawasdi N, et al. Moderating effects of gender differences on the relationships between perceived learning support, intention to use, and learning performance in a personalized e-Learning [J]. *Journal of Computers in Education*, 2020: 1 –27.

[528] Wu B, Chen X. Continuance intention to use MOOCs: Integrating the technology acceptance model (TAM) and task technology fit (TTF) model [J]. *Computers in Human Behavior*, 2017 (67): 221 –232.

[529] Wu C – H, Chen Y – S, Chen T. An adaptive E-learning system for enhancing learning performance: Based on dynamic scaffolding theory [J]. *Eurasia Journal of Mathematics, Science and Technology Education*, 2017, 14 (3): 903 – 913.

[530] Wu D, Lu J, Zhang G. A fuzzy tree matching-based personalized e-learning recommender system [J]. *IEEE Transactions on Fuzzy Systems*, 2015, 23 (6): 2412 –2426.

[531] Wu L – W, Lin J – R. Knowledge sharing and knowledge effectiveness: learning orientation and co-production in the contingency model of tacit Knowledge [J]. *Journal of Business & Industrial Marketing*, 2013, 28 (8): 672 –686.

[532] Xiao B, Benbasat I. E-commerce product recommendation agents: use, characteristics, and impact [J]. *MIS Quarterly*, 2007: 137 –209.

[533] Xiao C, Qiu H, Cheng S M. Challenges and opportunities for effective assessments within a quality assurance framework for MOOCs [J]. *Journal of Hospitality, Leisure, Sport & Tourism Education*, 2019 (24): 1 –16.

[534] Xing W. Exploring the influences of MOOC design features on student performance and persistence [J]. *Distance Education*, 2019, 40 (1): 98 –113.

[535] Xu S, Raahemi B. A semantic-based service discovery framework for collaborative environments [J]. *International Journal of Simulation Modelling*, 2016

（15）：83 – 96.

［536］Yaghmaie A. How to characterise pure and applied science ［J］. *International Studies in the Philosophy of Science*, 2017, 31 （2）：133 – 149.

［537］Yang J C, Quadir B, Chen N – S, et al. Effects of online presence on learning performance in a Blog-based online course ［J］. *The Internet and Higher Education*, 2016 （30）：11 – 20.

［538］Yang J, Yu H, Chen N. Using blended synchronous classroom approach to promote learning performance in rural area ［J］. *Computers & Education*, 2019 （141）：103619.

［539］Yang M, Shao Z, Liu Q, et al. Understanding the quality factors that influence the continuance intention of students toward participation in MOOCs ［J］. *Educational Technology Research and Development*, 2017, 65 （5）：1195 – 1214.

［540］Yang Z, Fang X. Online service quality dimensions and their relationships with satisfaction: A content analysis of customer reviews of securities brokerage services ［J］. *International Journal of Service Industry Management*, 2004, 15 （3）：302 – 326.

［541］Yantis S, Hillstrom A P. Stimulus-driven attentional capture: evidence from equiluminant visual objects ［J］. *Journal of Experimental Psychology: Human Perception and Performance*, 1994, 20 （1）：95.

［542］Yeh Y – C, Kwok O – M, Chien H – Y, et al. How college students' achievement goal orientations predict their expected online learning outcome: the mediation roles of self-regulated learning strategies and supportive online learning behaviors ［J］. *Online Learning*, 2019, 23 （4）：23 – 41.

［543］Yi C, Jiang Z, Li X, et al. Leveraging User-generated content for product promotion: the effects of firm-highlighted reviews ［J］. *Information Systems Research*, 2019, 30 （3）：711 – 725.

［544］Yin D, Mitra S, Zhang H. Research note—When do consumers value positive vs. negative reviews? An empirical investigation of confirmation bias in online word of mouth ［J］. *Information Systems Research*, 2016, 27 （1）：131 – 144.

［545］Yin H, Wang W. Assessing and improving the quality of undergraduate teaching in China: The course experience questionnaire ［J］. *Assessment & Evaluation in Higher Education*, 2015, 40 （8）：1032 – 1049.

［546］ Yin H, Wang W, Han J. Chinese undergraduates' perceptions of teaching quality and the effects on approaches to studying and course satisfaction ［J］. *Higher Education*, 2016, 71 (1): 39 –57.

［547］ Yin H, Wang W. Undergraduate students' motivation and engagement in China: an exploratory study ［J］. *Assessment & Evaluation in Higher Education*, 2016, 41 (4): 601 –621.

［548］ Yıldırım M, Güler A. Positivity explains how COVID – 19 perceived risk increases death distress and reduces happiness ［J］. *Personality and Individual Differences*, 2021 (168): 110347.

［549］ Yousef A M F, Chatti M A, Schroeder U, et al. The state of MOOCs from 2008 to 2014: a critical analysis and future visions ［C］//International Conference on computer supported Education. Berlin: Springer, 2014: 305 –327.

［550］ Zakharov A, Bondarenko O. Social status and social learning ［J］. *Journal of Behavioral and Experimental Economics*, 2021 (90): 101647.

［551］ Özdemir S. Supporting printed books with multimedia: a new way to use mobile technology for learning ［J］. *British Journal of Educational Technology*, 2010, 41 (6): 135 –138.

［552］ Zeithaml V A, Parasuraman A, Malhotra A. Service quality delivery through web sites: a critical review of extant knowledge ［J］. *Journal of the Academy of Marketing Science*, 2002, 30 (4): 362 –375.

［553］ Zhang F, Gong T, Lee V E, et al. Fast algorithms to evaluate collaborative filtering recommender systems ［J］. *Knowledge – Based Systems*, 2016 (96): 96 –103.

［554］ Zhang H, Fam K – S, Goh T – T, et al. When are influentials equally influenceable? The strength of strong ties in new product adoption ［J］. *Journal of Business Research*, 2018 (82): 160 –170.

［555］ Zhang H, Huang T, Lv Z, et al. MOOCRC: A highly accurate resource recommendation model for use in MOOC Environments ［J］. *Mobile Networks and Applications*, 2019, 24 (1): 34 –46.

［556］ Zhang H, Shu C, Jiang X, et al. Managing knowledge for innovation: The role of cooperation, competition, and alliance nationality ［J］. *Journal of International Marketing*, 2010, 18 (4): 74 –94.

［557］Zhang M，Bockstedt J. Complements and substitutes in online product rec-ommendations：the differential effects on consumers' willingness to pay ［J］. *Informa-tion & Management*，2020，57（6）：103341.

［558］Zhang M，Qin F，Wang G A，et al. The impact of live video streaming on online purchase intention ［J］. *The Service Industries Journal*，2020，40（9 – 10）：656 – 681.

［559］Zhang M，Yin S，Luo M，et al. Learner control，user characteristics，platform difference，and their role in adoption intention for MOOC learning in China ［J］. *Australasian Journal of Educational Technology*，2017，33（1）：114 – 133.

［560］Zhang S X，Wang Y，Rauch A，et al. Unprecedented disruption of lives and work：Health，distress and life satisfaction of working adults in China one month into the COVID – 19 outbreak ［J］. *Psychiatry Research*，2020（288）：112958.

［561］Zhang Y，Fang Y，Wei K，et al. Promoting the intention of students to continue their participation in e-learning systems：the role of the communication envi-ronment ［J］. *Information Technology & People*，2012，25（4）：356 – 375.

［562］Zhang Z，Gong L，Xie J. Ontology – Based Collaborative Filtering Recom-mendation Algorithm ［C］//Liu D，Alippi C，Zhao D，et al. Advances in Brain Inspired Cognitive Systems. Berlin：Springer，2013：172 – 181.

［563］Zhao L，Lu Y，Wang B，et al. Cultivating the sense of belonging and mo-tivating user participation in virtual communities：a social capital perspective ［J］. *International Journal of Information Management*，2012，32（6）：574 – 588.

［564］Zhao X，Niu Z，Wang K，et al. Improving top – N recommendation per-formance using missing data ［J］. *Mathematical Problems in Engineering*，2015：1 – 13.

［565］Zhao Y，Bao F. What factors determining customer continuingly using food delivery apps during 2019 novel coronavirus pandemic period ［J］. *International Journal of Hospitality Management*，2020，91（10）：102683.

［566］Zhao Y，Wang A，Sun Y. Technological environment，virtual experience，and MOOC continuance：A stimulus-organism-response perspective ［J］. *Computers & Education*，2020a（144）：103721.

［567］Zhao Y，Wang A，Sun Y. Technological environment，virtual experience，and MOOC continuance：a stimulus-organism-response perspective ［J］. *Computers &*

Education, 2020b（144）：103721.

［568］ Zheng Y, Yang X, Liu Q, et al. Perceived stress and online compulsive buying among women: a moderated mediation model ［J］. *Computers in Human Behavior*, 2020（103）：13 – 20.

［569］ Zheng Y, Zhao K, Stylianou A. The impacts of information quality and system quality on users' continuance intention in information-exchange virtual communities ［J］. *Decision Support Systems*, 2013, 56（C）：513 – 524.

［570］ Zhou J, Zuo M, Yu Y, et al. How fundamental and supplemental interactions affect users' knowledge sharing in virtual communities? A social cognitive perspective ［J］. *Internet Research*, 2014, 24（5）：566 – 586.

［571］ Zhou T. Understanding online community user participation: A social influence perspective ［J］. *Internet Research*, 2011, 21（1）：67 – 81.

［572］ Zhou T, Yao – Bin L U. Integrating TTF and UTAUT perspectives to explain mobile bank user adoption behavior ［J］. *Journal of Management Sciences*, 2009, 22（3）：75 – 82.

［573］ Zhou Z, Jin X – L, Fang Y. Moderating role of gender in the relationships between perceived benefits and satisfaction in social virtual world continuance ［J］. *Decision Support Systems*, 2014（65）：69 – 79.

图书在版编目（CIP）数据

知识管理视角下高质量本科在线课程研究/尚珊珊，
高明瑾，吕文菲著 . —北京：经济科学出版社，2022.4
ISBN 978 - 7 - 5218 - 3605 - 9

Ⅰ. ①知…　Ⅱ. ①尚…②高…③吕…　Ⅲ. ①高等
学校 - 课程 - 网络教学 - 教学研究　Ⅳ. ①G642.3

中国版本图书馆 CIP 数据核字（2022）第 060162 号

责任编辑：刘　丽
责任校对：靳玉环　齐　杰
责任印制：范　艳

知识管理视角下高质量本科在线课程研究

尚珊珊　高明瑾　吕文菲　著

经济科学出版社出版、发行　新华书店经销

社址：北京市海淀区阜成路甲 28 号　邮编：100142

总编部电话：010 - 88191217　发行部电话：010 - 88191522

网址：www. esp. com. cn

电子邮箱：esp@ esp. com. cn

天猫网店：经济科学出版社旗舰店

网址：http://jjkxcbs. tmall. com

北京季蜂印刷有限公司印装

710×1000　16 开　16.25 印张　290000 字

2022 年 4 月第 1 版　2022 年 4 月第 1 次印刷

ISBN 978 - 7 - 5218 - 3605 - 9　定价：82.00 元

（图书出现印装问题，本社负责调换。电话：010 - 88191510）

（版权所有　侵权必究　打击盗版　举报热线：010 - 88191661

QQ：2242791300　营销中心电话：010 - 88191537

电子邮箱：dbts@ esp. com. cn）